Research on the Incentives in the Rotation of Principals and Teachers

本专著系 2019 年度国家社会科学基金教育学一般课题
"组织伦理视域下中小学教师的师德失范与专业伦理建构
研究"（课题批准号：BEA190114）阶段性研究成果

长教师交流激励研究

万鸿湄 著

郑州大学出版社

图书在版编目(CIP)数据

校长教师交流激励研究 / 万鸿湄著. — 郑州：郑
州大学出版社，2020.11(2024.6 重印)
ISBN 978-7-5645-7261-7

Ⅰ.①校…　Ⅱ.①万…　Ⅲ.①师资培养-研究　Ⅳ.
①G451.2

中国版本图书馆 CIP 数据核字(2020)第 172136 号

校长教师交流激励研究
XIAOZHANG JIAOSHI JIAOLIU JILI YANJIU

策划编辑	王卫疆	封面设计	苏永生
责任编辑	康静芳	版式设计	苏永生
责任校对	孙　泓	责任监制	李瑞卿

出版发行	郑州大学出版社	地　址	郑州市大学路40号(450052)
出 版 人	孙保营	网　址	http://www.zzup.cn
经　销	全国新华书店	发行电话	0371-66966070
印　刷	廊坊市印艺阁数字科技有限公司		
开　本	787 mm×1 092 mm　1 / 16		
印　张	15.25	字　数	274 千字
版　次	2020 年 11 月第 1 版	印　次	2024 年 6 月第 2 次印刷

书　号	ISBN 978-7-5645-7261-7	定　价	78.00 元

近年来,我国城镇化的速度不断加快。为了缩小地区、城乡和校际差距,优化教育系统人力资源结构,促进教育公平,提升教育质量,党和国家近些年制定并实施了一系列的教师轮岗交流政策。

明确的教师交流政策的提出,始于1999年出台的《中共中央 国务院关于深化教育改革全面推进素质教育的决定》;明确教师交流制度的提法,始于2002年出台的《中小学教师队伍建设"十五"规划》和2003年出台的《国务院关于进一步加强农村教育工作的决定》。2018年修订的《中华人民共和国义务教育法》第三十二条明确规定了教师交流的薄弱学校改进职能,指出:"县级人民政府教育行政部门应当均衡配置本行政区域内学校师资力量,组织校长、教师的培训和流动,加强对薄弱学校的建设。"2010年教育部颁布的《关于贯彻落实科学发展观,进一步推进义务教育均衡发展的意见》明确规定了教师交流的示范、辐射和带动职能,指出:"健全城乡教师交流机制,推动校长和教师在城乡之间、校际之间的合理流动,鼓励优秀校长和骨干教师到农村学校和薄弱学校任职、任教,发挥示范、辐射和带动作用。"

地方政府及其教育行政部门和义务教育学校也积极响应这些政策,设立试点并开展了声势浩大、形式多样的教师轮岗交流实践。然而,在实践中教师轮岗交流还存在诸多发展中的问题,比如,即使优质学校响应国家和地方轮岗交流政策的号召,向薄弱校或农村校派出了优秀教师,但受地区、城乡社会经济发展差异的影响,受工作场所、工作对象、生活条件变化的制约,这些优秀教师也没有发挥出应有的作用,而受优质学校社会声誉、教育教学条件、教学对象的影响,优秀教师只愿意参加有限的"人动关系不动"的交流,等等。

为更好地贯彻执行党和国家的教师轮岗交流政策,也为更好地解释和解决教师轮岗交流中出现的新现象、新矛盾及新问题,学术界同步进行了全面深入的理论研究。我们梳理这些研究成果可以发现,教师轮岗交流的合法性、有效性和积极性是关于教师轮岗交流政策和实践的理论思考的三大主题。学术界关于教师轮岗交流的合法性问题(即如何创新或再设计义务教育学校教师管理的政策的问题)和关于教师轮岗交流的有效性问题(即如何通过交流教师作用的发挥,实现学校或教育均衡的发展的问题)的思考已经比较系统和深入,但关于教师轮岗交流的积极性问题(即如何激发义务教育学校广大教师参与轮岗交流的动机的问题)的思考尚很欠缺。

正是基于上述认识,万鸿湄博士选择了一个富有挑战性的研究课题——校长教师交流激励研究。她以 L 市各县参与轮岗交流的校长和教师为主要研究样本,从政府层面的政策激励、组织层面的组织激励、群体层面的团队激励、个体层面的工作激励四个维度出发建构了校长教师交流激励理论的全景框架,并从"校长教师交流中的激励情境是什么""校长教师交流激励的问题及原因是什么""怎样实施激励"三个视域对每层激励进行了深入的分析与探讨。她认为,要从政策制定、政策执行和政策评估等多层面来完善政策激励的策略,要从学校组织结构重构、学校组织文化重建和交流校长教师建设性领导行为重塑等多方面来构想组织激励的方案,要从相互信任的团队激励模式、知识共享的团队合作激励模式和有效沟通的团队激励模式等全方位来勾勒团队激励的路径,要从强化工作意义、提升工作挑战性和增强工作成就感等全过程来唤醒工作激励的动因。这些理论建构、观点是有学理和道理的,这些分析和结论是有逻辑性和指导性的。她的同题博士论文在答辩过程中得到了答辩委员的一致好评,也能从一个侧面说明这一点。作为她的导师,我对此感到欣慰!由于这个研究课题本身的开拓性和问题研究本身的复杂性,我希望万鸿湄博士的研究能够继续探索下去。

杨炎轩

2020 年 5 月

在教育优先发展战略指引下,我国教育事业已取得巨大成就,但纵观教育事业发展的全景,尚存在一系列不公平问题:区域间、城乡间、校际间基础教育质量差异较大,部分偏远地区尤其是少数民族地区师资严重不足。如何调结构、扩供给,"校长教师交流"政策为促进在教育系统内部创生新的教育师资、解决优质师资供给不足等民众最关心的教育热点问题提供了一条施政思路。在政策执行层面,校长教师交流政策实施效果如何?实际上,近年来交流政策在部分偏远地区尤其是少数民族地区贯彻实施中,所反馈的实质性成效不佳的结果,以及教育学者与学校领导对交流政策的抱怨,便是目前该项政策在上述地区落实情况的现实写照。作为政策执行主体的交流校长教师,他们的积极性能否被持续调动,能否满怀热情地、高效地、自觉地完成交流工作,是政策能否取得显著成效的主要决定因素。因此,校长教师交流激励问题成为学术界研究的焦点。

有关激励理论的研究不胜枚举,对这些理论的呈现、审视、反思,是构建本文分析框架的起点。经过文献梳理发现,目前国内外已有的激励理论虽然可以为校长教师交流激励的研究提供许多视角和启示,但是并不能直接利用。由此,将宏观交流政策与组织行为学层次论相结合,根据激励对人施加影响的层次性,构建出可以囊括校长教师交流实践的全方位且更具有教育场域价值和问题导向作用的激励模型,尤为重要。

本专著所构建的 POTW 激励理论模型可以全方位解读校长教师交流的场景,带有强烈的问题导向,摆脱了以往只研究交流政策性问题的束缚,将交流校长教师在学校组织中的生命体特征:情感、意志、荣誉、需要、动机、价值、工作情绪等因素予以充分考虑,体现了以人为本的激励本质。以推进教育公平和扩大优质师资供给为核心的校长教师交流政策为出发点,将校长教师交流问题纳入该理论框架中分析,既有利于研判当前校长教师交流积极性不高的主要成因,也有利于进一步提出激励策略,从而推进校长教师交流政策执行并取得实质性成效。

万鸿湄

2020 年 5 月

目录

研究缘起及相关问题阐释

"要优化教育资源配置,逐步缩小区域、城乡、校际差距,特别是要加大对革命老区、民族地区、边远地区、贫困地区基础教育的投入力度……要推进教育精准脱贫,重点帮助贫困人口子女接受教育……党和国家事业发展需要一支宏大的师德高尚、业务精湛、结构合理、充满活力的高素质专业化教师队伍,需要一大批好老师。"究竟该如何扩大薄弱地区优质师资供给,政府层面实施的"校长教师交流"方针给予了教育公共政策回应,即推进优质学校的校长教师在教育系统内部不同单位之间与不同岗位之间进行重新配置,以发挥优秀校长教师的内在潜能,为薄弱学校的师资输入新鲜血液,帮助流入校教师群体专业成长,从而在教育系统内部再生优质教育师资,推进薄弱学校持续改进,进而解决教育发展不均衡不充分的问题。

第一节　问题提出及研究价值

习近平指出:"教育公平是社会公平的重要基础,要不断促进教育发展成果更多更公平惠及全体人民,以教育公平促进社会公平正义……一个人遇到好老师是人生的幸运,一个学校拥有好老师是学校的光荣,一个民族源源不断涌现出一批又一批好老师则是民族的希望。"[①]这不仅彰显出教育公平的发展理念,同时也强调优质师资在国家未来发展中的重要价值。

目前,能让我国乡村4 000多万中小学生获得知识与不断成长的是约280万的乡村教师。他们工作条件艰苦、工资待遇较低、社会地位不高是这个庞大群体所处的基本职业特征。由于自然、社会、历史遗留等因素造成的教育资源分配不均,以及近年来以促进

---

① 习近平.《习近平谈治国理政(第二卷)》[M].北京:外文出版社,2017:42.

城镇化发展为经济导向的大规模农村撤点并校,使得优秀农村校长教师的流失及短缺成为不争的事实。随之而来的农村教育空心化和教师老龄化更是让农村师资水平整体下降,职业吸引力逐年降低。这些导致边远农村优质师资流失趋势一直没能被控制,无疑是对我国基础教育公平发展的严重打击。与这种趋势相反的是,随着教育经济的发展、教育变革的推进,广大民众对高端教育与优质师资的需求却与日俱增。为调整师资结构,均衡优质师资配置,推进教育公平发展,加快优质师资供给而出台的"校长教师交流"政策,毫无疑问是解决我国薄弱学校或偏远的农村学校优质师资供给与需求之间矛盾的有效策略。然而,在政策实践层面,尤其是在一些偏远的边疆民族地区,受多种因素影响,交流政策出现执行活动及结果偏离了原有政策预期目标的失真行为,使县域校长教师交流政策实施效果衰减,甚至出现零效果和负效果(王昌善,2015)。对现有的文献资料进行梳理发现,交流活动中的多个方面(政策层面、组织层面、群体层面、个体层面),流动校长教师的积极性不能被调动,流动政策就只能流于形式,甚至成为教育伤害和教育灾难[①]。可见,交流校长教师的积极性、主动性难以被调动,其内在潜能难以发挥、活力无法得以释放,专业发展动力不足,是造成政策低效的根本性内部原因(赵永勤,2012)。在理论层面,关于校长教师交流轮岗的理论研究与实践研究虽已非常丰富,但国内外研究现状表明,专门研究"校长教师交流激励"的文献却较为稀缺、零散,且缺乏完整和系统的分析框架。因此,需要针对校长教师交流活动的全过程构建一个全方位的激励理论模型,并在此模型下,专门对校长教师交流激励问题展开系统研究,具有重要的社会理论意义与时代价值。

(一)研究缘起

改革开放 40 多年的当代中国正面临着重大的教育改革(教育改革,educational reform)。中国教育持续改革不仅是对国内外不同教育思想相互碰撞、借鉴、交融过程的诠释,而且是实现中国义务教育面向现代化、信息化、国际化教育的过程,同时是实现中国教育梦的重要物质基础与精神基础。21 世纪,经济全球化已将中国推入了教育国际化发展的战略中,"中国的发展透漏着世界的气息,世界的发展镌刻着中国的身影。"中国所

---

① 冯文全,夏茂林. 从师资均衡配置看城乡教师流动机制构建[J]. 中国教育学刊,2010(02):18-21.

体现的不同于西方的中国特色社会主义发展道路,在世界沧海桑田的历史巨变中实现了"中国崛起",但同时也面临着更大的竞争压力。回顾过去,中国教育改革所取得的辉煌成就,见证了教育领域所凸显的跨越式发展,展望教育发展的未来,国外正经历着世界格局的风云变幻,国内同样经历的是政治、经济、文化、社会、生态体制的深刻变革,改革已进入"深水区",开始"啃硬骨头"。应对人民日益增长的美好生活需要和不平衡不充分的发展之间的矛盾及我国新经济对教育变革提出的新要求,中国的义务教育改革正面临着长期性、艰巨性、复杂性以及国内外环境变幻的多重挑战。新时代中国特色社会主义教育必须要保持清醒的头脑,以壮士断腕的决心和滴水穿石的意志将教育改革进行到底。

改革开放以来,当代中国教育改革在回答要不要改革以及进行怎样的改革问题上主要有"以改革促发展是硬道理""建设中国特色教育体系"和"办好让人民满意的教育"三个主导观念①。结合新时期"促进教育公平优质发展"的教育理念,以教育发展的价值目标为主线,将义务教育改革划分为四个前后跟进与持续发展的重要时期。

(1)以"改革促进教育发展"为教育价值目标的改革时期(1978—1984 年) 改革之初,以经济建设为中心的国家发展战略拉开了教育变革的序幕。中国教育在百废待兴、重整旗鼓与除旧布新中贯彻"调整、改革、整顿、提高"方针,对教育实践经验进行归结。这一时期"普及小学教育"和"办好一批重点中小学"的改革政策,致使优质教育资源主动向重点学校倾斜。充足的教育投入,卓越的校长与优秀的教师以及优质的生源综合作用的结果,演化为民众对传统重点学校的认同,成为一种"集体意识"而持续升温,由此而催生了"薄弱"学校。后来随着改革的逐渐推进,各种表层教育现状的改变也披上了"教育改革保护伞与护身符"的外衣,而使得人们产生逆反心理并泛化为对教育改革本身的质疑②。但是"以改革促发展"的教育理念并没有削弱,而是随着改革的进一步深入得以升华。

(2)以"建设中国特色教育体系"为教育价值目标的改革时期(1985—1999 年) 这一时期,"科技是第一生产力"以及"科教兴国"思想,确立了教育发展的重点战略地位。《中共中央关于教育体制改革的决定》(1985 年)迎来了教育改革的崭新发展时期。由于重点学校建设所出现的教师人才流动的"马太效应",致使边缘经济不发达地区优质教师

---

① 吴康宁.教育改革的"中国问题"[M].南京:南京师范大学出版社,2015:8.
② 吴康宁.教育改革的"中国问题"[M].南京:南京师范大学出版社,2015:9.

资源不断流失,形成恶性循环。为扭转这一局面,《中国教育改革和发展纲要》(1993年)、"教育振兴行动计划"(1999年)及国务院深化教育改革决定(1999)等促进教育改革和加快素质教育的重要政策出台,推动着中国教育逐步实现了由应试教育向素质教育的转变,农村师资流失现象开始引起足够重视。20世纪90年代初一个具有中国特色的社会主义教育体系框架初步形成①。这一时期,"建设中国特色教育体系"日益成为教育改革强烈的价值追求。

(3)以"办好让人民满意的教育"为教育价值目标的改革时期(2000—2010年) 长期以来我国经济发展思路在义务教育领域的简单机械套用所催产的重点学校,极大地拉开了义务教育的办学差距,进而促使优质教师单向地朝着城市学校或重点学校流动。随着《国务院关于基础教育改革与发展的决定》(2001年)推出学制改革,引起了教师队伍结构调整等系统变动。2003年加强农村教育工作提上日程,"教育振兴计划"(2003—2007)、两基"攻坚计划"(2004—2007)及"中长期教育改革发展规划"(2010—2020),迎来了将"教育资源向贫困、边远、民族地区倾斜等一系列促进义务教育均衡发展的政策,"师资不合理流动问题得以缓解。从此,山区、牧区等边远贫困地区农村义务教育工程稳步推进,教育质量显著提升。同时,这一时期党的十七大将科学发展观融入调整教育结构,促进了义务教育均衡发展,充分彰显了"提高教育质量……办好让人民满意的教育,努力建设人力资源强国"的教育理念,促使义务教育获得长足发展。截至2008年,全国小学学龄儿童入学率达到99.54%,小学升初中比率达到98.5%,全国99.1%的县和99.3%的人口地区实现了义务教育普及目标。至此,"办好让人民满意的教育"成为教育改革的最根本目标。然而,改革并不是一帆风顺,教育改革同样经历了共识出现破裂的迹象。例如,教育的主要目标直接指向一切都是为了提高(本地区、本学校……)考试竞争中的成绩,激烈的考试竞争催生"不能让孩子输在起跑线"的想法,致使"择校热"现象有增无减;大学生就业紧张引发的"读书无用论"思想致使乡村学校辍学率不断攀升而加剧了学校薄弱化;学校差异、优质教育资源供给不足对教育改革所提出的严峻挑战与所构成的威胁日益严重,引起地区间、校际间、教师间、师生间、家长间冲突加剧,其结果致使不少教育改革虎头蛇尾、半途而废。当代中国,东西部之间、省内之间、城乡之间、民族之间复杂多样的差异以及经济与社会发展水平等方面的严重失衡,让普适性教育方案遭

---

① 陈至立.千秋基业 壮丽诗篇——共和国教育50年[J].教育研究,1999(9):3-15.

遇改革之殇,更加激发了广大群众对"办好让人民满意教育"的强烈需求。

(4)以"实现教育公平"为教育价值目标的改革时期(2011年至今)　党的十八大指出为促进教育公平,均衡发展九年义务教育,合理配置教师资源而实施"校长教师轮岗交流"的方针;2012年"义务教育均衡发展的实施意见"明确了基本实现义务教育均衡发展的时间表与路线图;2013年中共中央在全面深化改革战略中提出了统筹城乡义务教育师资均衡配置,缩小区域、城乡、校际差距的决定;2014年教育部等三部门联合为推进"校长教师交流轮岗工作"做出全面部署,以义务教育教师队伍管理改革为抓手,推进义务教育学校校长教师交流;随后"乡村教师支持计划"(2015—2020年)强调要推动城镇优秀教师向乡村学校流动,"让每个乡村孩子都能接受公平、有质量的教育,阻止贫困现象代际传递";2016年"城乡义务教育一体化"战略在统筹义务教育资源配置的十项改革发展措施中具体规定了优质学校到乡村学校交流的教师比例;紧接着2017年教育事业发展"十三五"规划、党的十九大及2018年国务院《关于全面深化新时代教师队伍建设改革的意见》再次强调补短板、促均衡、精准帮扶的教育脱贫促公平计划,突出公平而有质量的教育发展战略,并深入推进县域内义务教育学校校长教师交流轮岗,以优化教师资源配置。在教育公平价值目标驱动下,一系列推进校长教师交流轮岗的政策密集展开,对于破解体制障碍,促进教育师资均衡发展提供了制度保障。"公平优质"成为新时代教育工作的发展方向和指引目标。迄今为止的改革历程已经表明,中国义务教育改革呼唤"教育公平"。

由此可见,党中央对我国教育领域改革的重心已由过去的重视重点学校建设向全面教育优质、公平发展战略转换。进入中国特色社会主义新时代,乡村教师支持计划、教育精准扶贫和脱贫攻坚计划、推动城乡义务教育一体化发展规划等一系列高度重视农村义务教育,促进教育均衡发展的策略更是将"校长教师交流"作为政策引擎,推动交流政策迈上制度化、常态化的发展轨道,以改善贫困地区特别是偏远乡村、少数民族农牧区教师师资不足问题,从而努力实现让每个孩子都能享有公平而有质量的教育目标,加快优质师资供给。

目前,中国的教育地位显著上升,教育条件得到了极大改善,教育体系和教育结构更加合理,教育质量和效益明显提高,新时代中国特色社会主义教育体系日趋完善[①]。据不

---

① 石中英,张夏青.30年教育改革的中国经验[J].北京师范大学学报(社会科学版),2008(5):22-32.

完全统计,2013—2016年,我国在义务教育阶段的经费累计投入达到2.73万亿元,全国共补充新教师约130万人,其中仅2016年新补充教师就达到33.6万人;全国交流校长教师达到185万人,其中,2016年交流人数达到51.5万人,制度化乡村教师补助成为常态,优质师资供给机制更加合理,校际、城乡之间义务教育资源配置更趋均衡;2017年,全国共有560个县(市、区)通过国家义务教育基本均衡发展实地督导检查,全国通过认定的县级单位占比已达81%,城乡教育一体化发展加速推进。毫无疑问,在"改革促进教育发展""建设中国特色教育体系""办好让人民满意的教育"和"实现教育公平优质发展"理念的指引和国家强有力的政策支持下,我国教育改革已步入新时代教育发展的轨道,"校长教师交流"政策已经成为新时代教育变革和教育公平发展的重要战略。

教育公平的关键是教育均衡,教育均衡的核心是师资均衡。诚然,教师作为教育第一资源,师资均衡对教育均衡起着决定性的作用。基于这样的考量,在促进教育公平发展的政策中,专门对学校优质师资力量的供给与配置进行分析就显得特别必要。当前,从国家政策制定的层面来讲,推进"校长教师交流"既是党中央做出的决策部署,也是满足义务教育优质师资供给、解决人民群众不断增长的优质教育需求与优质师资供给不足之间的矛盾、推进教育公平发展的着力点。在实践层面,校长教师交流也历经了由实践探索到不断推进,再到大力铺开的过程。各地推进校长教师交流工作虽然取得了有益的经验和积极的进展[1],但从全国范围看,不少地区,特别是农村地区和贫困落后地区,中小学教师资源更多地呈现出从薄弱学校向重点学校单向流动,或优质校长教师资源流失等不合理流动趋势,使得义务教育本来就处于弱势境地的地区更是雪上加霜,校长教师交流工作推进很不平衡,诸多问题并没有从根本上予以解决[2]。一些地区尤其是边疆少数民族地区校长教师交流政策执行中除覆盖面不够广、交流力度不够大、校长教师交流工作流于形式,保障措施不够完善,除政策的形式化、替代性、选择性和功利性执行等因素外,校长教师交流的积极性难以被充分调动,依然是制约县域内校长教师交流政策落实与政策取得显著成效的内在障碍。如何充分利用优秀校长教师资源,就校长教师交流中的积极性问题展开研究,激发参与交流的校长教师潜能,提升教育质量,进而推动交流政策全面贯彻落实并取得积极成效,是值得引起学界关注并进行各角度深层次研究的重要

①　徐玉特.校长教师交流轮岗体制机制的困境与破解[J].教育理论与实践,2016(2):21-25.
②　王彦才.中小学教师流动:问题及对策——基于海南省中小学教师流动现状的调查分析[J].教师教育研究,2014(2):28-32.

议题。激励作为组织行为学的核心问题,为研究校长教师交流政策中参与主体的积极性问题提供了一种途径。

(二)研究价值

"人在做事时,多少有个目标,在朝向目标的过程中,又总会去有意无意地思考,这样做有没有用,值不值得,有没有意义,这就是价值"①,因此价值可以理解为"客体对主体所具有的意义。"②校长教师交流激励的研究价值主要体现的是校长教师交流政策对教育改革、社会发展所具有的现实意义与理论意义:首先,校长教师交流激励研究有利于加强边远贫困民族地区乡村学校师资补充配备和供给③,推进城乡教师队伍一体化发展,师资配置不均衡问题不仅是教育不公平的主要因素,也是城乡一体化建设尤其是城乡师资一体化建设的症结所在,因而加快实施优秀校长教师交流,是有效补充边远贫困地区乡村学校师资力量,扩大优质师资供给,调整农村学校师资结构的基本路径。从激励视角出发,着力于全面发挥交流校长教师内在活力,带动薄弱学校改进升级,以期寻求更加科学、合理的方式推进校长教师交流政策实施,深化教育领域综合改革,进而改善边远贫困地区农村教育环境,提升教学质量,实现农村薄弱教育持续优质化,从根本上解决教育不公平现象。其次,研究校长教师交流激励问题,有利于有效治理择校热现象,加强薄弱学校改进。针对校长教师交流激励问题的研究,一方面可以提升优质学校的校长教师到农村或薄弱学校工作的热情,鼓励其承担具体的教育、管理职能,不断给薄弱学校输入先进教育理念,创新管理模式,培训教师,组织教学管理活动;另一方面可以推动农村学校或薄弱学校交流校长教师进入优质学校或城市学校培训、学习先进教育、管理思想,改进教学管理模式,加强自身教育能力训练,促进优质师资队伍内部生成,提高教师综合教学能力和素养,从而缓解择校问题,实现从"不能择"到"不必择""不想择"的转变。再次,研究校长教师交流激励问题,有助于推进学校特色发展与内涵发展,因为校长教师交流目标是以提升教学质量为核心的高级均衡,关键在于利用学校教育资源将学校引向特色化、高

---

① 邹千江. 冲突与转化:中国社会价值的现代性演变[M]. 北京:中国传媒大学出版社,2008:3.
② 袁贵仁. 价值学引论[M]. 北京:北京师范大学出版社,1991:47.
③ 虎技能. 我国城乡教师交流的演变、瓶颈及策略[J]. 广西师范学院学报(哲学社会科学版),2015(1):108-112.

层次、深度化、有内涵的发展,而学校特色发展是将学校外显特色上升为一种内隐的学校精神,体现学校整体特色发展价值,并将教育公平理念植根于一种大视野的教育发展观中,主要依靠优化和调整教育内部要素,挖掘学校内部潜力,重视教师专业发展,提升教育文化品质和人文意蕴,从而实现高位均衡、特色发展与内涵发展的有机结合,显然是激励所体现出的重要价值,因此,从激励的视角研究校长教师交流问题,能够真正成为教育师资供给的强有力抓手。最后,校长教师交流激励研究,有助于拓宽理论研究视野,丰富校长教师交流的理论研究内容,将校长教师交流置于主体性研究地位,构建适合于校长教师交流激励研究的理论分析工具,从校长教师交流政策入手,探索校长教师交流中的激励问题,挖掘校长教师交流积极性不显著的内在原因,提出激励理论视野下激发校长教师交流积极性的优化策略,从而进一步拓宽激励理论的应用范围。

在对校长教师交流激励研究的价值进行选择时,"首先是对目标的选择。"价值目标"是对未来现实即所创造出的价值的超前性反映"①。目的意义的价值目标和工具意义的价值目标是价值目标的两种基本形式②。校长教师交流激励研究的价值目标可以分为目的性的价值目标和工具性的价值目标。校长教师交流激励的目的性价值目标是"促进教育公平发展"。公平是一种人与人、人与社会之间利益的"相称"或平衡的关系,公平具有价值意义,公平是目的而非手段③。教育公平是用正义原则对教育资源分配过程和分配结果的价值判断。同时教育公平也是对社会成员之间受教育权利及利益的分配是否合理、是否符合人的平等权利的一种评价④,因此,校长教师交流激励研究的价值目标是为了实现教育公平发展。教育公平发展是现阶段教育领域综合改革的重要主张,也是新时代中国特色社会主义教育事业发展的终极目标。十八大以来,教育领域从多方面对教育公平赋予了新的内涵,提出了"努力让13亿人民享有更好更公平的教育"的新要求。但是,由于过去城乡二元结构的政策框架所造成的社会不公平现象仍然普遍存在,适龄儿童受教育的平等机会与平等权利遭遇各种壁垒。这种教育资源配置不公平的现象在偏远、贫困地区更为明显。鉴于此,教育资源配置应该更多地考虑受教育者的先天禀赋、缺陷以及他们对教育的需求,适时根据不同情况不同对待,并对社会经济地位处境弱势的

---

① 李连科. 价值哲学引论[M]. 北京:商务印书馆,1999:138.
② 彭国甫. 价值取向是政府绩效评定的深层结构[J]. 中国行政管理,2004(7):75-78.
③ 万光侠. 效率与公平——法律价值的人学分析[M]. 北京:人民出版社,2000:117.
④ 瞿瑛. 义务教育均衡发展政策问题研究:教育公平的视角[M]. 杭州:浙江大学出版社,2010:3.

受教育者在教育资源配置上予以补偿①。为达此目的,必须加快教育公平发展的步伐,着力研究和完善以提升优质师资供给为教育改革价值目标取向的城乡校长教师交流激励机制。"目的价值的实现必须以工具价值的实现为前提"②。

研究校长教师交流激励的工具性价值目标是推进教育供给侧改革。"需求"与"供给"是社会发展链条上的一对"双生花",有需求就有供给③。对"教育供给侧改革"的理解,要从"供给侧结构性改革"的理解开始。"供给侧"起源于经济学,从经济学的视角出发,"供给侧"更加注重长期性与潜在的经济增长效益。供给侧改革(reform of the supply front)是以创新驱动为主导,确立供给优先发展模式并倡导以经济效益为归宿的一种经济增长方式。"供给侧改革"是从生产(生成)、供给的角度出发,通过优化各种要素配置,解除供给约束,促进经济发展的一系列系列发展④。面对全球经济发展进入结构性调整阶段,中国国内经济改革步入攻坚时期:制造业等行业产能过剩,经济下行压力加大,制度动力不足,成本优势减弱,劳动力价格迅速攀升,技术进步、低成本模仿优势尽退的时代背景下,"供给侧改革"登上了经济发展的舞台。从教育服务于经济的本质出发,供给侧改革涉及所有领域,不仅包括经济领域而且包括教育领域⑤。供给侧改革不仅涉及经济领域,而且涉及教育领域。"教育自身作为供给侧结构性改革的重要内容,从注重'需求侧拉动'转向更加注重'供给侧推动'"⑥。作为人力资本的主要配置渠道,教育实质上是最根本的"供给侧"因素。教师作为教育资源中的首要资源,对教育供给侧改革的成败起着决定性的作用。面对新经济,教育也要进行教育内部供给侧改革,才能充分体现教育的本质,即实现人才供给与教育资源的供给。为达"促公平、求质量"的教育价值目标,国家从宏观层面提出了"保障公民依法享有良好的教育机会、实现基本公共教育服务均等化、努力办好每一所学校"等教育目标,这些目标的实现都需要以教育供给侧改革为途径。在教育供给侧改革的操作层面,加大教育投资和提升教师素质成为改革的重点,其中,培育和锻造优质教师队伍以促进教育内涵发展是教育供给侧改革的终极任务,

---

① 褚宏启.教育法的价值目标及其实现路径——现代教育梦的法律实现[J].教育发展研究,2013(19):1-8.

② 张军.价值与存在[M].北京:中国社会科学出版社,2004:122.

③ 李莲莲,蔡余杰,赵光辉.供给侧改革—中国经济夹缝中的制度重构[M].北京:当代世界出版社,2016:34.

④ 概念解读.教育供给侧改革[J].吉林教育,2016(36):22.

⑤ 余闯.教育改革也要供给侧发力[N].中国教育报,2016-03-03(1).

⑥ 刘云生.供给侧结构性改革:教育怎么办[J].教育发展研究,2016(3):1-7.

因此,基于顶层设计的教育供给侧改革的最终着眼点是优质师资供给[①]。综上所述,"教育供给侧改革"是指以为社会提供优质、公平、高效的教育产品和教育服务为宗旨,以全面优化教育资源配置为基本理念,以优质师资供给为核心,从教育资源的供给端发力,优化资源供给结构,转变教育行政部门职能,加强优质师资队伍建设所实施的教育革新策略。

当前,由于义务教育公共服务供给不足与教育资源分配不均,教育供给侧改革存在诸多问题。首先,教育供给侧的投入矛盾突出,不仅使得城乡间、区域间、校际间教育差距未能弥合,还滋生出择校热、教师无序流动和高价学区房等新的社会问题。比如,一些地方示范校、重点校等优质学校获得了超出标准的大量经费和教育资源,而在薄弱校、乡村学校教师收入与教育教学经费明显不足,尤其是边疆少数民族地区这种现象更为突出[②]。其次,中小学教育的供给机制矛盾突出。市场经济的规律要求通过市场竞争实现资源优化配置。然而,一方面,由于对社会资本发起设立民办教育机构的难度比较高,从而降低了社会资源对教育的投入力度,让消费者缺失了更多自由选择教育的机会;另一方面,现有教育体系很难实现优秀的教育机构跨区域"连锁经营"并提供优质教师资源。即使目前很多城市已经推进"教育集团化",但是覆盖面并不广,实施成效欠佳,普遍性不高[③]。最后,乡村教师问题没有根本解决。由于当前的教育经费保障机制与教育评价体系不完善,乡村教师待遇普遍偏低、发展空间有限、职称评审难、工作环境艰苦等制约因素较多,职业倦怠心理严重,而造成乡村师资水平较低,农村优质教师供给不力,教育不均衡现象较为严重。为此,党中央实施"校长教师交流轮岗"政策,通过优质学校的优秀校长教师交流到薄弱学校,带动薄弱学校校长教师发展而实现优质师资的软生成,调整师资结构,以促进优质教师资源的快速增长。可见,"校长教师交流"政策正是满足优质师资供给的国家发展战略。至此,强化师资供给,推动义务教育师资供给侧结构性改革,成为此研究的工具性价值及校长教师交流政策的应然之义。

只有通过目的性价值和工具性价值的共同作用,才能够实现系统要素之间总体上的平衡、和谐[④]。校长教师交流激励研究的目的性价值目标和工具性价值目标是相互统一

---

① 胡娇.义务教育均衡发展关键在于教师发展——基于教育供给侧改革的研究[J].中国教育学刊,2016(10):90-96.

② 程方平.教育供给侧改革关乎教育公平[N].中国教育报,2016-03-06(2).

③ 傅蔚冈.供给侧改革旨在优化教育选择[N].中国教育报,2016-03-05(2).

④ 张军.价值与存在[M].北京:中国社会科学出版社,2004:119.

的关系。教育供给侧改革的终极目标是促进教育公平发展,促进教育公平是教育供给侧改革的方向和引导,教育供给侧改革是教育公平发展中的实践性战略。总而言之,实现教育公平发展的目的性价值和推动教育供给侧改革的工具性价值共同构成了"校长教师交流激励"研究的价值。

第二节　核心概念界定及诠释

在促进教育公平发展和以扩大优质师资供给为核心的教育供给侧改革背景下,研究校长教师交流激励问题,必然要在严格意义上对"交流"和"激励"概念进行内涵界定与诠释。

(一)交流

人才流动是人力资源优化配置的必然要求[1],因此,校长教师流动问题成为学术界研究的重点。校长教师交流的概念缘于校长教师流动,校长教师流动突出的是校长教师在社会关系、职业、地理位置上的移动,既有教育系统内的流动也有教育系统外的流动。"根据社会经济发展需要或者校长教师个人发展需要,校长教师在教育系统内部不同单位之间或不同岗位之间,进行重新配置的过程。"是校长教师在教育系统内部的流动[2]。流动一般呈现两种状态,由非政策原因导致的流动称为"自然流动"或"无序流动"。这类流动呈现的是校长教师从差到好、从低级向高级地区或学区自然流动的趋势,其中也包括校长教师资源的流失;另一类是由政府推进的"政策性流动",主要是指校长教师在教育系统内不同学校之间的双向流动[3]。流动的目的是实现区域教育发展平衡,促进优质教育资源均衡配置[4]。政策性流动以优化师资配置,促进教育公平为价值背景。

① 范国睿,杜成宪.教师政策[M].上海:上海教育出版社,2012:234.
② 谢延龙.教师流动论[M].南京:南京师范大学出版社,2016:3.
③ 虎技能.我国城乡教师交流的演变、瓶颈及策略[J].广西师范学院学报(哲学社会科学版),2015(1):108-112.
④ INGERSOLL R M. Teacher Turnover and Teacher Shortages:An Organizational Analysis [J]. American Educational Research Journal Fall,2001,38(3):499-534.

交流是将彼此所拥有的供给对方,校长教师交流就是不同学校或区域间的教师把彼此的优点供给对方,互通有无,互取精华的工作轮换过程,校长教师交流包含在校长教师流动的范围内①。"校长教师交流"(principals and teachers exchange)又称"校长教师轮岗"(principals and teachers rotation),是党中央统筹城乡义务教育资源均衡配置及教育行政部门推动和主导地区间或校际间教师资源重新配置的一项人事制度安排②。主要是指在一所学校连续任教一定年限并具备其他相关交流条件的校长教师,在教育行政主管部门的统筹下主动接受行政安排,依照相关的程序轮换岗位,交流到其他学校任职、任教的一种教育策略③。本质上是校长教师的跨校交流,是校长教师在两个不同学校组织中的工作轮换④。校长教师交流实践活动主要在优质学校与薄弱学校之间、城市学校与农村学校之间展开⑤。校长教师交流方式现已呈现出多样化的趋势,目前所涉及的交流方式主要包括定期交流、对口支援、学区一体化管理、名校办分校、集团化办学、跨校竞聘、学校联盟、乡镇中心学校教师走教、名师名校长交流特聘岗、献课讲学、运用网络信息技术分享优质教育资源等多种途径⑥。

综合校长教师交流的实践探索、价值设定、政策设计,本书认为,校长教师交流是指在教育供给侧改革背景下,以优质师资供给为核心,以教育改革与发展理念为指导,以实现城乡和校际间校长教师资源均衡配置为目标,由省级统筹,县(市、区)级政府及教育、组织、编制、财政、人力资源社会保障等部门联合负责,采取有效措施激发义务教育阶段优秀校长教师参与流动的一项政策设计、制度安排和实践活动。对于校长教师交流内涵的解读主要包括以下5个方面。

第一,本书所指校长教师交流,是在教育供给侧改革背景下的校长教师交流。校长教师交流的实践活动源远流长,仅就中华人民共和国以来的教育改革实践来说,就有职务晋升背景下的校长教师交流、促进教师专业发展背景下的校长教师交流、支援薄弱地区或薄弱学校建设背景下的校长教师交流、农村义务教育师资补充配备背景下的校长教

① 谢延龙.教师流动论[M].南京:南京师范大学出版社,2016:7.
② 杨跃.论教师交流制度的正义性[J].全球教育展望,2016(9):118-128.
③ 潘璠璠.中小学教师教学流动保障机制研究[D].重庆:西南大学,2016:26.
④ 胡晓航,杨炎轩.优秀教师跨校交流的深层问题与策略[J].教育发展研究,2014(20):50-55.
⑤ 邵利平.义务教育阶段教师交流制度研究——基于石河子市的访谈调查[D].石河子:石河子大学,2015:23.
⑥ 万玉凤,张婷.为义务教育均衡发展提供师资保障[N].中国教育报,2014-09-03(4).

师交流,等等。本书所指校长教师交流具有特定涵义,即教育供给侧改革背景下的校长教师交流。"教育供给侧改革"主要包括如下内容:扩大优质教育资源供给,包括教育硬件投入、教育政策、教育师资力量、教育资金等全方位的教育资源,其中优质师资是重要资源;优化教育资源结构,即推进结构调整,提高供给质量与效率;改革教育行政部门,即简政放权,转变职能,为教育服务;加强优质教师队伍的建设,即促进教师专业发展,提升教育能力与水平。我国的教育供给侧改革是在教育领域解读"十三五"时期中国教育改革的新"密码",即是从教育供给端发力,思考中国教育如何向社会提供满足不同层次需求的优质教育问题,而对教育改革所提出的创新举措。综上可见,自教育供给侧改革进入教育改革的场景后,从师资结构调整、在教育组织中创生新的优质师资,阐释作为供给主导者的政府、学校组织如何推进政策有效实施,提高师资供给质量与效率,如何在施政过程中激发交流校长教师潜在才智以强化教育师资供给侧改革,保障优质教育师资的有效供给等一系列扩大师资供给的视角及路径出发,校长教师交流政策被赋予了新时代推动教育改革的新内涵。

第二,本书所指校长教师交流,主要是指优秀校长教师的交流。校长教师交流的关键是通过多种方式扩大优质教育资源供给。因此,为补充优质教育资源,校长教师交流的重点是要鼓励优秀校长和骨干教师到农村学校或薄弱学校任职、任教,以发挥其模范带动作用;《乡村教师支持计划(2015—2020年)》明确要求推动城镇优秀教师流向乡村学校;将教师在薄弱学校任教经历作为职称评聘的必要条件;实施名师、名校长交流特聘岗计划;城镇学校、优质学校每学年教师交流轮岗的比例不低于符合交流条件教师总数的10%,其中骨干教师交流轮岗应不低于交流总数的20%。这些政策内容均表明,参与交流的主要是优秀的和高素质校长教师。同时,为了保证交流的公平性,要求全体教师每年按照一定的比例,分批次进行交流;校长依照规定进行定期交流。事实证明,优秀校长教师交流更能体现交流价值。

第三,本书所指校长教师交流,主要是指县域内的校长教师交流。从校长教师交流政策演进过程看,随着"以县为主"教育管理体制改革的推进,赋予了县级政府及其教育行政部门教师交流的职责,随后"义务教育法"将组织校长教师流动,加强本行政区域内薄弱学校建设的权力赋予县级人民政府教育行政部门,为县域内开展校长教师交流提供了法律依据;紧接着"教育改革发展规划""十八届三中全会"及"县(区)域内校长教师交流轮岗意见"等后续的一系列政策文件均要求实行县域内校长教师交流。可见,实施县域内校长教师交流是加快优质师资供给,进行城乡师资一体化建设和实现教育公平发展的重要路径。

第四,本书所指校长教师交流,具有特定的交流方向、范围和期限。校长教师交流作为一种在区域间、城乡间的动态双向交流,目的在于使不同地区和学校间师资保持均衡,因此,交流的方向主要包括从优质学校到薄弱学校、从城市学校到农村学校、从中心学校向村小学教学点交流,及农村学校、薄弱学校的骨干教师到城市学校、优质学校跟岗进修两个方向①。交流的人员主要是在义务教育阶段公办学校在编在岗的校长、教师中选拔。教师交流人员范围为在同一所学校连续任教的专任教师;校长交流人员范围为义务教育阶段公办学校校长、副校长。校长教师交流中的选拔期限是:教师任教年限一般达到3~5年便可参加交流,交流期限1~3年不等;校长、副校长在同一所学校连续任满两届后可以交流,交流期限根据实际情况确定并要根据工作需要予以延长。

第五,本书所指校长教师交流,不仅是指短期的实践活动,而且是指完善校长教师交流体制机制的政策设计与制度安排。自十八届三中全会以来,建立健全义务教育学校校长教师交流机制,促进师资合理配置成为一项重要的教育政策。校长教师交流实行"省级统筹、以县为主"的工作机制,要求教育部门、组织部门、财政部门、人资与社保等多部门要形成联动机制②,从实施办法、指导协调、管理权限、布局调整、编制动态管理、经费支持等方面共同推进校长教师交流工作,并要求在县管校聘、岗位设置、职务(职称)评聘、聘用管理等多方面进行管理体制改革,从而推进校长教师交流长效机制的建立。

(二)激励

激励(motivation)源于拉丁文"movere",本意为"驱动"③。学术界对"激励"的认识没有统一的概念,经济学将"激励"设定为"经济人"或"真实人"追求利益最大化的假定,推论合理的报酬机制是激励个体努力工作的重要手段,有效的监督和惩罚机制是避免个体偷懒的重要手段。心理学将"激励"界定为持续激发人的动机的心理过程,是一种引起个

---

① 徐玉特.校长教师交流轮岗体制机制的困境与破解[J].教育理论与实践,2016(2):21-25.
② 万玉凤,张婷.三至五年县域校长教师交流成常态[N].中国教育报,2014-09-03(1).
③ 俞文钊.现代激励理论与应用[M].大连:东北财经大学出版社,2014:1-2.

体产生明确的目标指向行为的内在动力①。管理学将"激励"理解为调动人的积极性的过程,它既强调经济学中激励的手段,又强调心理学中的激励心理机制,是二者的统一。实质上,激励是建立在经济学与心理学基础上的组织行为与人力资源管理的核心问题,与管理活动密不可分,激励是人的管理中的重要内容。实践表明,如若管理者能善用符合客观规律和实际情况的激励理论,将会取得较好的激励效果并能提高组织绩效②。目前,激励问题倍受学界重视,有关激励的研究成果大量涌现。管理学对"激励"的内涵界定角度多元,侧重点不一,归纳起来主要从3个角度界定。

角度一:基于心理过程的激励内涵界定。有学者认为:"激励就是为了达到一定目标而对人施加的影响,即通过物质或精神刺激使人奋发,激发人的动机,使人在内在动力驱使下朝向期望的目标努力的心理过程,也即动机激发的过程。也可以说激励是使人在各种自愿活动中选择既定目标的过程"③。这种观点强调的是人的生命与思维所创造的价值,通过激发人的主动性、积极性、开拓性和创新性,而发挥巨大的物质力量。为达成目标就要通过激励使人为实现组织目标而努力,激发人的动机就是管理的关键。

角度二:基于心理效应的激励内涵界定。有学者从人的心理机能所产生的效应出发认为,"激励是系统组织者通过设置外部环境,借助一定的信息载体,采取有效的计划措施,对系统内的成员施以正负强化的信息反馈,以引起组织成员心理变化使其产生组织所期望的行为反映,从而正确、高效、持续地达成组织预定的目标"④。此观点侧重于外部刺激变量所引起人体机能产生的心理与思想变化,要求激励策略要符合人心理活动的客观规律,并产生持续不断的心理兴奋,从而激发人们的积极反应。

角度三:基于行为反应的激励内涵界定。激励最终要落实到人的行为中,"广义上的激励将调动和激发人的积极性、主动性、创造性,与社会的需要及个人内在的愿望、动力进行有机结合,体现的是一种具有普遍共性且积极向上的行为导向;狭义的激励特指能促使人们将外界影响转化为自觉行动并以需要同行为的自觉结合为特征的刺激,是人们对自觉行动的一种自我调节、自我激励和自我发展的主观心理状态和内在机制"⑤。学者认为:"激励就是指管理者创设各种既能朝向组织目标又能满足职工合理需要的物质性

① 徐向宇.激励理论在高职教学中的运用[J].科教文汇(中旬刊),2008(9):74.83.
② 俞文钊.现代激励理论与应用[M].大连:东北财经大学出版社,2014:第一版前言.
③ 王祖成.世界上最有效的管理:激励[M].北京:中国统计出版社,2002:2.
④ 赵振宇.神奇的杠杆:激励理论与方法[M].武汉:湖北人民出版社,2001:41.
⑤ 李祖超.教育激励论[M].北京:中国社会科学出版社,2008.

和精神性条件,持续激发职工的动机,以调动职工积极性行为的过程。"这种主要侧重于人们内在机体对刺激所产生的自觉行为的观点,将激励的落脚点置于如何调动人们行为的积极性方面。

综上所述,本书所指的激励,是指施激者通过各种刺激手段激发人的动机,进而引发受激者内部的心理和思想变化,使其在内外动力的驱使下,自愿选择既定目标并朝向期望的目标持续努力的行为反应过程。

第三节　国内外研究述评及思考

(一)国外研究现状

从教育公平发展与教育师资供给的视角看,世界各国都曾不同程度地出现农村和薄弱地区合格师资存量不足、高素质师资匮乏等优质师资供给不足的现象,并同样面临择校、困难群体子女受教育、教育质量良莠不齐等多种问题。从政策视角出发,国外对校长教师交流问题的研究主要集中在教育系统内部的校长教师轮岗(principals and teachers rotation)和校长教师流动(principals and teachers flow/mobility)方面。

1. 关于校长教师交流政策的相关研究

为解决义务教育优质师资供给这一难题,各发达国家依据自己的国情,采取了不同措施促进教师流动和轮岗,政策总结起来有推动校长教师向薄弱地区流动政策、校长教师"定期流动""轮岗"政策以及流动保障政策等类型。

(1)关于推动优秀校长教师向薄弱地区流动政策的研究　美国采取的是较为柔性的教师流动政策,"为美国而教"(teach for America,TFA)计划,通过聚集来自一流大学各专业的优秀毕业生,经过组织严格的培训之后,安排他们在欠发达地区的学校和薄弱学校从事教育教学工作,并派遣专职教师跟踪指导、暑期集中培训、校友会网络等多种形式,帮助他们在教育事业中取得成功,而实现为低收入的贫困地区服务"一小段时间"的目标,进而推进教师向薄弱地区流动;美国政府通过制定差异化工资制度,为在贫困地区学校任教的教师支付更高的薪酬,以挽留优秀教师[1];奥巴马政府实施"力争上游"计划,通过帮助教师理解教育改革,为其提供更多学习、实践机会,关注教师教学所有权,激励教师持续发展,提高教师教学水平[2],确保优质校长和优质教师的均衡分配,以提高贫民学校优质教师与校长的数量与比例,留住优秀人才从教,同时投入资金实施学区的"力争上游"计划,将教育改革深入到学区和学校内部,协助薄弱学校在优质教师招聘中的财力支持,促进教师向偏远有色人群聚居地区流动。英国实行"流动教师"制度,其主要目的是补充短期内学校空缺的教育岗位和聘用一些不是专职教学的教师从事学校其他的专业教学工作,以促进教师常年在学校之间流动,同时,"作为在英国教育改革中脱颖而出的'尖端学校'和'灯塔学校',其主要职责就是起表率作用,派送教师到薄弱学校'传帮带',并要求高级教师必须把20%的工作时间用于'外展服务',到外校指导其他教师教学工作"[3];《教育与督察法案》规定,优质学校应该充分利用法案赋予的权利,使得薄弱学校成为自己的"信托学校",校长和教师必须接受安排流动到信托学校任教;政府强调教育领域应采取各种措施,吸引、招聘世界一流教师优秀教师流动到最具有挑战性的地区工作[4]。法国《教育法》规定中小学教师流动分为省际流动和省内流动两个阶段;法国政府规定具备一定条件的教师包括新入职教师和借调回岗的教师必须参加每年一次的学区间流动,大多40岁左右的教师都要经过2~3次岗位流动[5];为提升薄弱学校教学质量建立优先教育区,并对此教育区的所有执教的教师给予各种津贴奖励,以推进教师流向薄弱的地区[6]。日本通过立法形式给予贫困偏远地区工作教师特殊待遇和津贴,并有相应的配套措施吸引教师流动到偏僻地区工作。

(2)关于校长教师"定期流动"和"轮岗"政策的研究　为了消除教育地区差异,改变因长期在同一所学校工作而产生消极倦怠,破除学校和地区间相互封闭造成的择校问

---

① 谢延龙. 教师流动论[M]. 南京:南京师范大学出版社,2016:158.

② KIM Y,TURNER J D,YAZDIAN L S. Special Issue:Looking Back and Moving Forward:No Child Left Behind,Race to the Top,and Quality Teaching[J]. Educational Research Bulletin,2014,53(3):173-175.

③ 毛亚庆,鱼霞,郝保伟,等. 促进义务教育均衡发展的校长教师流动机制研究[M]. 北京:北京师范大学出版社,2016:22.

④ Educational Excellence Everywhere [R]. Presented to Parliament by the Secretary of State for Education by Command of Her Majesty,2016(3):24-26.

⑤ 刘敏. 以教师流动促进教育均衡——法国中小学师资分配制度探析[J]. 比较教育研究,2012(8):51-55.

⑥ 谢延龙. 教师流动论[M]. 南京:南京师范大学出版社,2016:159.

题,加强师资均衡配置,促进偏远地区教育质量提升,日本在"二战"初期已开始实行校长教师流动制度,20世纪60年代,该制度已经趋于完善。以东京教师流动政策为例,其《实施纲要》规定,"在一所学校连续任教6年以上的新任教师以及在一所学校连续任教10年以上的教师,按照规定均应进行定期流动,对校长和教师进行调整而轮岗的目的是为了解决教师超编问题和解决不同区域(如街道、村、市和区等)范围内不同学校间教师队伍结构不合理问题";公立基础教育学校中的中小学校长3~5年轮岗一次,一般校长在其职业生涯中要轮岗两次以上①;基础教育教师基本实行全员流动,教师定期轮岗有同一市、街区、村之间流动和跨县一级行政区域间流动两种类型,其中小学和初中教师轮岗比例最大,流动呈现同级同类学校间和不同种类学校之间流动的特点。为缓解由较高的社会地位和严格的教师准入制度,引发优秀教师分布不均而导致人口较少的农村学生成绩远低于OECD其他国家农村学生各科成绩的现象②,韩国自20世纪70年代开始实行城乡中小学教师轮岗制度。作为一项重要的人事管理制度,主要轮岗对象为中小学校长、校监和中小学教师;轮岗制度规定每隔一定年限,教师要轮换一次,公立学校的校长工作4年后,将被安排轮换到另一所学校工作,中小学教师在同一所学校工作4~5年后再进行轮岗,教师在优质学校工作8~10年后将流动到农村学校工作3~4年③;交流形式为定期轮岗和不定期轮岗,特聘轮岗和缓期轮岗,不同级别的校级轮岗,跨教育厅、跨市、道间的教师轮岗等多种方式;韩国将所有学校的人事管理行政区根据城市文化水平程度划分为五级区域,根据教师所在区域和学校工作时间、工作表现等确定轮岗方式和轮岗范围,包括区域间、城市间、城市内、农村地区间、农村地区内等不同学校间轮岗④。

(3)关于校长教师流动保障政策的研究 校长教师流动保障政策主要涉及经费保障、法律保障和职业发展保障3个方面。

一是经费保障。美国经济机会署所实施的教育补偿方案,其主要目的是通过改善办学条件,针对弱势群体进行教育经济补偿;增加4亿美元政府资金投入,协助薄弱学校摆

① 汪丞.中日中小学教师流动之比较及启示[J].比较教育研究,2005(11):65-69.

② YOUN－KEE I. Issues and Tasks of Rural Education in Korea [J]. Journal of Educational Administration,2007,25(4):570.

③ 毛亚庆,鱼霞,郝保伟,等.促进义务教育均衡发展的校长教师流动机制研究[M].北京:北京师范大学出版社,2016.

④ 薛正斌,刘新科.日韩中小学教师管理与流动对中国的启示[J].宁夏社会科学,2009(2):143-147.

脱困境过程中的教师招聘、提高培训经费①；给予在薄弱学校的教师优惠政策和特别补助。法国教育部从财政支出中为流动教师提供无息贷款和其他优惠政策,银行另外提供其他优惠服务,消除教师流动到新地点的后顾之忧,并加大对薄弱学校教师的补贴。俄罗斯联邦政府实施《国家规划》在资金分配中向农村学校和教师倾斜,通过不同形式的竞赛方式将资金分配给获胜的学校和教师。日本"高薪养教"政策不仅让教师有高额的经济收入,而且通过发放各种形式的津贴保证流动教师充足的经费供给,让流动校长教师安心从事教育工作。韩国政府优先将资金投入偏远贫困地区,给予在偏僻岛屿任教的教师特殊待遇的同时给予其物质补偿,并在晋升、进修、加薪等方面额外加分以给予其精神补偿。英国政府不仅在奖金、福利和职前培训等方面为优质校长(领导)教师提供更多保障,同时还通过为教师设置更富有挑战的新认证,赋予其更多课堂内外的权力以及赋予领导更多教育自主权等方式保障校长教师在教育薄弱地区工作②。

二是法律保障。法国《教育法》对教师的省际流动和省内流动做出了明确规定,并享有法律规定的特权。日本先后颁布多项具体的法律法规以保障教师流动,例如《教育公务员特例法》《国家公务员法》《偏僻地区教育振兴法》和《孤岛振兴法》等覆盖了所有与教师定期轮岗相关的领域,十分完善,真正做到了有规可循、有法可依③,不仅对教师定期流动义务、流动年限和待遇做了相关规定,保障了教师的公务员身份和社会地位,同时也保障了教师流动的合法性和每一位轮岗教师的权益。韩国《教师地区特别法》和《教育公务员法》保障了教师的社会地位和公务员身份,《教育公务员任用令》通过人事交流计划,有效推动教师履行流动义务;《偏僻、岛屿地区教育振兴法》为流动到偏远地区的教师提供了各项保障。

三是职业发展保障。美国一些州和学区为教师提供了专业发展机会,尽可能创造优良的工作环境和支持教师持续发展来吸引教师④;全国统一的国家教师资格认证制度和国家教师资格证书互换制度,打破了教师的区域和校际壁垒,间接为促进师资良性流动

---

① U. S. Department of Education. The Race to the Top District Competition [EB/OL]. [2017-03-21] (2019-03-15) https://www.ed.gov/news/speeches/race-top-district-competition.

② Educational Excellence Everywhere [R]. Presented to Parliament by the Secretary of State for Education by Command of Her Majesty,2016(3):24-37.

③ 付淑琼,高旭柳.日本教师定期轮岗制的经济保障制度及其对我国的启示[J].教师教育研究, 2015(1):103-108.

④ 王淑娴,张民选.美国联邦政府的期望:吸引、发展与留住好教师[J].全球教育展望,2005(1): 67-68.

保驾护航;"选择性证书计划"为吸引非师范生进入教师职业提供途径的同时,也帮助其在教学经验丰富的教师指导下接受培训,保障其职业发展①。法国通过统一培养模式将大学师范学院确定为中小学教师流出基地,不仅促进了教师规格的统一,同时也保障了教师专业发展。英国通过极力改善学校内外工作环境,为教师减压、减负,提供升迁机会等各种渠道吸纳优秀教师从教,助力于教师职业发展。另外,法国和英国教师跨国际流动政策,为流动教师提供了更多海外培训、实习和国际化发展的机会,不仅使本民族文化得以传播,而且可以拓宽视野、促进教师本人学到国外先进的教学理念和方法②。日本中小学教师在同级同类学校间流动和不同类别不同级别学校间流动等多元化流动方式,丰富了教师各领域的知识和技能,为教师的专业成长提供了条件。韩国以给予流动到偏远地区的教师增加额外分值的方式作为补偿,为教师提供了更多晋升和升职机会,推动教师持续发展。

2. 关于促进校长教师流动激励的研究

可以肯定,国外在实施校长教师流动政策的同时,政策激励内容始终是推动政策取得实效的核心与关键要素。国外的校长教师流动激励主要以薪酬、待遇等物质激励为主,同时也注重人文环境对教师的吸引,总体围绕政策激励以及激励效果与激励影响两个方面展开。

(1)关于政策激励的研究 "人才流动激励"(talent transfer incentive,TTI)是由美国教育部教育科学院(Institute of Education Sciences,IES)所实施的教师流动政策,主要是通过薪酬激励方式为愿意流动到薄弱学校(低绩效学校)并至少服务两年的优质教师提供每年一万美元的薪酬奖励;为留住优质教师在薄弱学校任教,每年还要支付五千美元的保留金作为人才保留激励③;为激发高质量教师自愿流动的热情,负责人会通过给流动教师邮寄邀请信、经常性的与其沟通等方式,来增强他们对流动价值的认同,同时也发动学区领导参与教师流动活动以激发教师流动的热情④;美国的人才流动激励政策不仅成功

① 谢延龙.教师流动论[M].南京:南京师范大学出版社,2016:156.
② 刘敏.以教师流动促进教育均衡——法国中小学师资分配制度探析[J].比较教育研究,2012(8):51-55.
③ Evaluation Studies of the National Center for Education E-valuation and Regional Assistance[EB/OL].(2014-04-05)[2019-03-15].http://ies.ed.gov/ncee/projects/evaluation/tq_recruitment.asp.
④ 蔡永红,雷军,申晓月.从美国教师流动激励政策看我国城市薄弱学校的改进[J].比较教育研究,2014(12):68-73.

吸引高附加值教师填补了薄弱学校的职位空缺,同时也对保留优质教师产生了积极的影响①;同时美国政府还通过间接手段改善教育教学工作环境,进行师资标准化建设,以调动优秀教师在薄弱学校工作的积极性②;"为美国而教"政策主要是激发教师的利他主义和乐于奉献的精神。日本政府对校长教师流动的激励研究体现在完善的法律体系和各项定期流动政策中,政策激励的核心主要以各项教师津贴形式呈现,主要包括为轮岗到其他学校无住房的教师提供住房津贴;为不得不与配偶分居的教师提供单身赴任津贴;为流动到严寒积雪等环境恶劣地区的教师提供寒冷地区特殊津贴;为轮岗去岛屿或者交通生活不便地区的教师提供特别地区勤务津贴;为流动到自然环境恶劣、经济条件落后的偏远地区、小岛或山区中工作的教师提供偏僻地津贴与偏僻地准津贴等③。同时针对不同的津贴有十分严格和缜密的计算标准,确保激发每一位轮岗校长教师的最佳教育动机,发挥最大的激励效果。英国的《新机会白皮书》(*New opportunities Fair chances for the future*)为实现"世界一流学校"制定一揽子吸引优秀教师的激励政策,投入较多的资金提升优秀校长和优质教师的学历水平,鼓励他们流动到薄弱学校工作,将最优秀的教师部署到最需要的地方④,其中"金手铐"计划,为确保和招聘留住最优秀的教师在具有挑战性的学校工作,政府给予到薄弱地区任教满三年的教师一万英镑的奖金,其中新任校长有资格获得教学硕士学位,同时在"高级技能教师"职称评审和"优秀教师"评选时会给予流动校长教师予以政策倾斜,让他们得到应有的认可和职业发展的机会;制订长期的总奖励计划和其他可能的激励措施,包括休假、借调、职业发展咨询以及诸如住房和旅游等具体的政策激励措施⑤;2016—2017年为具有一级学位教育物理学教师提供价值高达3万英镑的免税奖学金,并在其他项目中增加助学金等方式,吸引鼓励稀缺专业教师流动

---

① Evaluation Studies of the National Center for Education E-valuation and Regional Assistance[EB/OL]. (2014-04-05)[2019-03-15]. http://ies. ed. gov/ncee/projects/evaluation/tq_recruitment. asp.

② A Possible Dream Retaining California Teachers [EB/OL]. (2013-03-19)[2019-03-15]. http://www. calstate. edu/teacherquality/documents/possible-dream.

③ 付淑琼,高旭柳. 日本教师定期轮岗制的经济保障制度及其对我国的启示[J]. 教师教育研究,2015(1):103-108.

④ New opportunities Fair chances for the future [R]. Presented to Parliament by the Minister for the Cabinet Office by Command of Her Majesty,2009(9):51.

⑤ World class schools. New opportunities Fair chances for the future [R]. Presented to Parliament by the Minister for the Cabinet Office by Command of Her Majesty,2009(9):53-54.

到薄弱地区①。法国教师培养一体化政策规定,中小学教师必须由大学师范学院统一培养以及任用规格统一,为教师在不同层次学校间灵活流动提供了政策激励。法国政府制定"优先教育区"教师激励政策,通过制定特殊津贴政策、提高教师薪酬待遇等方式为主动到优先教育区工作的教师提供保障,自 1994 年起,法国为初次作为公务员身份被分配、流动到难以招聘师资的地区工作满 3 年的任教教师,每年给予 12 594 法郎的薪酬补贴②。

(2)关于激励效果与激励影响的研究 国外针对中小学校长和教师实施政策激励的主要目的是推动薄弱学校改进,从而保证流动政策的实施。期间,伴随有大量支持薄弱学校改进的相关配套政策链,如改善学校教育工作、文化环境等③。校长教师流动中的激励研究,除详尽的政策激励内容之外,更侧重于政策激励实施后对薄弱学校组织文化、学校团队建设、教师专业发展、学生学业成绩所产生的效果评价与影响研究。

薄弱学校组织文化建设方面:美国人才流动激励(TTI)研究结果显示,通过高质量的优秀教师流动的方式,可以在流入学校内部创生优质教师资源,从而改变一些薄弱学校的教师队伍结构,推进学校组织结构的变革④;有丰富经验,教龄在 5 年以上的高质量教师会主动为新教师提供辅导,并与其他有经验教师互帮互助,从而增强了输入学校教师群体士气,同时帮助教师专业成长,为输入学校营造了良好的教学氛围;同时推进了原有学校的辅导资源发生转变(自觉发挥教师领导作用,推动薄弱学校组织文化变革);新教师项目(TNTP)通过支持缺乏传统教育背景的研究生和处于职业中期的专业人士进入教师职业,而改变传统的教育结构⑤。日本与韩国在教师轮岗流动激励中为各个学校先进的教育教学理念与方法提供了融合的平台,促进了各学校组织文化的交融汇合,使得教师结构趋于合理。

---

① Educational Excellence Everywhere [R]. Presented to Parliament by the Secretary of State for Education by Command of Her Majesty,2016(3):26.

② 孔凡琴,邓涛. 日、美、法三国基础教育师资配置均衡化的实践与经验[J]. 外国教育研究,2008 (3):23-27.

③ 蔡永红,雷军,申晓月. 从美国教师流动激励政策看我国城市薄弱学校的改进[J]. 比较教育研究,2014(12):68-73.

④ JACKSON C K. BRUEGMANN E. Teaching Students and Teaching Each Other:The Importance of Peer learning for Teachers[EB/OL]. (2014-05-01)[2019-03-15]. http://digitalcommons. ilr. cornell. edu/ cgi/viewcontent. cgi? article = 1079&context=workingpapers.

⑤ Increasing Teacher Diversity Strategies to Improve the Teacher Workforce [EB/OL]. (2013-04-28) [2019-03-15]. http://www. americanprogress. org/wpcontent/uploads/issues/2011/11/pdf/chait_diversity.

薄弱学校团队建设方面:美国教师流动激励通过高质量教师领导教学团队帮助薄弱学校改造教师队伍,强化学校的学科课程团队建设,促进了教师之间的合作和分享教学心得的意愿①。法国优先教育区的教师激励是通过对优秀教师进行培训建立稳定、良好的教学团队,组织实施教师团队合作,设计创新课程和监测学生,通过更多的教师团队合作,帮助他们识别学生的需求,并通过替代教学方式支持他们的学习过程,并灵活运用教师团队激励措施,通过实践专家与团队合作方式指导新老师,解决教师困难。

教师专业发展与学生成绩方面:美国教师流动激励研究表明,优质教师对薄弱学校所产生的持久且极具的影响缘于优质教师丰富的教育教学经验,这不仅确保了交流教师在新学校的教学质量,积累了丰厚的教育资源,而且还提升了薄弱学校教师的教育质量,影响了学校整体教学水平,对学生成绩提升起到了积极作用。英国政府在《新机会白皮书》中指出,在具有挑战性地区对优秀教师的激励,促使薄弱学校在领导和教学质量方面取得了很大的进步,增加了对最需要针对性教育的儿童的帮助,包括有特殊教育需要的儿童,提升了学生的英语和数学成就,改造和提高了学校劳动力的专业素养;针对优秀教师和高级技能教师的评聘激励,加强了教师的教育教学领导能力和优良的课堂建设能力,为教师课堂教学提供了机会,使他们得到应有的认可和职业发展空间;教师面对如何帮助一大批处于弱势地位学生学习的挑战中,提升了教师的专业水平。日本与韩国教师流动激励措施保持了教师对工作的新鲜感,加快了教师吸收新知识与新技能的速度,增强了教师应对新环境的能力,挖掘了教师深层次潜能,对教师专业成长起到了促进作用②。

3. 国外校长教师交流的特点与不足

国外校长教师交流活动主要以政府实施间接性的柔性政策和直接强制性、经常性的轮换制度两种方式推进,在提高农村教师素质和教育质量上发挥了巨大作用,总体呈现出以下几方面特点:①政府层面出台校长教师流动政策,政府发挥宏观调控作用,学校实施自主建设作用;②建立保障制度,完善教师薪酬制度,提供农村和薄弱地区工作的教师各种类别的津贴,为教师交流提供物质保障条件;③将校长教师交流政策纳入法治化轨

---

① GLAZERMAN S, PROTIK A, BRUCH J, et al. Neil Seftor & Elizabeth Warner. Moving High-Performing Teachers: Implementation of Transfer Incentives in Seven Districts [EB/OL]. http://www.mathematica-mpr.com/publications/pdfs/education/TTI_fnlrpt.pdf.

② 谢延龙. 教师流动论[M]. 南京:南京师范大学出版社,2016:150.

道,明确校长教师的教育公务员身份,确定交流中的管理模式,尊重教师的社会地位,促进交流政策实施的有效性;④制定完善的教师资格证书制度,教师统一工资标准制度,实施教师高额补助向薄弱学校倾斜制度,并在教育优先区设立特岗,保障教师交流的质量;⑤关注交流教师的切实需要(交流动机产生的前提)与自主性,并采用灵活多样的交流方式;⑥注重激励措施和影响效果研究,采用财政激励、薪酬激励、文化激励等多种激励措施促进教师积极参与交流,并严格限制不具备条件的校长教师参与交流;⑦对学校文化建设、学校团队建设、教师专业发展、学生成长等方面的激励效果及影响研究较为全面。

从各国家所采取的交流政策和实施途径来看,交流政策突出的目标就是追求效率,政府将政策重点集中于教师教育质量、教学设施、财政补贴等因素上,关于交流校长教师个体的内在心理体验与精神需求方面的研究则相对较少。在校长教师流动激励研究中,强调物质激励等外在激励的重要性,缺乏从政府、学校、校长教师个体等各视角对交流政策的系统阐释。在学校组织文化对流动校长教师的精神激励、流入学校教师团队建设对校长教师的激励、微观角度中具体教育教学工作对流动校长教师的激励等方面的相关研究匮乏。

校长教师流动政策的国际经验给予我国校长教师交流研究更多的启发与思考,为我们研究中国文化背景下校长教师交流激励问题打开了国际视野。

(二)国内研究现状

自党的十八大以来,在以扩大优质师资供给为核心的教育供给侧改革背景下,义务教育公平发展的步伐愈加强劲,促进"校长教师交流"成为学界研究的重点议题。来自各相关领域卓有成效的研究成果不仅加快了政策体制的完善进程,也为深入研究提供了参考。

1. 关于校长教师交流实践3个层面的研究

自校长教师交流政策实施以来,诸多学者从不同学科背景下,进行了多角度的研究与探讨,并在实践中剖析了校长教师交流中的主要问题及其成因,研究成果较为丰富。分析已有的文献发现,目前国内学者对校长教师交流活动的理论与实践研究主要集中于宏观政策、中观学校组织和微观个人因素3个层面。

(1)宏观层面:基于政策因素的探讨 从校长教师交流政策的制定、制度设计与执行情况出发,研究者提出影响政策效果的各种因素。有些学者认为,城乡教师交流制度设计存在缺陷,致使制度运行中产生了严重"异化"现象,降低了交流效果;实地调研发现,政策制定不民主,经费、配套、评价、监督与保障政策跟进乏力,缺乏科学的体制和运行机制,可操作性的具体政策落实不力,执行遭遇各利益主体博弈;交流政策涉及各项体制改革与相关群体利益,需要人事、编制、财政、行政等多方面的协同推进,必须协调和兼顾学生、教师、学校、地方、国家等各方利益;由于交流中政府、教育行政部门和学校等主体在交流中虚位、错位和越位对交流政策制定与实施产生不利影响,应形成交流机构及机制的协同动力关系,建立交流体系运行方式(叶飞,2012;姚永强,2013;李宜江,2013;王昌善,2015;李潮海,2015;司晓宏、杨令平,2015;杨跃,2016;徐玉特,2016)。有众多学者从法律视角提出,教师交流政策必须具有法理逻辑,应加快修订相关法律,在具体实施过程中应确立教师的教育公务员法律地位,保障教师权力与待遇,为教师交流奠定法律基础,做到有法可依(田汉族,2011;刘茜,2013;张旺,2014)。有学者提出了教育一体化思维:张旺(2014)主张推动县域内教师交流要运用教育一体化思维方式建立城乡义务教育一体化制度,突破县域决策局限,形成合力,助推交流政策落实①。有学者提出应该设置交流选择路径:张灵(2016)认为,地方政府在教师交流中设置双重执行路径而导致了非预期结果,反而加剧了学校间的非均衡度,通过"有选择的教育平等"路径,为交流教师提供一种受限制的新选择,是破解教师交流执行路径冲突的原则性制度设计②。有学者提出了交流的全新模式:赵兴龙和李奕(2016)创新性地从供给侧结构性改革层面提出了为学生实际获得教育价值,而实施教师走网式流动的思维,其设计理念是通过移动互联网形成流动教师的"在线服务智慧空间"满足学生学习需求,利用信息化手段实现优质教师资源共享推进教师交流③。

(2)中观层面:基于学校组织内部因素的探讨　部分研究者将校长教师交流与学校组织相关联,提出影响校长教师交流政策实效的原因在流入学校内部组织中。唐智松(2010)认为,教师交流中存在各种不适应问题,其主客观原因中均有学校组织层面的教育环境、软硬件设施、学校文化背景等对交流教师所造成的影响④;赵永勤(2012)剖析农

---

① 张旺,丁娟. 城乡义务教育一体化发展视阈下的县域内教师交流政策研究[J]. 吉林师范大学学报(人文社会科学版),2014(3):69-73.
② 张灵. 教师流动政策的执行路径冲突及其非均衡效应[J]. 教育发展研究,2016(Z2):19-23.
③ 赵兴龙,李奕教师走网:移动互联时代教师流动的新取向[J]. 教育研究,2016(4):89-96.
④ 唐智松,温萍. 城乡教师交流中的适应性问题[J]. 中小学教师培训,2010(7):61-64.

村经济、文化和机会的三重贫困对校长教师交流所造成的影响,提出农村学校组织中特有的贫困文化对其教师发展形成阻碍,使之安守现状,拒绝新鲜知识和信息,"等、要、靠"思想意识倾向严重,专业发展缺乏持久动力,是导致教师交流低效的最根本内部原因①;汪丞(2013)在教师交流的激烈争辩中提出,要从学校的独特风格、办学理念、校园环境与传统等学校组织文化建设中鼓励学校特色发展,推进校长教师交流制度实施②;杨炎轩(2014)认为,教师跨校交流中,流入校要为其提供优良的工作团队配合和积极的学校组织支持,因此优秀教师面临如何带动同事发展、发动群体伙伴合作、推动学校变革三大深层次的问题③;王昌善(2015)分析我国县域义务教育学校教师流动制度的"难为"困境,其中公平优先的价值取向偏差忽视了教师成长对教育环境的依存性、教师团队形成的时效性和稳定性、学校文化形成的累积性,从而对中小学教师队伍建设以及学校文化培育与传承带来挑战与冲击④。

(3)微观层面:基于校长教师个体因素的探讨   政策参与主体是影响政策执行的最直接因素,目前学界对校长教师交流的主流观点集中在交流校长和交流教师个体中。赵爽(2013)从政策工具视角分析认为,校长教师交流制度设计忽视了教师自主性、创造性和可持续发展性等个体内在因素,必须要对教师参与交流过程准确定位,从政策设计到执行都要明确交流政策客体的特殊性⑤;王凯(2014)认为,教师交流以强调城乡教育均衡的公共利益为政策制定出发点,相对于交流教师个体利益而言则关切不足,激发全体教师参与交流的最优制度安排并不是完全以经济利益诱导流动教师⑥;郑玉莲(2014)认为,校长交流中较少探究交流校长对推动流入校的可持续发展的影响,缺乏对校长到流入校长后如何开展学校工作及其所面临挑战的关注⑦;叶菊艳(2014)提出,教师流动的原动力是实现教师"专业人"身份的转变,将流动看作是发挥一己之力,促进更多教师和学生发

①　赵永勤.教师交流制下农村中小学教师的贫困文化阻抗及其消解[J].基础教育,2012(10):87-91.

②　汪丞.中小学校长定期轮岗交流利弊之辩[J].中国教育学刊,2013(7):27-30.

③　胡晓航,杨炎轩.优秀教师跨校交流的深层问题与策略[J].教育发展研究,2014(20):50-55.

④　王昌善,贺青梅.我国县域义务教育学校教师流动制度:应为、难为与可为[J].湖南师范大学教育科学学报,2015(4):75-80.

⑤　赵爽.政策工具视角下T市中小学教师交流政策反思[J].当代教育科学,2013(20):8-12.

⑥　王凯.试论增强城乡教师交流意愿的四项基本制度[J].教师教育论坛,2014(4):46-49.

⑦　郑玉莲.轮岗后的校长继任与学校持续发展:十位"空降兵"校长的经验及启示[J].全球教育展望,2014(2):106-113.

展的机会,是自己应承担的责任,激发教师内在的教育动力与激情,从而产生可持续性的积极影响,是促进交流实施的有效策略①;谢延龙(2015)强调,必须从流动教师主体的根本需求出发,建立表达诉求的民主式话语通路,形成以人为本尊重教师意愿的制度理念,方可发挥教师的主观能动性②;江楠(2016)认为,切实调动教师参与的积极性要通过外部政策激励作用,促进教师在交流中理解政策和执行政策,从而形成积极参与教师交流的内生动力③;卢乃桂等(2016)从能量理论出发阐释,校长教师交流政策实施应思考如何实现流动校长教师身上所拥有的"能量"流动,以及如何借助校外支持发挥校长教师在新工作环境中的教学、育人和公益三个方面的教育领导力,以增强个人"能量"并促进这些能量在整个教育共同体乃至社群层面进行凝聚、沉淀、扩散与增长是通过校长教师交流实现优质教育资源配置的关键④。

2. 关于校长教师交流激励 4 个维度的研究

已有研究对于积极性缺乏是阻滞校长教师交流政策效果的主要原因基本达成共识。国内学术界对校长教师交流中的激励问题研究聚焦于多个维度,涉及多个层面,重点分析激励性不显著的原因并提出如何进行激励的对策,总体概括为以下 4 个维度。

维度一:关于政策方面的研究。政策激励是学者们对校长教师交流研究的重点,从政策本身的激励效用和激励机制建设出发,研究各有侧重。冯文全(2010)认为,对流动教师的激励至关重要,教育行政干预的教师流动就是要让教师在物质利益与精神利益驱动下,朝着政策意图方向流动,从而调动其积极性,因此激励教师流动应该包括:教师待遇调整、教师流动成本补偿、差异补偿三个方面⑤;杨家安(2012)从城乡美术教师交流机制研究中提出,应建立交流教师激励机制,以鼓励城镇优秀教师到偏远贫困地区支教⑥;王彦才(2014)认为,政府应当对教师交流政策予以宏观调控,通过为教师提供基本生活、

① 叶菊艳. 从"学校人"到"专业人":教师流动与教育变革实现的源动力[J]. 全球教育展望,2014(2):82-94.
② 贺心悦,谢延龙. 教师流动制度:困境与出路[J]. 教育导刊,2015(2):20-23.
③ 江楠. 教师交流轮岗要关注内生动力的形成[J]. 中国教育学刊,2016(1)105-106.
④ 叶菊艳,卢乃桂."能量理论"视域下校长教师轮岗交流政策实施的思考[J]. 教育研究,2016(1):55-62.
⑤ 冯文全,夏茂林. 从师资均衡配置看城乡教师流动机制构建[J]. 中国教育学刊,2010(02):18-21.
⑥ 杨家安,王艺霏,张德成. 关于城乡美术教师交流机制的研究[J]. 东北师大学报,2012(4):253-255.

住宿保障,发放补助和交通补贴,并给予各项物质与精神奖励,健全边远地区特殊津贴等激励机制,以引导区域内教师合理流动①;夏仕武和姚计海(2016)在开展了试点工作的一些省、市、区、县的实证研究中揭示了教师交流存在的现实问题,其中,重点指出政府及教育部门对流动教师的激励补偿力度过小,是导致校长教师交流政策不足以激励教师积极地参与交流的主要原因之一②;李毅(2016)在教师交流政策实施中发现,由于城区教师在交流中付出的机会成本较高,因此,城区教师对目前交流激励机制的满意度比乡镇教师偏低,是我国教师交流中激励保障机制不健全情况下出现的新问题③;刘善槐(2016)认为,教师交流忽略了目标群体的政策认同和动力激发,为保障交流政策的最优效果,应使教师交流政策具有激励相容效应,构建基于主体损益和决策逻辑的"补偿+奖励"的激励机制④;于海波(2017)从方法论、价值论和"教育学立场"视角提出,单一的流动激励政策会降低流动者的意愿,影响政策的执行效果,需通过实施积极的弥补、补偿和奖励等差异化政策给予参与流动教师足够的人文关怀和相应激励,而进行深层的追问和反思城乡教师流动改革⑤。

维度二:关于学校组织方面的研究。学者们关于学校组织层面的激励研究着重于对学校组织文化、学校环境、学校内涵发展等方面。操太圣(2011)提出,教师交流的配套措施重外在激励,对流入学校与交流教师内在问题有所忽视,应将重点放在学校层面,强化教师对流入学校组织认同,激发学校内在发展动力,从而发挥教师的专业力量,促进薄弱学校发展⑥;程振响(2011)认为,中小学校长交流应真正从薄弱学校内涵发展中重视学校改进,提升和调配校长,给予校长更多的自主权和发挥才能的空间,健全交流校长的考

---

① 王彦才.中小学教师流动:问题及对策——基于海南省中小学教师流动现状的调查分析[J].教师教育研究,2014(2):28-32.

② 夏仕武,姚计海.试点区县义务教育学校教师流动政策实施的实证研究[J].教师教育研究,2016(3):36-42.

③ 李毅,宋乃庆,江楠.义务教育阶段教师交流的问题及对策分析:以国家统筹城乡改革试验区为例[J].湖南师范大学教育科学学报,2016(5):78-83.

④ 张源源,刘善槐.县域内教师交流的机制梗阻与政策重建[J].中国教育学刊,2016(10):97-102.

⑤ 于海波.城乡教师流动改革的多维审视与路向选择[J].东北师大学报(哲学社会科学版),2017(2):136-141.

⑥ 操太圣,吴蔚.从外在支援到内在发展:教师轮岗交流政策的实施重点探析[J].全球教育展望,2014(2):95-105.

核、激励和选拔机制①;夏茂林(2016)认为,有效促进义务教育教师合理流动,不仅需要正式制度变革,而且需要对一些非正式制度进行正确导向和合理塑造,要发挥学校文化对交流教师的激励作用,必须要强化教师教育意识与观念,重塑职业道德和信仰②;于海波(2017)认为,教师流动的意义更重要的是激活农村学校的内在生命力和发展潜能,促使薄弱学校实现办学质量和自我完善能力的持续提升,因此流入校应通过组织结构、组织文化、学校组织活力的调整,将流入教师视为激活学校组织系统的新鲜力量,及时抓住培养新的优秀教师的契机③。

维度三:关于学校群体方面的研究。有研究者从流入校群体内部关系及群体行为出发,探讨校长教师交流中的积极性问题。黄丽萍等(2011)提出,通过优质学校教帅带头与农村薄弱学校教师组建教育教学团队,以团队学习与交流的方式,培育农村薄弱学校教师,带动团队成员共同成长,并根据团队建设成果给予优秀校长教师相应的经费和奖励,探索校长教师交流的柔性激励机制,以提高校长教师交流的成效,自由组合而成的教学团队通过相互帮助、充分尊重了教学的自主选择性,实现城市教师带动农村教师,共同提高师资力量,促进城乡师资均衡的目标④;蔡永红等(2016)实证研究发现,中小学教师交流制度通过满足教师交流的自主和归属需要,而影响其交流意愿,证实教师交流的归属需要满足与工作氛围、环境、同事领导间信任感、归属感等有关,并提出应健全教师交流政策的激励保障机制,突出对教师在流入校教学能力、教师团队建设的引领、职责履行方面的考核和评价,激发其持续的交流意愿,保障交流效果⑤。

维度四:关于教育教学工作方面的研究。校长教师交流活动以教育教学工作为中心,围绕工作满意度、薪酬激励机制等,研究者提出了各种观点。有学者认为,交流教师的作用集中体现于发挥其在薄弱学校培养优秀教师的能力方面,为培养更多的优秀教师,就应该创新教师交流的工作激励机制,不断探索新的激励模式,为教师减压、鼓励优

---

① 季春梅,程振响.关于建立我国中小学校长交流制度的调查分析[J].教育发展研究,2011(11):16-19.

② 夏茂林.非正式制度视角下义务教育教师流动问题分析[J].教师教育研究,2016(1):43-48.

③ 于海波.城乡教师流动改革的多维审视与路向选择[J].东北师大学报(哲学社会科学版),2017(2):136-141.

④ 黄丽萍,林藩.城乡教师交流:城乡师资均衡的重要推手:以 M 省为例[J].福建教育学院学报,2011(2):58-62.

⑤ 蔡永红,王莉,左滨.中小学教师交流制度对交流意愿的影响——交流需要满足的中介作用[J].教育发展研究,2016(4):19-24.

秀教师培养和辅导年青教师,指定优秀骨干教师担任薄弱学校教师的导师,跟班学习,从而更快地提升薄弱学校教师能力[①];杜屏(2016)以全面薪酬理论为依据对教师流动进行研究发现,内、外薪酬对教师工作满意度均有激励作用,证明全面薪酬激励会直接和间接地影响我国中小学教师的流动,且内在薪酬的激励作用更大,从而启示对教师交流的激励需兼顾全面薪酬激励效用,从教师心理需要出发为其提供良好的学校工作环境、改善工作内容、提供职业发展机会、关心教师以发挥内在工作潜能,提高对学校组织的承诺,从而增强不同特征教师工作满意度及流动意向[②]。

(三)研究述评与思考

从国内外研究现状可以看出,学术界关于校长教师交流的相关研究立足于政策制定与执行层面,从政策目标、内容、影响因素、保障体制、激励机制、实施路径都有较为具体的研究,涉及政治学、教育学、经济学、制度学、行为学、心理学等多个研究视角,包含校长教师交流中的多个层次,涉及多个维度。研究内容翔实、研究方法多样、观点具有启发性。但针对校长教师交流中的激励问题展开专门研究的文献却匮乏,若进一步思考,仍有一些研究内容需要完善。

1. 关于研究内容的问题

目前校长教师交流主要着重从宏观政策视角出发研究政策问题、政策体系完善和交流制度建设,从学校组织及团队建设出发研究学校文化、环境等对交流活动的影响,从微观个人角度出发研究校长教师专业能力发挥。其中,政策设计的重点突出校长教师参与交流所得到的实质性的优惠或福利,如评优、职称评聘等以此吸引校长教师参与交流,政策激励机制方面的研究以薪酬激励为主,而如何通过校长教师交流提升他们的专业能力,促进其专业发展,推动薄弱学校组织变革而实现学校改进,并不是当前校长教师交流政策设计的重点。相对于交流校长教师在流入校的职责履行、学科发展、工作任务、团队建设、交流校长教师对学生发展的影响、交流校长教师在流入校所做出的隐性贡献、交流

---

① 黄丽萍,林藩. 城乡教师交流:城乡师资均衡的重要推手:以 M 省为例[J]. 福建教育学院学报,2011(2):58—62.
② 朱菲菲,杜屏. 中小学教师流动意向的实证探析:基于全面薪酬理论视角[J]. 教育学报,2016(2):89—98.

校长教师在流入校的考核与评价等方面的研究以及校长教师交流中的积极行为研究尚存在不足,某种程度上弱化了政策对校长教师能力需要满足的激发作用。

2. 关于研究维度的问题

校长教师交流活动是一种复杂的教育现象和社会现象,如何看待校长教师交流问题取决于研究者的视角。这种特定的话语系统,透视着研究理论,从管理学和组织行为学的视角看,校长教师交流中存在激励问题,研究主要呈现出以下特点:①从政策维度看,着眼于政策本身即制度体系、宏观政策激励以及保障体系研究的较多,关于政策如何进行激励以及政策激励对校长教师的专业成长,政策与交流校长教师积极性之间相关性的研究较少。对校长教师交流问题的研究多从政策缺陷及财政保障等角度给校长教师一定压力,寻找解决问题的对策,是一种强制执行与外在激励解决问题的方式,而对于校长教师交流过程中如何将压力转变为内在动力,调动其积极交流行为这样一个基本激励问题,以政策为切入点的研究成果不多,且现有对政策激励研究成果多以保障机制分析为着眼点,忽略了政策对交流校长教师行为及其后果的影响,忽略了制度与行为的互动关系研究。②从学校维度看,校长教师交流制度在学校中的执行研究成果较多,关于学校组织对校长教师交流的激励研究成果缺乏,研究侧重交流选拔、交流期限、交流方式、交流考核评价机制建设方面的设计,而少有关于学校组织结构、学校组织文化和校长教师领导激励的相关研究。③从群体维度看,关于校长教师交流中团队建设方面的研究较多,从团队激励的角度出发,专门研究校长教师交流中的激励问题的相关文献匮乏。④从个体维度看,提出薪酬满意度、完善工作激励机制的研究较多,但没有指出在教育教学工作中为什么激励,激励什么,怎样激励等问题,并且关注个人因素中激励以外的因素多,关注具体教育教学工作激励对交流校长教师积极性影响的研究较少。

综合以上研究发现,与校长教师交流中的激励问题相关的研究,包含了以上4个层面,基本围绕"解决问题"的思路展开,并没有将校长教师交流置于一个系统的框架内进行研究,难以将校长教师交流中所涉及的组织行为联系起来,缺少多维度的整合分析,系统性不足。值得反思的是,涉及校长教师交流激励的相关内容,从单个层面出发的研究尚均存在不足,而将4个层面融为一体,通过系统的研究方法,构建激励模型分析框架,针对校长教师交流中的激励问题展开专门研究的文献基本空白,致使现有研究只能呈现出校长教师交流激励的部分现象。

3.关于研究方法的问题

缺乏理论指导的经验是无根之树、无水之源,脱离实证检验的理论是军事论文、纸上谈兵。梳理现有与校长教师交流激励相关的研究,偏向实证研究的方法明显缺乏理论探讨,而偏向理论研究的内容却缺乏实证经验。其中,定性研究范式在校长教师交流研究中一直占有主导地位,但缺乏翔实的调查和科学有效的数据证明,不利于全面分析校长教师交流中的激励问题;实证主义研究方法采用自然科学中的量化方法研究社会问题,必然会忽视人类知觉、感觉、心理、行为等复杂变化,因此,此方法在校长教师交流激励研究中必然会存在部分有效性。同时,实证研究较依赖问卷法,相对于行为观察法、心理访谈法、叙事法等研究方法很少用于校长教师交流研究中,因而,校长教师交流中的激励研究必然要将实证与理论、定量与定性两类方法相互融汇,用真实的数据验证理论的适切性,通过敏锐的观察,理解、说明、解释现象,经过归纳分析后做出抽象概括,将本应蕴含的激励价值融入校长教师交流研究范畴中。

4.研究展望

研究尚须探讨的问题主要集中于如何全方位分析校长教师交流中的积极性问题,剖析校长教师交流中激励问题的成因,提出调动交流校长教师积极性的策略,从而促使交流政策取得显著成效。本研究需要思考的问题是:当前校长教师交流的积极性不高是本研究提出的明确问题,那么,校长教师交流过程中要发挥何种作用,实现何种既定目标才能体现交流的实质?什么原因导致校长教师交流的积极性不高?怎样激发交流校长教师积极性?依据发达国家在校长教师交流政策中的激励启示,要促进校长教师交流政策全面实施"不仅需要及时修复现有政策,更需要寻求根本解决的路径"[①]。除了关注交流政策、制度等激励影响因素外,还要关注流入学校组织对交流校长教师的激励影响因素,学校教师团队对校长教师的激励影响因素,以及教育教学工作本身对校长教师的内在激励影响因素。将以上几个层面进行整合,是否可以对校长教师交流的积极性产生显著影响,达到激励的有利后果,即这几个层面的激励作用与交流校长教师积极性之间呈显著正相关,这一系列问题等待后续研究证明。

---

① 刘筱红,施远涛.农村留守妇女家庭离散问题研究:基于"新四化"的视角[J].成都理工大学学报(社会科学版),2014(5):77-82.

第四节　研究思路与研究方法

（一）研究思路

探讨校长教师交流活动中的激励,本研究主要确立了主体性内容研究的基本思路（图1）,以我国教育公平和师资供给为核心的教育供给侧改革为背景,从优质师资供给端入手,将在教育系统内部再生优质师资等教育供给思想融入论文研究始终;突出四个重要问题,即为什么要进行"校长教师交流"激励、校长教师交流积极性不高的原因是什么、谁激励参与交流的校长教师、怎样在校长教师交流过程中实施激励;提出四个层面理论构建,即政府层面通过政策激励推进"校长教师交流"政策实施,学校组织层面激发交流校长教师积极性主动性,群体层面通过团队信任、合作、沟通机制激励校长教师专业成长,个体层面通过教育教学工作任务设计激发校长教师工作热情,诠释校长教师交流中的激励问题。

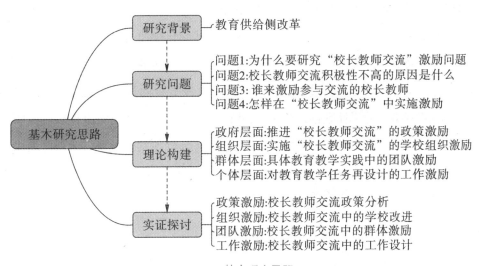

图 1　基本研究思路

（二）研究方法

本研究以校长教师交流激励为研究对象,以教育供给侧改革为研究背景,遵循理论与实践相结合的总体思路,在具体分析校长教师交流激励问题的过程中,综合运用多种分析方法。

1. 定性分析与定量分析相结合

定性研究是社会科学研究较为常用且必不可少的方法,主要是通过对事物各种表象的归类分析来揭示其性质的研究方法[①]。运用定性分析可以充分利用教育系统论和组织行为学视角探讨政府、学校组织、教师群体、个体等各层面在校长教师交流中的激励性质、作用,并对各层面因素进行归类分析而阐释交流激励的实质。定量分析主要是通过统计数据,借助数学工具考察量的规定性,从而把握事物发展规律的研究方法。定量分析有助于通过调查、统计数据对校长教师交流激励情况进行较为精确的、严峻的量化分析与客观评价,揭示交流中激励问题和制约因素。在本研究中必须将定性研究与定量研究相结合才能全面分析校长教师交流激励问题。

2. 比较分析与历史分析相结合

历史分析是通过历史资料来进行分析研究的方法。通过对校长教师交流政策的历史演进文本梳理,追本溯源分析政策范式的变迁及其变化规律,提炼出关键研究要素,对政策执行实践及其政策交流内容予以客观评价,从而对当前县域校长教师交流中的政策激励做出合理解释。历史分析过程同时也是一个比较分析的过程。比较分析是将两个相互联系的客观事物的指标数据进行比较,从而对事物本质和规律做出正确评价的研究方法。在国内外文献查梳过程中采用共时比较方法,分析各发达国家与新兴发展中国家校长教师交流政策体系建设、交流保障措施、交流激励措施等,探索我国校长教师交流中的激励问题影响因素。本研究将校长教师交流激励置于中央政策、各级地方政策比较,组织行为的各层面比较之中展开研究。

3. 实证分析与规范分析相结合

实证分析是对客观给定的研究对象和现象之间的相互关系进行分析,从而引出结论

① 张立荣. 当代中国服务型政府建设和公共服务体系完善理论与实证研究:以促进社会公平正义为依归[M]. 北京:中国社会科学出版社,2012:35.

的研究方法。要对校长教师交流中激励问题进行研究,除相关的文献资料和数据外,必须深入实地针对参与交流的校长教师展开调研,需综合应用座谈法、问卷法、访谈法、观察法和集体座谈等调查方法等获得信息和资料,对这些信息进行处理时必然要用到实证分析法,以便得出更精准的研究结果。在做实证分析的同时也应采用规范分析的方法。规范分析是从一种理论出发推导出另外一种理论的方法。通过实证分析回答为什么要研究校长教师交流激励问题、激励问题形成的原因时,不但要依据、参考和借鉴现有的激励理论研究成果作进一步的审视,同时也要根据校长教师交流激励实际情况进行科学归纳和演绎,推导出新的激励理论以便涵盖激励全过程。

4.经验分析与理论分析相结合

经验分析是研究者根据实践经验,运用相关学科理论和知识,进行归纳和总结的一种研究方法[1]。在进行校长教师交流激励研究时,一方面要结合近年来我国促进校长教师交流的激励政策,以及政策执行中全国各省探索校长教师交流活动所取得的经验,为激励问题研究提供素材。另一方面要通过调研地校长教师交流政策实施中获得的典型经验,以及实地调研中交流校长教师分享的经验进行梳理,提炼出具体的激励措施,从而克服由单一经验或纯理论研究分析所造成的研究偏差,有助于针对激励客体在校长教师交流中所处各层次的激励过程展开全面分析。

第五节　本项研究的资料来源与创新意图

(一)资料来源

本研究所获取的资料来源主要是文献资料和实地调研资料。文献资料的收集遵循从中央政府层面到地方政府层面再到学校组织层面的技术路径;实地调研主要是赴 X 地区 L 市各个县域进行实地考察。调研技术路线如图 2 所示。

---

① 陈国海.组织行为学[M].北京:清华大学出版社,2009:12.

1. 文献收集

(1)中央政府材料 主要包括党的十八大报告《坚定不移沿着中国特色社会主义道路前进 为全面建成小康社会而奋斗》《国务院关于加强教师队伍建设的意见》党的十八届三中全会《关于全面深化改革若干重大问题的决定》《国家中长期教育改革和发展规划纲要(2010—2020年)》《中国共产党第十八届中央委员会第五次全体会议公报》《教育部、财政部、人力资源和社会保障部关于推进县(区)域内义务教育学校校长教师交流轮岗的意见(2014)》《中华人民共和国国民经济和社会发展第十三个五年规划纲要》《国务院关于加快发展民族教育的决定(2015)》《乡村教师支持计划(2015—2020年)》《国务院关于统筹推进县域内城乡义务教育一体化改革发展的若干意见(2016)》《国务院办公厅关于加快中西部教育发展的指导意见(2016)》《国家教育事业发展"十三五"规划(2017)》《中华人民共和国义务教育法》、教育部网站(http://www.moe.gov.cn/)、已公开的年度教育统计数据和历年《中国教育统计年鉴》以及英国教育部、美国教育部和法国教育部网站等。

(2)地方政府材料 主要包括全国31个省、市、自治区、直辖市、新疆建设兵团所实施的《区(县)域内校长教师交流轮岗意见》、地方各级人民政府向地方各级人民代表大会所作的工作报告、省级教育行政部门信息公开年度报告、《X地区统计年鉴(2016)》《X地区:2016年推进县域义务教育均衡发展工作部署》《X地区全面改善贫困地区义务教育薄弱学校基本办学条件工作专项督导实施办法》、习近平总书记相关讲话和中央相关部署、《X地区乡村教师支持计划(2015—2020年)实施办法》《X地区教育"三包"政策》《X地区教育厅教育统计资料(2015—2016年)》以及L市所辖各县《校长教师交流轮岗实施方案》等。

(3)县域内义务教育学校资料 主要包括L市所辖全部县域内的《中小学学校教师管理制度》《流入学校校长教师教育工作任务管理方案》及《X地区日报》《L市晚报》《X地区商报》公布的L市县域内中小学学校资料和校长教师资料、各县教育局网站资料以及L市教育局关于县域内各中小学学校的统计数据等。

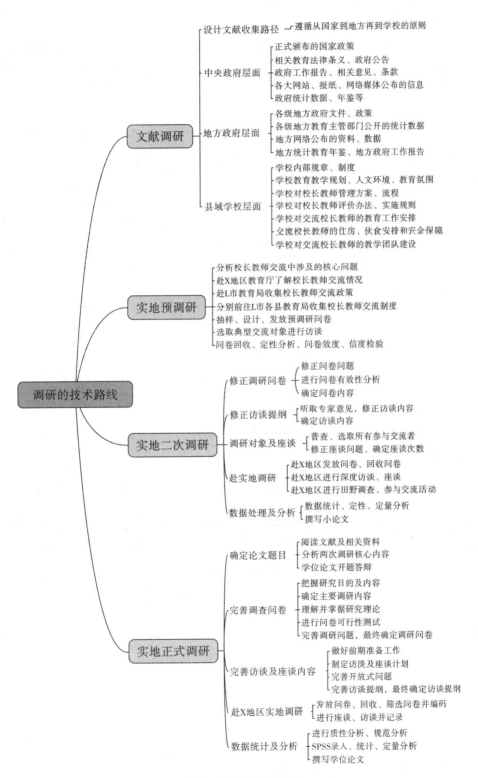

图2　调研技术路线图

2.实地调查

通过赴 X 地区教育厅和 L 市教育局、L 市所辖德县(2015 年 10 月后改为德区)、林县、墨县、曲县、雄县和尼县 6 个县域共 6 所中学、52 所小学教育机构的实地调查获取资料。本研究共进行 3 次调研任务,2015 年 9~10 月期间进行预调研工作,初步了解各县域校长教师交流实施情况;2016 年 6~8 月展开第二次调研,设置校长教师交流激励问卷,了解 L 市县域中小学校长教师交流轮岗体制,深入了解校长教师对交流的实际感想,并对交流校长、交流教师进行无结构访谈、集体座谈,回收问卷后对问卷进行信度和效度检验、修正问卷;2017 年 6~9 月期间进行正式调研,针对参与交流的所有校长教师进行普遍调研,完善校长教师交流激励访谈提纲,选取典型对象展开参与式访谈,并跟随其进入交流学校进行田野调研。以上共进行了 6 场次 20 人以上规模的座谈调查,获取了第一手信息和翔实的资料。

(二)创新意图

1.分析工具适切

本研究将校长教师交流中的激励问题置于"POTW"(本文有专门阐释,不再赘述)理论框架中分析,突出政策实施过程中政府、学校组织、教师群体、教育教学工作对交流校长教师心理与行为的影响作用。建构校长教师交流的"POTW"理论模型的核心是,将宏观教育政策如何对校长教师交流积极性产生影响,即交流校长教师怎样在政策过程中引发行为,以及交流校长教师进入交流学校后,如何产生组织行为、群体行为和个体行为的两个问题,通过激励对人施加影响的层次性这一主线,建立内在关联。借此凸显"激励理论"内涵,从理论上回应本研究问题对组织行为研究视角的诉求。遵循"理论内涵释义→激励理论支撑→作用机理分析"的逻辑脉络建构校长教师交流激励研究的"POTW"四维度理论模型,并通过实证检验证明该理论的适切性,从而助力于有效研判当前校长教师交流激励问题,探寻激励发生机制,满足交流校长教师利益诉求,为解决校长教师激励问题提供理论支持。此理论建构具有开拓创新价值。

2.研究问题新颖

被视为携带"优良基因"的交流校长教师,其内在的能量流动是政策预设的意图。这样一些"优质的种子"如何在流入校破土生根,生产出更多优质的教育师资,即是政策关注的集中点。校长教师交流激励研究跳出了以往研究只关注政策本身的局限性,将研究的重心聚焦于校长教师交流中的积极性问题旨趣中,反映对交流校长教师在交流活动中需求满足的研究。这对以"交流政策结果"及"交流政策实践"的现有教育公共政策研究提出了挑战,同时也对以此为研究对象的相关研究提出了反思。激励作为管理学的核心,从激励的视角出发可以揭示校长教师交流政策问题的实质,为推进建立校长教师交流长效机制和政策常态化提供借鉴。

3. 学术见解创新

政策发展路径表明,校长教师交流政策遵循当代中国教育变革的演进逻辑,其本质是秉持"公平优质"的教育发展理念,用公平的政策话语来建构师资均衡的民众诉求。然而校长教师交流政策实践却脱离了原有的政策预设轨道,这是由于缺乏对政策执行主体积极行为的关注。纵观校长教师交流活动的全局,单纯从物化的政策角度并不能解构校长教师交流激励问题,更重要的是要关注交流校长教师在流入校的内在心理与外在行为表现,只有将薄弱学校改进、教师专业成长、教育教学工作设计与校长教师交流活动紧密关联,才能复归教育公共政策初衷。这些学术见解,有一定的创新性。

第一章

分析框架:校长教师交流的 POTW 激励理论模型

第一节　激励理论:探讨校长教师交流的新视角

　　组织行为学理论认为,人作为有目的的生物,激励是人类社会特有的现象,激励在解释人和组织行为的过程中起着至关重要的作用(Clark & Wilson,1961)。美国哈佛大学教授詹姆斯发现,当工人受到充分激励时可以发挥80% ~90%的能力,而一般情况下只能发挥20% ~30%的能力。卡耐基也同样提出,人在感情上受到上司或父母的正面激励时,创造力会比平时提高80%①。这足以显示激励的巨大影响效果。激励理论(theory of motivation)通过研究激发人们积极行为而实现组织目标,集中体现了人类在政治、伦理、经济、管理等思想方面的活动。目前关于激励理论的研究不胜枚举,已有几百种不同的激励理论。

(一)国外激励理论的多维视角

　　西方关于激励的理论研究诸多,理论观点主要集中于经济学和心理学的不同视角。作为管理学的主要学科和理论基础,经济学激励理论和心理学激励理论为管理学提供了两个最重要的激励理论来源。

---

① 王祖成.世界上最有效的管理——激励[M].北京:中国统计出版社,2002:3.

1. 经济学视角的激励理论

经济学对激励理论的研究与企业发展紧密联系在一起,随着现代企业理论的发展,企业中的激励理论也得以蓬勃发展,20 世纪 70 年代后以激励理论成为经济学发展的主要成就之一。经济学视角的激励理论主要有以下 4 个方面。

(1)劳动力市场供求模型　新古典经济学首次提出了劳动力市场的供求模型。这种模型核心是作为商品的劳动力,其价格由市场经济的供求关系所决定,为获取工人更多的劳动力(商品),雇主必须支付一定的市场均衡工资给工人,因此,企业是否要雇用工人主要看雇用一个工人所增加的边际产品价值是否大于工资成本[①]。这条基于市场决定如何支付工人工资的定律,由于其体现了经济学激励理论的根本特征,而被契约理论和委托—代理理论看作是市场均衡工资水平的一个重要参照点。

(2)契约理论　契约理论是由契约经济学发展起来的目前最前沿的经济学激励理论。其主要理论观点认为,组织中的管理者为了使组织成员的行动与组织的目标相一致,必须要对组织成员设计一份合理、可执行并具有激励作用的合约,驱使组织成员在追求个人目标时的行为尽可能与组织的目标相吻合,让原本无味的工作变得更有价值[②]。由于在许多情况下,业绩指标及测评工具的难以确定性,因此在组织中存在着心理契约、声誉契约等隐性激励合约,个体努力工作完全是基于维持长期的显性、隐性合约的自我激励。契约理论为从组织层面分析组织激励提供了经济学理论依据。

(3)委托—代理理论　委托代理理论是经济学研究激励的基本框架。该理论认为作为委托人(principle)的雇主与作为代理人(agent)的雇员之间存在信息不对称。这种信息不对称有事前信息不对称(称为逆向选择问题)和事后信息不对称(称为道德风险问题)两种情况。由于委托人一般情况下处于信息劣势,无论出现逆向选择问题还是道德风险问题均会对委托人的利益造成损害,因此,设计合理的激励机制避免信息不对称所导致的逆向选择问题和道德风险是经济学激励理论重点讨论的问题。针对委托人的道德风险问题,阿尔钦和德其塞兹提出了团队合作激励机制,认为必须要建立监督,并通过引入委托人来解决团队合作中的"搭便车"问题[③]。委托—代理理论为从群体层面分析团

---

①　俞文钊. 现代激励理论与应用[M]. 大连:东北财经大学出版社,2014:106.

②　方明军. 大学教师隐性激励论[D]. 武汉:华中科技大学,2008:35.

③　ALCHIAN A A, DEMESETZ H. production, Information Costs and Economic Organization[J]. American Economic Review,1972,62(2):777-795.

队激励奠定了理论基础。

(4)人力资本理论　随着经济学激励理论日益呈现出人本化的趋势,企业中从"真实人"视角研究激励问题得到重视,从而出现了人力资本理论。这种理论更能解释现实中的经济激励,其基本理论观点是:人们所具有的能量、知识、技术以及精神等是一种重要的资源,恰当地对人力资本定价是激发员工努力工作的关键因素。人力资本理论强调人需要的复杂性,肯定人们在工作中对工作丰富化以及适当的反馈等比较感兴趣,强调根据人们的能力与兴趣安排恰当的工作岗位的重要性,个体完成任务并不完全受外界驱动,自我监督、自我控制是每个人潜能发挥的具体表现。人力资本理论为从个体层面分析工作激励提供了相关理论内容。

可见,经济学激励理论将人视为"理性人",从理论的基本假设出发,认为人们总是要追求利益最大化的,便由此得出个体工作努力的程度与物质报酬正相关,建立必要的奖罚措施是激励个体的重要方式。人们行为的共性是经济学视角激励理论所关注的焦点,从宏观的政府层面进行政策设计时,经济学激励理论能够从个体行为的共同特征中为政策制定提供良好的理论支撑。

2.心理学视角的激励理论

心理学视角的激励理论从激发动机、引导行为、维持行为和综合运用激励模式解决激励问题等方面进行探讨,包括早期动机激发理论、认知派激励理论、行为主义激励理论和综合型激励理论[1]。

(1)早期动机激发理论　激发动机的早期激励理论主要包括苦乐论、感知论、本能论和动因论。苏格拉底早在两千多年前就提出激发动机的苦乐学说。该理论提出动机驱动的诱因都以追求愉快为主旨,人的动机实质上是一种追求享乐与功利主义的模式,人们总是求乐避苦。动机激发的感知论是一种从宏观理性角度来解释人类行为的理论,其代表人物笛卡尔提出,人们由理性而产生了有意识的欲望,为了满足欲望并能付诸行动,个体就要控制自己的意志,对行为负责。心理学家凯利认为,人们所做出的行为选择,主要是依据个体价值、观念以及他们对世界的态度而得出的个人构想[2]。这一理论实质上是个体感知外在刺激而产生动机的过程,揭示了个体心理活动的动机结果。动机激发的本能论是以达尔文进化论为基础,用本能论解释动机激发的过程,其代表人物英国哲学

---

①　俞文钊.管理心理学[M].大连:东北财经大学出版社,2000.
②　俞文钊.现代激励理论与应用[M].大连:东北财经大学出版社,2014:113.

家斯宾塞认为,人为了适应环境,就要积极进取并能动地做出行为反应。可见,人类本身的本能反应是动机激发的源头。动机激发的动因论源自心理学家伍德沃斯的内驱力概念。他提出,内驱力可以使潜在的需求变为个体行为,引发行为的直接因素是内驱力,并提出了任何动机激发均是由"守恒性"的不均衡导致的。

(2)认知派激励理论 认知派激励理论主要侧重于两类:一类是内容型激励理论,另一类是过程型激励理论。

侧重一:内容型激励理论。需求引起动机,动机引发行为,因此人的行为都是由动机所支配的,激励的起点是需求与动机推动人们做出行为选择的结果。内容型激励理论包括五层次需要论、成就需要理论、ERG 理论、双因素理论等。①马斯洛的五层次需要理论认为,人们的动机由不同层次的需要所构成,各种需要间又有高低层次与从低级到高级的顺序之分,从而揭示人类引发动机的根源。②麦克利兰的成就需要理论提出,人们拥有追求卓越、实现目标、争取成功的内驱力,持有这种内驱力的人所追求的是个人成就,并指出持有成就需求(need for achievement)、权力需求(need for power)、归属需求(need for affiliation)三种不同需要的人会具有不同的特质①。麦克利兰通过对被测试者进行激发动机的团体测量方法观察其反应,用简单的计分法进行统计,以便得出针对内隐的、潜意识中被激发的各种动机的结果②。③奥尔德弗的"ERG"理论,指出了生存(existence)、社会关系(relatedness)和成长(growth)三种核心需要都可以激发人们的动机,突出个体谋求成长发展的强烈欲望,并指出在同一时间内不强调需要层次的先后顺序,当人较高等级的需求尚未得到满足时,可能会增加较低层次的需求,同时某种需要得到基本满足以后,其强烈程度有可能还会持续增强③;成就需要理论和 ERG 理论为学校组织激励和团队激励提供了有利的理论支撑。④赫兹伯格(F. Herzberg)的双因素理论认为,所谓保健因素(hygiene factors)是为满足员工的低层次需要而在工作中可以起到预防不满意发生的效果的因素;激励因素(motivation factors)是通过满足员工在工作中实现自我价值需要,促进积极工作的重要因素。两种因素中只有激励因素才能给企业带来期望的绩

① 于斌.组织行为学[M].天津:南开大学出版社,2007:95.

② JOHN F. The Achievement Motive[J]. The Scientific Monthly,1954,78(6):391-392.

③ ALDERFER C P. An empirical test of a new theory of human needs[J]. Organizational Behavior and Human Performance,1969,4(2):142-175.

效。"①为了提高员工工作效率,必须同时强化两个因素以激发员工的动机。双因素理论经过发展后,有学者在其基础上提出了工作特征模型,这个模型为从个体层面研究工作激励奠定了理论基础。

侧重二:过程型激励理论。这种激励理论着重研究的是行为产生的心理过程,包括期望理论、公平理论、归因理论、目标理论:①弗洛姆所提出的期望理论将行为看作是由个体需要满足程度和固定要求所决定的结果,因此,这一理论着眼于激励力量、期望值和效价的关系研究。如果个体认为达到目标的可能性越大,他所获取的激励值就越大,个体完成任务的动机也就越强②。②美国心理学家亚当斯的公平理论认为,员工行为被激励的程度取决于将自己所做出的贡献、所得的报酬与条件相当的人进行比较后的主观感觉,公平理论是一种社会比较过程中的自我调适和自我平衡心理感知的行为抉择。③海德、凯利、维纳的归因理论将个体所取得的成就归因于自身努力的结果,相反,如果努力程度不够就会失败,即其实质就是个体寻找行为结果的原因,然后对结果原因进行判断与感知的过程,包含内部原因和外部原因。④德鲁克的目标理论强调,行为直接起作用的因素是个体所设定的具体目标,其作用就是要引导个体行为所指的方向,员工行为会受到目标的具体性、挑战性、个体对目标的接受程度等因素的直接影响。综上所述,过程型激励理论的研究对象是引发行为的心理变化,目的是通过个体目标所施加的影响纠偏个体行为的选择,促使个体在做出行为选择时与组织预期一致。因此,组织需要在个体需要满足与行为选择中建立联系,推进个体尽量做出组织希望的行为而对员工进行激励。

(3)行为主义激励理论 由动机引发行为的激励过程是一个让个体产生持续动力,引发积极行为反应的循环过程。学者俞文钊提出,行为主义激励理论主要包括新行为主义、旧行为主义、行为改造三个激励理论。就旧行为主义理论而言,它起源于20世纪20~30年代,是由行为主义创始人华生所提出的,从生物界到人类社会都适应的一种应激反应模式。在管理学中,管理者的任务就是利用诱因去选择一套适当的激励机制,以引起员工提高生产积极性和学习文化技术的自觉性③。就新行为主义激励理论而言,学者托尔曼提出,受个体主观因素影响,外在刺激会引起人们不同的行为反应。相关研究

① 张静.工作价值论的建构及其意义——基于人本主义视角的探索[J].马克思主义与现实,2015(1):33-39.
② 李祖超.教育激励论[M].北京:中国社会科学出版社,2008:63-65.
③ 俞文钊.管理心理学[M].兰州:甘肃人民出版社,1985:200.

者认为,激励个体行为不仅要考虑外在刺激变量,更要考虑个体需求,同时要依据社会心理进行情境分析,力求激励手段的复杂化。就行为改造激励理论而言,它包括强化理论和挫折理论。强化理论是新行为主义者斯金纳提出的操作条件发射理论在激励中的应用。该理论的观点是,由个体需求所引发的行为是一种偶然性、自发的探索,必须给予一定的强化方可达到稳定性的要求,从而持续增强行为结果的习得反应,否则将会出现行为终止的结果。因此,必须合理利用正、负强化激励机制,对人的行为进行有效控制,让人的行为达到期望的状态①。这一理论为人们应用奖励和惩罚来激发人的动机提供了理论依据。挫折理论是探讨人们在通向目标的道路上遇到难以克服的困难时,所产生的紧张状态、情绪反映等挫折心理的规律及人们如何适应挫折的机制②。挫折对人的行为积极性影响较为突出,挫折产生后个体可能会产生破坏性的行为,也可能产生积极的建设性行为,其主要受内部因素影响,如个体的理想、信念、价值观和个体特质等,以及外部因素影响,如环境和组织文化、法律、道德、宗教、民俗等。

(4)综合型激励理论 综合型激励理论建立在批判孤立地看待单一激励理论的片面性基础之上。综合型激励理论与早期的动机激发、认知派及行为主义等单独的激励理论不能完整体现个体心理过程相比,综合型激励理论相对比较全面。目前在综合型激励理论中有多种综合方法和模型出现,在综合模型中,有代表性的有聚合模型、混合模型和整合模型③。

1)聚合模型。此模型将两个具有共同点的不同理论加以整合而成。洛克借助自我效能的内涵提出了目标设置理论与期望理论的聚合模型。此模型提出"目标—自我效能—绩效"是激励过程的主要环节。人们目标的选择一个受到期望与自我效能感因素的影响,另一个受绩效结果吸引力因素的影响。激励中的每个环节均依赖人的认知、理性、目标承诺(自决意志)而影响激励全过程。

2)混合模型。此模型是为获得更多的对工作行为的预测效度,而将各种激励理论结合起来而形成。卡策尔和汤普森提出的"态度、激励和绩效的综合模型"就是典型的代表。卡策尔和汤普森的激励模型包含了需要理论、认知理论、控制理论和其他激励因素。混合模型可以在组织中通过激励机制进行组织干预和诊断,以提高组织绩效。

---

① 熊川武,江铃.学校管理心理学[M].上海:华东师范大学出版社,2011:19-20.
② 李永鑫,李艺敏.学校管理心理学[M].上海:上海社会科学院出版社,2007:114.
③ 赵慧军.现代管理心理学[M].北京:首都经济贸易大学出版社,2012:109-110.

3)整合模型。此模型将关于激励的知识整合起来而形成。此模型可以最大限度地整合各种激励理论,模型中可以包括各种影响个人努力程度的因素,如豪斯的内外激励整合模型将内在激励与外在激励进行统整,为如何从内外激励两方面着手解决个体激励问题提供了依据;波特和劳勒的激励模型将期望理论、公平理论进行整合,提出激励实质上是外部刺激、个体内部条件、行为表现、行为结果四个方面相互作用的过程①,要使激励能产生预期效果,必须考虑奖励内容、方式、组织目标,考核等综合因素以及个体满意度的反馈;罗宾斯以期望理论为基础将各种激励观点进行整合,提出了融"机会""目标""能力""绩效评估系统"为一体的激励模型。

以上三种模型各有侧重,各具特色,适用于不同的研究领域。其中以整合模型较为简单易行,更能将各种繁复的激励要素、激励观点、激励方式融于其中,更具有理论包容性,在构建各种激励理论模型时更容易被掌握。

综上所述,心理学激励理论强调人们内在的动力机制,注重个体差异性,倾向于为不同个体提供个性化的激励方案。心理学理论认为,个体可以引发自身行为,进行自我监控,具有自我反思能力,但影响个体行为的要素繁多,原因主要集中在个体存在不同强度的多种动机和个体具有不同的认知能力。可见,要寻求一个适用于所有个体的激励方案是不可行的。因此,通过简化、综合各种理论,构建一个能体现理论有效性与互补性的综合模型,既能体现组织成员个体努力取得成绩得到奖励从而达到目标的过程,也是将各种激励理论正确运用和选择的结果,更能针对性地探讨实际中的激励问题。基于此,在研究具体激励问题时,将各激励理论与各激励要素统整,联系实际激励情境,构建一种适用于不同领域、不同组织的综合型激励模型最具应用价值。

3. 理论评述

西方激励理论基本围绕:是什么激发(驱动)行为? 是什么引导行为方向? 什么使行为得以持续? 3 个问题展开,每种理论的侧重点各不相同,在管理中具有广泛的应用价值②。首先,内容型激励理论着重探讨激发人们行为动机的各种因素。其中马斯洛的需要层次理论系统地阐述了人的需要与行为间的关系,为根据不同员工的需要层次,针对性地采取不同策略实施激励提供启示;双因素理论为采用工作扩大化、工作丰富化等具体措施来增加员工满意度,调动其工作积极性提供了借鉴。其次,过程型激励理论着眼

---

① 申林.组织行为学与人事心理[M].长沙:湖南师范大学出版社,2007:263.
② 刘永芳.管理心理学[M].北京:清华大学出版社,2016:82.

于探讨各种因素是如何交互作用引发行为的,揭示了行为产生的过程。其中目标设置理论阐述了个体行为的目的性和方向性,为了解员工目标,在管理活动中采取一定的措施引导员工目标设置提供依据;期望理论强调人们对目标实现可能性的评估及目标达成后价值的认知,为管理者充分考虑员工工作动机产生过程的复杂性提供了参考;公平理论注重在社会比较中带来的心理和行为后果的价值,为建立奖罚分明的制度提供了支撑。最后,行为主义理论强调人的行为是由其结果塑造的,着眼于解释行为及其后果之间的关系。其中强化理论为管理者依据不同的员工采用不同的措施,以及采用以奖励为主,以惩罚为辅的激励手段调动员工积极性提供了帮助。

西方激励理论有其适合解决的问题,但也有不可避免的局限性,需要在激励实践中加以灵活应用。一是,经济学激励理论将人们对经济利益的追求绝对化,片面强调物质利益的重要性,忽视了决定人性本质的精神需求,但对宏观政策有启发意义。二是,对心理学各激励理论进行对比发现:早期激发个体动机的激励理论虽揭示了动机产生的心理过程及原因,主要从个体动因探究个体心理因素、心理机制及作用,而对个体所处的社会层面、经济文化、地域环境、风俗习惯等方面及群体、组织方面的研究相对欠缺,需要选择性地借鉴;马斯洛的需要层次理论揭示了人类有基本需求的事实,然而如果将需要层次理论应用于组织和群体行为方面并没有实际作用,故多用于个体层面;双因素理论虽揭开了工作激励的新思考模式,但是对激励与保健两方面因素的划分相对比较困难,需要针对不同情境重新划分两类因素;期望理论突出个体行为结果的层次性,克服了片面追求效价的弊端,但在实践中,如果抽象地谈效价与期望,并没有实际意义和研究价值,因此要将其与具体激励问题相关联;公平理论揭示了人们渴望公平的心态,但在公平程度及公平实际运用方面的研究相对匮乏,需要发展性地看待此理论;归因理论对于个体行动的内因逻辑做出了很好的解释,但用简单的几种模式不能完全反映人异常复杂的行为过程;行为主义激励理论强调正负强化的作用,但是对个体行为与人的复杂心理方面的深入研究不足,且激励方式研究较为单一,需要与其他理论一起综合运用。

总体而言,西方激励理论在重视激励作用、认可员工的不同能力与期望、建立绩效与回报关联、营造良好环境、提高整体工作质量、让员工参与决策等调动员工积极性方面具有普遍的启发意义。西方激励理论足以显示激励理论适合传统情景的西方文化,适用于倾向个人主义的价值观,而要进一步研究适用于不同国家及不同地区,运用于不同研究领域和不同组织的激励理论,还需要依据国情、传统文化、经济社会现状、组织自身特征,以现有的西方激励理论为基础,做出相应的理论思考。

(二)国内激励理论的应用审视

中国激励论述古来有之,早在西方激励理论提出两千年前,中国古代的政治家、思想家、军事家就已经提出了一系列的激励观点、激励思想、激励策略。

1. 中国古代激励思想

在中国博大精深的历史文化传统中,激励一词频繁出现,关于激励的论述也极为丰富。中国古代激励观不仅包含有宏观层面的政策激励、中观层面的组织激励,也有微观层面的个体激励。

(1)宏观层面的政策激励 古代的政策激励要追溯到先秦诸子百家,孔子曾提出"义利"和"惠民"激励观,肯定调动人们的积极性,要有一个安定的社会环境,满足群众的多层次需求,实施"惠民"政策,并要注意激励方向[①];也曾提出"道之以政,齐之以刑,民免而无耻;道之以德,齐之以礼,有耻且格"等用政策激励人们行为的思想。孟子提出"爱民、富民、教民、性善说"的激励观,提倡精神激励和教育思想激励,主张对民众要重视启发、诱导,加强其修养克服外部环境的不利影响,塑造优良的道德品质[②]。荀子提出"亲民"激励观,认为"故有社稷而不能爱民、利民,而求民之亲爱己,不可得也"。通过亲民、爱民,施仁政,而固政权[③];同时荀子的性恶说激励观将性恶论与管理挂钩,通过教育使人们改恶从善,调动其积极性,实现激励效果。韩非子提出了"法治"的激励观,认为"是以赏莫如厚而信,使民利之;罚莫如重而必,使民畏之;法莫如一而固,是民知之。故主施赏不迁,行诛无赦。誉辅其赏,毁随其罚,则贤不肖尽其力矣"。

(2)中观层面的组织激励 管子提出了"功利主义"激励观,认为为了保障组织利益必须对人的需求有所节制,为了达到激励目标,提出了最高的激励原则"舍己以上为心",强调有明确的赏罚等激励约束措施,主张物质与精神两方面的激励,并指出应用激励手段的权变性。孙武提出,领导者可以通过精神激励在组织中形成团体士气,进而加倍提升工作效率,发挥领导激励的作用;孔子认为领导者"其身正,不令而行;其身不正,虽令

---

① 李祖超. 教育激励论[M]. 北京:中国社会科学出版社,2008:38.
② 俞文钊. 现代激励理论与应用[M]. 大连:东北财经大学出版社,2014:13-14.
③ 朱德友. 高校教师激励机制研究[D]. 武汉:武汉大学,2010:21.

不从"。汉桓宽《盐铁论·贫富》中提出"善治人者,能自治者也"[①]。荀子提出了组织文化激励思想,认为"习俗移志,安久移质",强调社会生活环境、习俗等文化因素对人的行为的影响,指出组织文化的"化性起伪"作用[②]。

(3)微观层面的个体激励　管仲提出了"功利主义"激励观,分析了人的欲求的种类,提出了赏罚的激励措施;老子与庄子提出了"人性与需要思想",阐明管理者应该创造良好环境,排除对人性的干扰,发挥人的创造潜力,在管理上顺其自然,不采用强行的处罚手段;汉魏时期道家提出了个体激励思想,包括人性、需要、赏罚、利民、情感和强化激励思想;《吕氏春秋》和《孙子兵法》中提到了赏罚激励的重要性,主张应尽可能满足下属的合理需求,调动其积极性;唐太宗的赏罚激励思想重点突出要真正区分善恶,应当公正赏罚。

中国古代激励观涵盖政治、军事、教育、环境等诸多领域,涉及政策、组织、群体、个体等多层面。虽然这些零散的激励思想与措施并没有形成系统的激励理论,但不难发现,无论是国外的经济学激励理论还是心理学激励理论,都可以从中国古代激励观中找到其激励思想的源头。可见,中国古代激励思想与激励观点为中国特色的现代激励理论体系形成奠定了基础,并随着经济社会的不断发展促使中国现代激励理论呈现出一些新时代的发展趋势。

2. 中国现代激励理论及其发展趋势

1985 年之后包括激励理论在内的行为科学、组织行为学引起了人们的广泛关注,从此,国内学者们在对西方激励理论进行补充和完善的基础上,结合中国国情,形成了中国特色激励理论。其中以 C 型、人为、全面、同步激励理论最具有典型性和代表性。

(1)C 型激励理论　行为科学研究者冬青集马斯洛的需要理论、英国卢因的群体动力论和美国麦格雷戈的 X-Y 理论思想于一体,结合我国意识形态和激励经验提出了 C 型激励理论。该理论认为,影响职工个人行为的因素主要包括生理、心理、文化、自然环境、社会环境五方面因素。在对人的行为实施激励时,不仅强调领导和组织要充分考虑职工的基本需求,同时要通过多种措施培育其道德品质、理想追求以提高其创造力,只有将这两方面结合才能起到调动职工积极性的较佳作用。

(2)人为激励理论　学者苏东水认为,激励的本质是基于激励的主客体关系(包括自

①　朱德友.高校教师激励机制研究[D].武汉:武汉大学,2010:21.
②　李祖超.教育激励论[M].北京:中国社会科学出版社,2008:38-39.

我激励、他方激励以及相互激励 3 个层次)之上的,激励强调的是人与人之间的动态关系,因此,将激励分为他励、自励、互励三大系统。他励就是组织中激励的主体与激励的客体相分离,分别由不同成员担任激励的主体和激励的客体;自励就是让激励主体同时承担激励客体的角色,实现自我激励的激励方式;互励就是组织成员相互实施激励,形成相互鼓励、相互支持、互为激励主体和激励客体的激励过程。

(3)全面激励理论　熊川武教授所创立的激励理论主要由全员激励、全程激励和全要素激励所组成。作为一个系统,激励至少包含了个人、激励主体与客体、激励过程与相应环境(时空)、激励方式与内容各要素,如何处理好这些因素之间的相互关系,全面发挥其激励作用,涉及全面激励①。该理论从教育管理中脱颖而出,其本质是让组织中的全体成员形成统一的激励格局的激励过程。全面激励将心理学与管理学进行融合,利用工作中可以利用的一切激励要素、激励手段,形成了工作中随时都伴随着激励的动力机制②。可见,注重全员、全程和全要素激励,在激励的实施上更能体现逻辑性和系统性,扩大激励理论视角。

(4)同步激励理论　简称 S 理论,是我国学者俞文钊所构建的社会主义初级阶段激励理论的框架。理论的基本内容是在中国情境下,否认单纯使用一种管理理论(X 理论或 Y 理论)的方法,也否定简单地交替使用 X 或 Y 理论的方法。该理论的核心是,只有将所有激励因素和措施同步加以实施,方可在组织中发挥出最大的激励效用价值,因此,激励的力量是所有物质与精神激励的函数关系。该理论的形成是将所有激励要素有机地同步综合实施,并通过实证研究方法对理论进行验证③。该理论强调物质激励与精神激励总体上的同步性,但并不妨碍两者分阶段实施。

随着现代经济学和心理学等学科的不断发展,管理学激励理论呈现出了以下几方面的新趋势:①激励主客体互动成为新方向,将心理学对激励主体的研究与目标管理对激励客体的研究相联系,研究双方的互动关系;②量化与质性研究成为新亮点,用实证的方法研究激励与绩效的关系是探讨激励实践活动的重要手段之一,通过数量与质性分析研究激励问题成为最佳渠道;③激励的内驱力(动因)和类型研究不断丰富,激励中的道德理论成为一个不可忽视的问题,如何让个体发挥出内在真正的主观能动性是激励研究中

①　熊川武.论教育原理的"全面激励"策略[J].高等师范教育研究,1995(4):61-66.
②　熊川武,江玲.学校管理心理学[M].上海:华东师范大学出版社,2011:37.
③　俞文钊.现代激励理论与应用[M].大连:东北财经大学出版社,2014:60.

的难点;④负强化研究呈现出广阔的应用前景,使得激励手段更有效;⑤群体激励、跨文化激励成为热点,对不同层面的激励研究起了催化作用,不同学科的交叉综合,拓展了激励理论和实践,如个人发展心理学、信息不对称、契约经济学、系统论等理论在激励中的应用,成为新的研究范畴,其中,增加组织激励弹性、促进柔性激励以人为本的激励策略日渐盛行。

3.理论评述

中国古代宏观激励观、中观激励观和微观激励观揭示了如何充分发挥我国历史优势将各种激励手段充分运用于各管理领域中的理论源点,然而,缺乏系统而全面的激励理论体系是阻碍其持续发展的最大障碍。如何取其精华用正确的观点和立场批判地总结前人管理经验,将激励思想融合、交织在现代具体激励问题研究中,使之符合为国家经济和社会现代化服务的历史发展客观规律是国内激励理论发展的客观要求。毫无疑问,在中国文化背景下,我国传统管理思想中的激励观为承前启后发掘现代激励理论提供了研究起点,开启了中国特色现代激励理论植根于优秀民族文化传统土壤中的新篇章。

需要指出的是,目前我国现有的激励理论绝大部分是从如何调动和激发企业职工的动机,满足其利益需要,激发其责任意识出发,主要服务于企业、公司类组织,因此,学界更多关注的是企业组织的激励问题。然而对于激励问题的研究本身是建立在人类共性基础上的,需要有针对不同组织、不同群体的专门研究,方可解决在不同情境中的激励现实问题。

(三)校长教师交流激励

从人的激励连锁反应过程可见,激励理论具有普适性,但由于各行业的性质不同,各行业管理者的激励目标、激励内容、激励方式就会不同,校长教师交流激励既有一般激励的共同点又有其独特性。激励作为教育管理的重要内容,如何对校长教师交流活动进行激励,其难点在于如何调动交流校长教师在交流活动中所处各方面的积极性。管理者所关注的焦点是,为何交流校长教师的工资报酬已经增加很多,但政策效果还是不能令人满意,分析其原因与政策参与主体的积极性高低直接相关,要让校长教师交流政策显现出应有价值,就必须深入探讨校长教师交流活动中的激励问题,这不仅是国家政府面临的问题也是教育组织面临的艰巨任务。

1. 校长教师交流激励的内涵与特征

激励运用于校长教师交流活动,便构成了校长教师交流激励。激励主体通过各种方式激发交流校长教师动力,让其发挥出潜能,调动其积极性,从而促使其在交流活动中达成目标的过程便是校长教师交流激励。

(1)激励主体与激励客体　校长教师交流中的激励主体是实施激励者或施激者,即谁来激励参与交流的校长教师。校长教师交流激励的主体是指有目的、有计划地激发交流校长教师动力的个体、组织或群体。学校教育由多层次的系统构成,校长教师交流中的每个系统都涉及激励问题。宏观系统的激励主体主要是政府、教育行政部门、教育主管部门,他们通过制定各种激励政策、激励法规、激励制度以调动参与交流校长教师的积极性;中观系统包括学校组织系统和教师群体系统,组织系统的激励主体主要是学校管理者和领导者,由书记、校长、管理干部组成,为参与交流的校长教师服务,通过学校组织结构、学校组织文化(包括学校规章)等激励交流校长教师;群体系统的激励主体主要是团队组织者、领导者,包括校长、教师、年级组长、班主任等或团队成员,通过建立团队信任、团队士气、团队沟通、团队协作等方式激励交流校长教师;微观系统的激励主体主要是学科建设者和教育教学任务设计者,包括校长、教师在内的教学工作任务决策者。

校长教师交流激励的客体及特征:激励客体是指激励的对象、被激励者,即受激者。校长教师交流激励的客体是参与交流的校长和教师,即交流校长教师。作为参与交流的主体,交流校长教师一般是学校选拔出来教育年限较长者或优秀者,意味着他们有丰富的教育实践经验,有强烈追求道德人格的文化气度,有较高的教育者身份认同,有较强的奉献与服务精神等品质。作为高级知识分子,交流校长教师通常具有较高的需求层次,更注重自身价值的实现,期望利用交流机会充分展现心智、才能,渴望获得认可、尊重[①],期许通过团队的力量唤起坚守职业成长的信念,因此,成就和工作本身对他们更具有吸引力。

校长教师交流激励的主体作用:校长教师交流激励的主体在交流活动中的激励作用主要体现在4个方面:①政府层面的保障激励作用。参与交流的校长教师之所以参与交流活动,除政策的强制性作用外,更重要的是希望交流工作能满足他们自身需要,帮助他

① 郭文安,王坤庆.教育学研究与反思[M].武汉:华中师范大学出版社,2011:385.

们达成自己的目标,如在交流校长教师的薪资待遇、评优评先、职务(职称)晋升、表彰奖励[①]等物质与精神需求方面制定有利政策,调动优秀校长教师参与交流的积极性;在教育教学条件、基本生活需求等方面提供优厚的制度保障;根据校长教师切身需要制定报酬和奖励措施并保证政策的公平性;增强校长教师交流成效与所得的奖酬之间的关联性;提升参与交流校长教师的教育教学绩效和最终实现交流目标的期望值是政策激励的效用价值。②学校组织层面的支持激励作用。学校组织是校长教师教育教学工作的港湾,每个校长和教师一生中的绝大部分时间都是在学校组织中度过的,学校组织结构为校长教师带来更大的工作动力;学校内部奖励规则和学校文化环境为校长教师提供良好的人际氛围,这种氛围能够提升校长教师在交流活动中的积极性,帮助其专业成长,促使交流校长教师在流入学校组织中发挥建设性领导作用,可以激发他们教师的能动性和创造性。③群体层面的团队激励作用。交流校长教师在团队中有追求个人成长的需要,流入学校的领导团队、管理团队、教学团队、教研团队,可以让交流校长教师与流入校教师群体间产生信任、合作的力量,形成团体士气、凝聚力、向心力;团队伙伴关系可以发挥团队成员之间相互合作、沟通的桥梁作用,因此,流入校团队是增强校长教师共同成长的主要激励力量。④个体层面的工作激励作用。校长教师工作的内在动机来源于工作本身,工作特征为校长教师交流中的教育教学工作提供了一种可操作的激励模式。这种具有激励性的工作设计,可以给校长教师增添工作的挑战性,让校长教师更能体会到工作中的自身价值和成就感,满足其在工作创造中倾注职业使命的幸福感。

校长教师交流激励的主客体关系:校长教师交流中的激励主体与激励客体主要存在4种关系:①主体与客体的依存关系。从交流活动宏观视角看,校长教师交流活动中有四个层面的激励主体,各激励主体必须依据激励客体(参与交流的校长教师)所处教育系统中的具体需求实施激励,激励客体必须要接受主体所发送的激励信息,他们之间存在着相互依赖、紧密联系的关系。②主体与客体的协调关系。在学校组织层面和教师群体层面,激励客体接受激励信息后,要付诸实际行动,同时激励主体要对其行动进行跟踪,表明肯定或者赞许的态度,指明今后努力的方向,主客体间必须相互协调才能达成相同目标。③主体与客体的互动关系。校长教师交流过程中,激励主体与激励客体有时会呈现相互促进的状态,尤其是个体层面的工作激励,激励客体会主动、积极发挥主观能动性,

---

[①]　教育部五措施大力推进校长教师交流轮岗:用 3 至 5 年实现县域内教师校长资源均衡配置[N].中国教育报,2013-11-20(1).

对激励信息进行分析后付诸实际行动,并通过反馈影响激励主体不断进行工作设计,调整激励措施。④主体与客体的对立关系。由于在校长教师交流活动中的政府、教育行政部门、教育主管部门等激励主体与激励客体所处的地位不同,承担的任务不同而存在差异,致使激励主体期望激励客体实现的目标与客体自身想要的目标不一致,造成主客体关系紧张,有时出现对立局面。

(2)校长教师交流激励的性质　由于激励主体与客体的特殊性,校长教师交流激励的性质有多个方面。①教育性:是指校长教师交流的本质是调整优质师资结构,加大优质师资供给,促进教育发展,因此必须要在满足校长教师需求下坚持教育育人的核心;②目的性:是指校长教师参与交流的使命就是实现交流目标,促进薄弱学校组织文化变革,从而达到学校改进和流入校优质化建设的目的;③精神性:是指参与交流的校长教师除必需的物质激励外,精神激励是强大的动机因素;④及时性:是指参与交流的校长教师一旦进入流入校,必然处于适应新环境的关键阶段,要及时对其进行激励,使其能够迅速投入教育工作中,提高其适应能力;⑤方向性:是指在交流过程中,有效且成功的激励会对参与交流的校长教师带来积极的心理效应,反之,就会挫伤其积极性,因此要发挥激励的正效应;⑥层次性:是指校长教师交流活动中的激励涉及的是一个复杂的教育系统,既有宏观层面的政府政策激励,又有中观层面的学校组织激励和教师群体激励,也有微观层面的校长教师教育教学工作激励,可见校长教师交流中的激励具有层次性。

2. 校长教师交流激励的方式

校长教师交流中所涉及教育系统的每个层次都需要多种激励模式。首先,如目标激励是通过设置合理目标,使参与交流的校长教师产生一种内在动力,促使其努力工作达成目标的模式[①]。校长教师交流目标在宏观上体现的是国家促进优质师资均衡的目标,在中观上体现的是学校发展的目标,在微观上则反映的是满足个人工作多方面需求,促进教育教学能力提升等的目标。其次,如利益激励是对参与交流的校长教师的一种价值判断,主要体现的是物质、权利、精神、名誉等多方面的内容,在交流过程中必须正视和肯定参与交流的校长教师的利益诉求,并创造条件尽可能满足其利益需求的条件,及时引导交流校长教师正视个人利益,实现组织利益。再次,如参与激励:是交流校长教师参与流入学校管理与教育活动,感受自身责任而受到的激励模式,主动参与的过程能让交流

---

① 沈信民.学校激励管理论[M].重庆:重庆大学出版社,2011:169.

校长教师更加认同学校目标,切身感受到被尊重、被信任和被肯定,从而激发其教育动机[①]。最后,如情感激励:是交流校长教师从内心产生情感共鸣,从而最大限度激发其积极性的模式,因为校长教师交流过程中的教育工作是一种创造性的精神劳动,难以被量化,他们更加追求被肯定、被理解等心灵与情感上的支持与鼓励。

3. 校长教师交流激励机制

激励机制是激励活动赖以运转的手段、环节等制度的综合,具有依组织目标进行管理、调节、控制的功能[②]。就校长教师交流活动来看,激励主体在了解交流校长教师需要结构基础上,设置激励目标并利用目标的导向作用,使交流校长教师产生有利于教育发展、学校建设、教学工作的动机,并按照政府、学校组织和个体的期望自觉行动的过程,就是校长教师交流的激励机理。校长教师交流中的激励机制是指,校长教师交流中各层面的激励主体要发挥主观能动性,处理好刺激变量、机体变量和反应变量之间相互关系,调动校长教师交流积极性的一切制度安排。从政府层面来看,校长教师交流激励机制是推进校长教师积极参与交流的政策安排,包括政策制定、政策执行和政策评估机制;组织层面的校长教师交流激励机制主要包括组织结构、组织文化、领导激励机制;群体层面的校长教师交流激励机制主要包括团队信任机制、团队合作机制、团队沟通机制;个体层面的校长教师交流激励机制主要体现在工作再设计过程中,包括工作扩大化、工作丰富化激励机制。

4. 校长教师交流激励过程

从一般意义上讲,校长教师交流激励是满足交流校长教师需要的过程。需要是动机产生的基础,当参与交流的校长教师意识到自身有需要时,其身心会处于紧张状态,进而在其内心会产生一种行动意图和驱动力,即动机,在动机的推动下,交流校长教师会通过自身努力朝着既定目标持续迈进,满足自身需要。如需要没有被满足,交流校长教师内心紧张的程度会加剧,随之出现积极或消极的行为[③]。这一循环过程就是持续激发交流校长教师动机,让其产生明确目标指向行为的心理过程。这一过程包含可以对交流校长教师产生影响的刺激变量,对反应有影响的交流校长教师自身机体变量,引起交流校长教师行为上变化的反应变量,校长教师交流激励的过程实质上就是处理好这三类变量之

---

① 于璵,宋凤宁.教育组织行为学[M].北京:北京师范大学出版社,2009:170.

② 白坤朝.浅谈国家自然科学基金的激励机制[J].科技创新导报,2012(8):228-229.

③ 于斌.组织行为学[M].天津:南开大学出版社,2007:88.

间的相互关系①,见图3。

通过对校长教师交流激励的阐述可见,由于校长教师是一个受过系统的专业教育、具有较高学历和个人素质的知识型员工②,同时也是以创造性为基础,以自主性为条件,以可持续性发展为目的的知识生产工具③,决定了校长教师交流激励有其特性,因此,在对校长教师激励问进行研究时不能机械地挪用现有的激励理论,即意味着,如何构建针对中小学这类教育组织中交流校长教师这类特殊群体的系统激励理论,是一个有待开拓的学术研究领域。

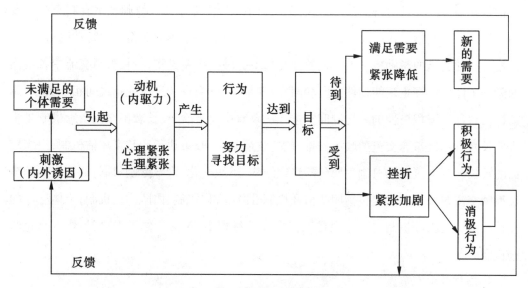

图3 校长教师交流激励的过程

第二节 逻辑关联:建构 POTW 激励模型的依据

校长教师交流中的激励是一个复杂的动态过程,需克服孤立运用单个激励理论的片面性,将各种激励理论进行融会贯通、互补,进而综合各种激励模式解决激励问题,方可更深刻地解释校长教师交流激励问题。综合型激励理论既是组织成员个体努力取得成

---

① 俞文钊.现代激励理论与应用(第二版)[M].大连:东北财经大学出版社,2014:2-3.

② 郭文安,王坤庆.教育学研究与反思[M].武汉:华中师范大学出版社,2011:385.

③ 赵爽.政策工具视角下T市中小学教师交流政策反思[J].当代教育科学,2013(20):8-12.

绩得到奖励从而达到目标的过程,也是各种激励理论正确运用和选择的结果[①],因此,综合激励理论模型更适合于校长教师交流激励研究。

(一)建构激励模型的理论依据

激励研究是一个庞杂的体系,校长教师交流中的激励研究是教育文化、教育经济、教育生态等外部环境与校长教师交流中的各种激励机制相互作用的结果。现有的激励理论,无论是国外单一的激励理论或综合激励模型还是中国特色激励理论均不能简单套用在校长教师交流激励研究中。

当"激励"成为校长教师交流中的研究问题,即意味着,要将校长教师交流政策与政策参与主体在政策过程中的积极性之间建立实质性的内在联系。在政策实践中,能够对政策参与主体积极性产生影响的有两个过程:一个过程是政策本身对交流校长教师心理与行为的影响;另一个过程是流入校对交流校长教师心理与行为的影响。基于这种思路,本文建构校长教师交流激励理论模型的逻辑来源于两个方面的假设:一方面是交流校长教师作为政策参与的主体在政策过程中存在积极性不高的问题,即政府层面的政策本身对交流校长教师的激励不足;另一方面是交流校长教师在流入校的组织中存在积极性不高的问题,即学校组织层面的组织激励不足、群体层面的团队激励不足、个体层面的教育教学工作本身激励不足。由此,校长教师交流中的激励研究必然包含政策、组织、团队、工作四个维度。

从系统论的角度讲,学校是一个开放的自组织系统且是社会的一个子系统,教育系统包含宏观、中观与微观等多个方面。从组织行为学的角度看,教育组织包含个体、群体、组织等多个层面。组织行为学将人的行为分为个体行为、群体行为和组织行为等层次。要研究校长教师交流中的激励问题,不仅要从宏观教育政策方面加以考量,同时也要关注交流校长教师在流入学校,从个体、群体、组织各层次中所表现出的心理与行为,将重心集中于持续激发其动机而充分调动其积极性的激励过程上。教育系统论强调,要在管理中把组织的内外各因素作为一个整体进行考虑,而学校组织是一个由多个系统构成的完整系统,随时处于与外界环境,包括政治、经济、文化、社会、生态等要素的动态互动中,如某薄弱学校预定的目标是,让交流校长教师在交流过程中帮助本校教师专业发

---

① 丁宁,王馨.组织行为学[M].北京:清华大学出版社;北京交通大学出版社,2010:286.

展,提高学校的教育教学质量,推动学校组织变革,实现学校的优质化改进。但学校作为教育系统的子系统,交流教师所需的薪酬奖励、住房津贴、交通补贴、偏远地区补助等物质经费是学校无法控制的,学校所有经费输出"取决于国家预算和当地财政收入,经费的多少也受国家和地方经济状况的影响"[1]。另外,交流校长教师在物质方面的补偿、奖励还与政府部门对校长教师交流政策在当地执行的重视程度有关,交流学校对这些影响交流校长教师积极性发挥的外部因素无法控制。而交流校长教师在流入校的各种心理及行为表现,会直接影响流入校的一切教育教学活动,进而影响校长教师交流的效果。同时,学校系统具有层次性的特点,学校系统作为一个复杂系统,由若干不同层次的子系统和子系统的子系统构成。例如,学校组织由领导子系统、科研子系统、教学子系统、实验子系统、后勤子系统等按照学校组织结构不同层次划分的子系统,这些子系统又包括房屋、领导人员、管理人员、设施、教师、普通职工、仪器等系统。交流校长教师进入交流学校,必然会要在各子系统中发挥不同的教育教学作用。可见,构建校长教师交流激励模型的理论依据应当是组织行为学和教育系统论。

(二)建构激励模型的经验依据

迄今为止,对校长"激励"和教师"激励"问题的研究基本都是从物质激励和精神激励的视角出发,存在着 3 种不同维度上的理解和阐释。

1. 单个维度上的激励问题阐述

单一维度上对校长激励和教师激励的研究,注重政府层面的政策激励,以薪酬制度激励为主。政策激励作为激励管理的基础和前提,在校长和教师激励中起着重要的长效激励作用。发挥制度对校长的激励作用,可以解决政府或教育行政部门与校长之间的关系问题[2]。政策激励更要关注政策公平,尤其是公平的教师绩效工资政策(宁本涛,

---

① 岳超源,陈珽.教育系统决策[M].贵阳:贵州人民出版社,1988:3.

② 杨海燕.校长与教育行政机关的委托代理关系与校长激励[J].国家教育行政学院学报,2006(04):34-39.

2015)①以及薪酬制度的公正程度(蔡永红等,2015)②,更能对教师产生较为显著的影响。

2. 两个维度上的激励问题阐述

一是,在组织层面的组织激励和群体层面的团队激励这两个维度上,廖春华、李永强(2016)等学者认为,重视教师心理环境的建设,营造组织文化环境,让教师个体在组织中得到尊重、关怀,能激发教师对组织的认同感;强化学术团队、教学团队、教学兴趣小组等建设,形成创新、包容、协作的团队氛围,让教师在团队合作中求潜心教育,可以提高教师的团队归属感③。二是,在群体层面的团队激励与个体层面的工作激励这两个维度上,薛海平、王蓉(2016)认为,实施绩效激励的目的是要建立校内激励,其中班级层面教师集体绩效奖励更加有利于教师团队精神的形成;工作激励因素对教师获得绩效奖金数量有重要影响,这两方面均可以调动教师的工作积极性,对学生成绩产生显著正影响,提高教育质量④。

3. 四个维度上的激励问题阐述

吴崇等(2016)学者提出,对教师激励的影响因素包括外部政策、学校内部组织层面、个体层面、领导层面等多个因素,这些激励因素均对教师起到显著的激励作用。其中,组织层面激励因素影响力最大,其次是个体层面的激励因素,最后是领导层面的激励因素,这 3 个激励因素可以让学校教师队伍感受到战略性激励效果⑤。

以上 3 种对校长和教师激励问题的研究涵盖 4 个层次,本文以此为基础,将校长教师交流政策及实践活动融入其中,转而进入组织行为学层次论中,将校长教师交流激励作为研究对象,专门研究校长教师交流中的激励问题,必然要全面分析上述各层面对交流校长教师内在心理与外在行为的影响。

激励理论模型的内在逻辑关系是:政策激励对校长教师交流中的组织激励、团队激励、工作激励提出总体目标要求;组织激励、团队激励、工作激励通过交流校长教师的心

①　宁本涛.义务教育阶段教师绩效工资政策实施的激励效应分析:以上海市 P 区教师调查为例[J].教育发展研究,2015,35(22):16-20.
②　毕妍,蔡永红,王莉.教师薪酬满意及其对教师绩效的影响[J].教育发展研究,2015,35(18):49-54.
③　廖春华,李永强,何熙琼.高校教师组织公民行为对工作绩效的影响研究:基于结构方程的实证分析[J].教育发展研究,2016,36(19):15-23.
④　薛海平,王蓉.义务教育教师绩效奖金、教师激励与学生成绩[J].教育研究,2016,37(05):21-33.
⑤　吴崇,林范丽,沈小青.转型时期地方高校教师激励影响因素的实证研究[J].教育学术月刊,2016(10):55-60.

理与行为的整合优化而做出的积极行为选择来回归政策激励价值取向;学校组织内部从整体组织激励到群体团队激励再到教育工作激励,体现了交流校长教师在流入校的教育组织行为;从"政策激励→组织激励→团队激励→工作激励"的整体,展现出了个体从外部交流政策到学校组织再到具体教育工作的激励层次性。

第三节 理论模型:校长教师交流的 POTW 激励理论阐释

社会心理学家库尔特·列文(Kurt Lewin)曾说:"没有什么比得上一个好的理论更有应用价值。"依据校长教师交流激励的内容,采用四个层面的组织系统观,结合现代激励理论的发展新趋势,将交流活动中对校长教师激励的四个维度:政府及教育行政部门对校长教师实施的政策激励(policy motivation)、学校组织对校长教师实施的组织激励(organizational motivation)、群体对校长教师实施的团队激励(team motivations)、个体职位规范对校长教师实施的工作激励(work motivations),以现有激励理论为支撑,进行整合,构建校长教师交流激励的 POTW 四维度理论模型,本文简称 POTW 激励模型,助力于展开针对校长教师交流激励的专门研究。

(一)政府层面:政策公平与政策激励

根据《中华人民共和国义务教育法》,目前我国教育管理体制是由"国务院领导,省、自治区、直辖市人民政府统筹规划实施,县级人民政府为主的管理体制"。政府通过正式程序确定校长教师交流的目标,制定校长教师交流的法律法规及政策方针,地方政府负责具体政策的制定实施以及对学校的领导与管理[1]。因此,本文所涉及的政府层面包括中央政府、地方政府、各级教育行政部门和各级教育主管部门。

制度在人类交换中构成了激励[2]。制度可以诱导人的行为而具有激励的因素,如良好的制度设计与执行,能够积极引导人们向既有的目标前进,从而加快社会目标的实现,

① 彭敏,朱德全.义务教育均衡发展的治理困境、逻辑与路径[J].中国教育学刊,2017(3):45-49.
② NORTH,D C. Institutions, Institutional Change and Economic Performance[M].Cambridge:Cambridge University Press,1990:3.

这个过程本身就具有激励的效用。"激励作为一种制度安排,能够建构政策行动者的行为选择,是影响政策执行多样性的决定因素和内在源泉。"[①]政策作为工具性制度安排,对人们的行为具有外在的强制性作用。政策不仅规定了政策客体在某个社会领域的活动内容和活动方式,并且引导政策客体有序地参与公共生活,使其所代表的社会力量在制度的框架下发挥应有的积极作用[②]。这个达成政策目标的过程便是政策激励的主要表现形式。显然,政策具有激励的效应。政策有多种属性,其中公平是政策的内在属性与首要价值,政策激励作为外在激励因素,其关键就是要保证公平公正,政策公平是政策激励的前提与基础。

1. 政策公平与政策激励内涵

政策主要有公共政策与私人政策两大类。公共政策是公共权威当局,为解决某项公共问题或满足某项公众需要,所选择的行动方案或行动[③]。校长教师交流政策属于教育公共政策中的具体公共政策。公共政策要符合公共利益的价值取向,就必须更加关注政策的公平与正义,以保障政策制定与实施中寻求的效率优先和公共性之间达到一定的平衡。政策公平是指政策在制定与实施过程中,将公平作为核心价值向度和基本准则,规范和约束政策主体的内在伦理和基本道德行为,在确保公共利益有效增进和公平分配前提下,通过保障社会群体和个人平等、合法行使权利,维护和保障社会弱势群体的利益需求,协调、整合和均衡分配各种稀缺的社会资源,最终真正让利益配置惠及所有社会成员,从而构建起和谐、良序的公平社会环境,并不断推动社会公平程度提升的政策属性[④]。政策公平是政策的权威性、公共性、民主性、合法性得以集中体现的重要决定因素,政策公平本身蕴含激励之意。要保障一项公共政策的公平性,让政策体现出激励的效用,必须要从政策制定到政策执行再到政策评估及政策终结、政策监督的整个政策循环过程中保证公平的价值取向。

政策激励是一种引导的力量,通过政策的力量将人性引向积极向上的方向是政策激励的主要目标。激励不仅是人类活动的基本状态,也是政策执行结果的关键指标。激励

① 陈佳,高洁玉,赫郑飞.中国公共政策执行中的"激励"研究:以 W 县退耕还林为例[J].中国行政管理,2015(6):113-118.

② 朱颖慧.行政激励的理论逻辑与实践范式[D].武汉:武汉理工大学,2013:117.

③ 张成福,党秀云.公共管理学[M].北京:中国人民大学出版社,2007:96.

④ 周庆国.政策公平:内涵、现实缺失及其影响因素分析[J].延边大学学报(社会科学版),2009(12):118-123.

主体通过对人需要的了解,经过诱因激发人的动机,产生行为导向并对行为进行选择,最终达成一定的目标,从而使人们获得需要满足,是激励的动态过程。根据激励概念,可以将政策激励理解为:激励主体在保障政策公平的基本前提下,运用相关政策措施激励受激者(激励客体),持续激发激励客体的动机,调动其积极性行为,使之朝向行动主体所期许的目标不断努力,从而正确、高效地达成目标的行动过程。任何一项政策高效执行的背后都隐藏着政策激励的结果,即意味着政策激励是政策得以全面实施并取得成效的内在动因。不同的政策情景会有不同的政策激励主体,如中央政府对地方政府的政策激励、政府部门对相关社会发展方面的政策激励、地方政府对教育事业或企业发展的政策激励等,政策激励依据不同划分标准有不同的表现形式与类型。结合政策激励基本内涵,本研究选取校长教师交流政策作为分析因子,其中政策激励的主体为政府,各级教育行政部门和各级地方教育主管部门,激励的客体为参与交流的校长教师。

2. 政策激励的理论依据:弗洛姆的期望理论、亚当斯的公平理论

美国心理学家弗洛姆在他的著作《工作与激励》一书中提出了期望理论。该理论将个体能够从事工作的原因归结为工作可以让他们实现自己的目标、满足自己的需要[①]。期望理论将人们所得到工作结果的预期价值与他认为达成目标的期望概率的乘积,视为衡量一项活动对人们的激发力量的标准,其基本的表达方式为:

$$M(激发力量)=V(目标效价)×E(期望值)[②]$$

这个理论主要提出在进行激励时要处理好个人努力、绩效、奖励之间的关系。校长教师交流政策的目标对不同的交流校长教师需求、效价会不同,校长教师交流政策应倾向于采取多数交流校长教师认为效价最大的激励方式,并根据交流校长教师切身需要制定公平、民主的报酬和奖励措施,将物质激励与精神激励相结合,合理地执行政策,适时地评估改进政策。在政策激励时要处理好交流校长教师自身努力与交流绩效的关系、交流校长教师交流成效与得到的奖酬间的关系、交流校长教师所得回报与满足其自身需要的关系,从而增强校长教师交流的成效与所得的奖酬之间的关联性,提升交流校长教师的教育教学绩效和最终实现交流目标的期望值。

公平理论是一种激励理论。美国心理学家亚当斯认为,人们总是会将自己所付出与得到的,与和自己条件相当的人进行比较,是否受到激励,不仅决定于他们所获得了什

① 张德,吴志明.组织行为学[M].大连:东北财经大学出版社,2011:101.
② 张德.组织行为学[M].北京:高等教育出版社,2004:207.

么,而且还决定于他们所得与别人的所得是否公平①。满足人们的需求,必须要保持公平感对人们行为的激发作用,只有让人们产生公平感才能使得人的心情舒畅,提升工作热情,否则人们会产生消极、抱怨等挫败感。对于政策激励而言,公平理论提供了很好的理论支持,政策公平作为政策激励的应有之意是政策激励的主要内容与基本前提,将公平激励原理运用于校长教师交流过程,实际上就是参与交流的校长教师与其他校长教师进行社会比较的过程,如何让交流校长教师感受到比其他人待遇更优厚、教育条件更优渥、教学氛围更优良、有更多的专业发展机会、受到的尊重更多、获得的成就感更高,就会激发其参与交流的热情。政策激励的作用就是让参与交流的校长教师在交流中感受到更高的内外薪酬奖励和更大的职业发展空间,让其体验到这些优越的条件是一种公平的对待,从而为交流持续付出努力,而这个过程符合公平激励的理论准则。

3. 政策激励在校长教师交流中的作用机制

任何政策都离不开激励的行为导向作用,在一定的政策环境与政策文化条件下,政策的实施如何调动人们的积极性与创造性,提高政策效率,实现政策目标,促进社会发展取决于政策激励。在交流校长教师的专业成长需求、教育文化需求等教育观念支持下,政策激励的作用机理主要表现在政策制定、执行和政策评估过程中。

政策制定的民主性对校长教师交流的激励机制:实现政策目标,提高政策绩效。校长教师交流政策以清晰的目标指向加强偏远农村学校、薄弱学校师资供给,改善师资配备,以提升学校整体办学质量,实现教育均衡发展②。要推动优质学校的优秀校长教师进入边远、贫困地区等薄弱学校,适当的政策激励是必不可少的:一方面,政策主体在制定政策时,要以人为本,集思广益,坚持民主性原则,交流政策应由教育主管部门与校长教师协商制定,全面了解交流校长教师特点,针对交流的过程、年限、待遇、人事关系等问题广泛采纳不同意见,提高工资待遇,妥善安排好参与交流的校长教师日常生活,做到人尽其才③。不仅要满足校长教师的精神、物质、个人成长等多方面需求,调动其积极性与主动性,而且要在尊重教育、尊重校长教师的原则下,将参与交流的校长教师个人发展目标与政策目标相结合,给予校长教师充分表达意愿与适度自我选择的空间,制定能够激发

① 沈信民.学校激励管理论[M].重庆:重庆大学出版社,2011.

② 操太圣,吴蔚.从外在支援到内在发展:教师轮岗交流政策的实施重点探析[J].全球教育展望,2014(2):98-99.

③ 季春梅,程振响.关于建立我国中小学校长交流制度的调查分析[J].教育发展研究,2011(18):16-19.

校长教师为完成交流任务做出积极贡献,促进交流目标达成的科学制度;另一方面,政策激励作为一种作用于参与交流的校长教师身上的外力,主要是通过校长教师在交流过程中的行为而达成政策目标,政策激励的效益主要取决于校长教师的行为,而政策主体在制定政策时有效的激励约束措施与保障措施,能够激发校长教师的工作热情,提高工作绩效,使其主动地向目标迈进而付出努力,并采用最有效的方法去实现目标,克服消极怠工以及劳而无获甚至劳而有害的行为,有助于提高政策激励效果。因此,政策制定中重视校长教师参与,以达到政策的合理性、公平性、科学性和有效性,主要是为了确保校长教师交流政策设计的民主性。

政策执行的合理性对校长教师交流的激励作用机制:激发潜能,引导和规范组织行为。"激励是努力工作的动力源泉。"[1]人的潜能是一个巨大的"能量库",政策执行过程中通过激发人们的工作热情促使其努力工作,从而挖掘其潜能是政策激励的主要作用原理。实质上校长教师交流政策合理有效执行就是激发参与交流校长教师潜能的动态过程。在政策执行过程中,参与交流的校长教师作为激励的客体在政策激励中处于被动地位,校长教师理性地接受政策信息,客观分析政策目标,变被动为主动、积极、自主的行为本身既是激发其潜能的过程,也是促使其向政策希望的方向持续努力,引导和规范交流校长教师组织行为,培养奉献精神,从而推动政策合理执行的过程。另外,政策执行中交流校长教师对政策本身的认可度、政策的组织实施、指挥协调、监督调控等主要环节和政策主体行为,作为城乡教师交流政策执行机制[2],是政策执行激励的基础。政策执行的正强化策略,即可以通过奖金、福利、补贴、荣誉等精神与物质激励来引导校长教师交流的行为,提高政策认同度;政策执行的负强化策略,即可以通过物质与精神方面的惩罚来约束校长教师行为,这样可以引导参与交流的校长教师及时做出合乎组织规范的行为而规避不利于组织发展的行为。

政策评估的改进性对校长教师交流激励的作用机制:合理配置教师资源,促进学校改进。政策无非就是公共部门为推进社会发展目标而对社会资源进行分配与协调的手段与途径。一项政策的有效执行除政策本身所具有的法律效力与强制性作用等外力因素外,恰当的激励不仅是政策本身的内在规定性,而且是有效政策评估改进后的作用结果。校长教师交流政策,实质上不断地经历着,通过政策评估对政策进行调整、完善激励

① 王祖成.世界上最有效的管理:激励[M].北京:中国统计出版社,2002:4.
② 李宜江.城乡教师交流政策实施中问题与对策[J].中国教育学刊,2011(08):5-8.

机制的政策改进过程。校长教师交流政策的评估改进可以促进政策更加合理有效实施。政策评估可以通过对校长教师交流结果的价值判断,探究政策发展方向是否按照合理配置教师资源、扩大优质师资供给、促进薄弱学校改进的政策目标迈进,而且可以通过多元的政策评价机制优化政策,并对交流校长教师的辐射性、带动性进行考核以判定其潜能被激发的程度①。因此,政策评估的改进性激励诱因更会引发参与交流的校长教师行为动机,进而促使其达成交流目标。政策评估改进的过程本质上是提升优质师资供给、调整师资结构、合理配置教师优质教育资源的过程。另外,"社会为了达到有效目的,需要有科学的激励机制和方法"②。政策激励作为推动社会发展的润滑剂和催化剂,在进行政策评估改进时,可以让教育资源配置过程更加符合推进社会进步的内在要求。可见,校长教师交流政策评估的改进也是一种激励,其很强的外部压力和政策改进后所增强的物质奖励、精神奖励等吸引力,在满足校长教师各方面不同需要的同时,还可以诱导参与交流的校长教师去努力奋斗,促使其内在因素发生变化,产生强大的精神动力,从而主动帮助流入校教师群体共同成长,提升教育质量,推动薄弱学校的发展,进而促进教育均衡、持续、健康发展。

(二)组织层面:学校改进与组织激励

由宏观教育情境所决定的学校改进,是一项致力于优质教师再生而推进学校能量提升的教育变革策略③。作为一个崭新的实践与研究领域,学校改进所倡导的教育变革实质上是将校长和教师置于教育变革的核心地位,需要的是学校领导以及教师持久地、深度地专业投入来持续推动,其过程必然伴随着学校组织的深刻变革。可见,学校组织变革不仅是促使学校组织功能达到组织合理化,使学校不断适应社会环境变化的过程,而且是持续推动学校改进而达到学校卓越化的过程。学校组织变革以调动学校组织成员的积极性为主要目标,充分彰显了组织激励的功能,因此,学校组织激励是推动组织变革,实现学校优质化改进的主要力量。

---

① 黄丽萍,林藩.城乡教师交流:城乡师资均衡的重要推手——以 M 省为例[J].福建教育学院学报,2011(2):58-62.

② 赵振宇,田立延.激励论:发掘人力资源的奥秘[M].北京:华夏出版社,1995:46.

③ 梁歆,黄显华.学校改进理论和实证研究[M].上海:华东师范大学出版社,2010:7.

1. 学校改进与组织激励的含义

"学校改进"是普通学校迈向优质化进程的一项系统工程。历经近 40 年历史变迁后，随着民众对高质量教育资源的需求的不断加大，更加速了学校向优质化、卓越化迈进的步伐。学校改进作为推动学校优质化进程的切入点，已然成为创建义务教育优质学校的重要路径。学校改进专注于探讨学校质量提升的策略，致力于推进学校进步的过程研究，对薄弱学校改造和优质学校创建均产生了重要影响[①]。目前，有关学校改进的内涵释义虽各有不同，但基本从学校组织结构、组织文化和领导的变革出发来阐述。贝茨（Roland S. Barth）提出，学校改进是学校为了推进校内教师与学生学习，而从学校内部与外部创造条件的一种努力[②]；OECD 发起的 ISIP（international school improvement project）提出，学校改进是为了让学校更有效地实现教育目标而旨在改变学校学习及其他条件的一种系统持续的努力；英国"IQEA（improving the quality of education for all）"指出，学校改进是增进学生学习成效和增强学校应对变革能量的一种教育变革策略。显然，学校组织系统而持久的变革过程便是学校改进，这个过程主要通过校内外人员的协同工作，变革学校条件如学校文化、课程、资源、教学等内容而得以实现。这种条件还集中体现在教师专业发展、学校组织环境和外部支持等方面[③]。另外，迈克尔·富兰认为，"要实施可持续的改革，没有哪一种驱动力像领导力一样，是不可或缺的"[④]。可见，在学校改进中学校领导也起着较大的影响作用，有相关研究显示，领导者在进行教育实践时应对教育变革挑战的主要策略就是构建学校内部能量[⑤]。诚然，实现学校改进的决定因素是学校内部的能量构建[⑥]。而学校能量是全体员工为了实现增进学生学习的目标而产生的集体能量[⑦]，因此，学校改进是以变革学校组织结构、持续改进学校内外环境、创造学校改进条件、提高学校教育水平、增进学习效能、实现教育目标，从而应对"变革的挑战"的学校内在能量

① 张新平. 对义务教育优质学校及其建设路径的几点思考[J]. 教育研究,2015(4):70-78.
② 梁歆,黄显华. 学校改进:理论和实证研究[M]. 上海:华东师范大学出版社,2010.11.
③ 张新平,褚宏启. 教育管理学通论[M]. 高等教育出版社,2012:393.473-476.
④ 迈克尔·富兰. 变革的挑战:学校改进的路径与策略[M]. 叶颖,高耀明,周小晓,译. 北京:北京出版社,2013.
⑤ 梁歆,黄显华. 学校改进:理论和实证研究[M]. 上海:华东师范大学出版社,2010.49.
⑥ 万鸿湄. 破坏性领导理论视域下的学校改进障碍与消解策略[J]. 亚太教育,2016(17):10-11.
⑦ NEWMANN F M, KING M B, Youngs P. Professional development that addresses school capacity: Lessons from urban elementary schools[J]. American Journal of Education,2000,108(4):259-299.

的集中体现。学校改进所遵循的是有效实现教育目标和系统持续努力的基本特征①。在学校组织层面，学校改进是一场教育变革，旨在激励学校组织成员构建集体能量，推动学校优化升级。由此，在促进学校改进的能量构建中，学校组织层面的学校结构、学校文化和领导力是不可或缺的，其中包含学校组织内部相关规范促成的成员合作关系和学校活动促成的职权责任等组织结构能量构建、在共享价值观和信念层面上开放积极向上的学校文化能量构建、校长领导及教师领导能量构建。

组织（organization）是由人所组成的有机整体为了达成某一特定的目标，通过各部门的劳动、职位的分工合作以及不同等级的权利与责任的制度化，有计划地协调一群人活动的实体②。教育组织（educational organization）是为实现培养社会合格人才目标而对教育事业及教育活动进行计划、指挥、协调、监督和控制的组织机构③。教育组织包括宏观教育组织和微观教育组织，宏观教育组织主要是一个国家或地区从总体上对教育事业发展进行规划的组织机构。学校教育组织属于微观教育组织。学校组织的目标主要是，将学校工作计划转化为具体的个人行动，并能使各种教育活动付诸具体实践过程中，促使学校的人力、物力、财力处于一个有效的、不断运转的动态系统中，以最大限度地发挥学校组织的使用价值④。在学校组织中，激励学校组织成员是学校组织的主要功能，教育和育人的过程是组织成员的主要行为。有学者提出，组织激励是组织内部成员间交换的结果，通过组织内个体间相互提供诱因，而获得其他个体行为的过程⑤。从激励手段上看，有学者提出，组织激励是组织通过外部奖酬、工作环境、行为规范、信息沟通等方式来激发和约束组织成员的行为⑥。从激励因素上看，组织内部的正式、非正式规则及作为组织重要资源的组织内部主管对组织成员有激励作用⑦。组织激励对组织成员行为具有牵引和控制效应，是组织赋予个体的一种外部压力，在这种外部压力作用下，组织成员会顺应组织期望并表现出组织所倡导的行为，而组织激励能够激发组织成员的内在动机并强化

①　张熙.学校改进：我们该怎样行走[J].中小学学校管理,2015(8):31.

②　杨炎轩,胡晓航.组织行为学[M].北京:科学出版社,2012:171.

③　于瑮,宋凤宁,宋书文.教育组织行为学[M].北京:北京师范大学出版社,2009:3-5.

④　田玉敏.当代教育哲学[M].天津:天津社会科学院出版社,1991:367-368.

⑤　李垣,刘益.关于企业组织激励的探讨[J].数量经济技术经济研究,1999(5):35-39.

⑥　胡瑞仲,聂锐.企业显规则与潜规则[J].领导科学,2006(02):47-48.

⑦　HERSHCOVIS M S, BARLING J. Towards a multi-foci approach to workplace aggression: a meta-analytic review of outcomes from different perpetrators [J]. Journal of Organizational Behavior,2009,31(1):24-44.

组织成员的自我决定感①。

综上所述,组织激励可以界定为:通过组织内部的规则(包括正式规则与非正式规则)施加外部压力,以及组织主管(包括组织领导)创设各种条件,并由组织内部个体间相互提供激励诱因,持续激发组织成员动机,调动其积极性,在实现个人目标的同时达成组织目标的行动过程。从组织激励来源来看,有学者认为组织激励包括组织结构激励(组织内部成员关系及组织框架结构激励)、组织内部规则激励和主管激励(领导激励)三类②。其中,组织内部规则包括正式规则和非正式规则,正式规则是指组织中正式的规章制度;非正式规则是自然约定俗成而非书面形式的规范总和,如价值、意识、传统、观念、信仰、环境等。结合学校组织激励推进学校改进的能量构建要素,本文将校长教师交流活动中的学校组织激励定义为:通过学校内部组织结构和学校组织文化调动交流校长教师积极性,以及流入校通过一定的手段激发交流校长领导力和交流教师领导力而调动交流校长教师积极性,推动学校持续改进的过程。

2. 组织激励的理论依据

美国心理学家麦克利兰提出人的成就、权力、归属需要对组织的发展起着特别重要的作用,该理论的研究对象更倾向于高级人才。成就需要是组织成员按照高标准进行工作,追求卓越,争取成功,达成目标的愿望③。组织激励无疑是要将参与交流的校长教师作为受激者置于激励的核心地位,对于交流校长教师来说成就本身远比获得报酬重要得多。因此,被选拔出的交流校长教师具有责任心,有担当,追求展现领导能力并影响他人的价值观,喜欢良性的工作环境和文化氛围,在流入校寻求建立与他人的亲密情感关系,乐于帮助伙伴。他们比普通教育工作者更倾向于成就需要,他们在流入学校对胜任和成功有强烈的要求,重视从组织中得到支撑。成就需要理论为学校组织更好地把握交流校长教师的高层次需要动机,通过组织价值观的引导作用为交流校长教师创造适宜的教育环境,强化其归属需要提供了依据。

美国管理学兼心理学教授埃德温·洛克于20世纪70年代在一系列调查和实验的基础上提出了目标激励理论。其理论内容将影响人们行为动机的各种外部刺激归因为目

① EISENBERGER R, RHOADES L. Incremental effects of reward on creativity [J]. Journal of Personality and Social Psychology,2001,81(1):728-741.

② 刘枭,宝贡敏,赵卓嘉.多视角分析框架下组织激励的组合型多维构念[J].厦门理工学院学报,2013(3):95-98.

③ 王明琴,董勋.组织行为学[M].哈尔滨:黑龙江大学出版社;北京:北京大学出版社,2017:131.

标的媒介作用,他认为人们的需要通过目标转换为动机,并驱使人们朝着既定的目标持续迈进,目标设置及目标本身就具有激励效用,这个从动机到行动而达成目标的过程就是目标激励①。目标激励的根本任务就是高度重视和合理设置目标,目标在设置中必须要考虑目标的具体性、目标难易度、目标的可接受程度三个方面。目标理论表明,有专一的目标,才会有专注的行动。只有很好的地利用每个人各自不同的特点与优势,制定合适的目标和实现目标的步骤,方可在目标达成过程中调动个人的积极行为。学校组织中的领导通过制定合理、可行的交流目标,并根据参与交流校长教师个人不同情况,设置恰当的个人目标(诱因),将交流校长教师实际需要内化为实现自己目标与组织目标相统一的动机,促使交流校长教师在流入学校组织中,始终朝着明确的目标做出持续努力的行为,这个过程就是充分调动交流校长教师积极性的目标激励过程。

3.组织激励对校长教师交流的作用机制

学校组织激励交流校长教师的过程,实质上是学校组织变革的一个动态过程。校长教师交流的终极目标无疑是为了推进学校组织变革,助力于薄弱学校改进,加快学校优质化的进程。学校组织对参与交流的校长教师的激励作用渗透在各个方面,包括学校组织结构、组织文化(学校内部正式、非正式规章制度)以及学校领导方面。合理的组织结构,良好的组织精神文化,建设性的领导行为对参与交流的校长教师可以产生更大的激励作用。

(1)组织结构对校长教师交流激励的作用机制　组织结构决定了组织行为的特性,组织结构是一种组织内部的关系结构,这个关系结构决定组织生存的权利、责任、利益三个基本要素。这三个因素紧密配合构成动力结构,对开发人们的积极性起着重要的作用②。学校组织结构本质是整体工作经过拆分后再进行不同工作任务重新整合的结果③。学校组织结构作为一种有关任务的分工与协调方式,其分部化(部门划分)(departmentalization)即对学校组织中的工作任务进行各领域划分并指派人员进行任务管理的过程,分层化(hierarchicalization)(层级控制)即对学校组织进行分层并加以协同的过程④,均可以通过对学校成员权力、责任与利益重新组合而起到激励的作用。学校组织

---

① 沈信民.学校激励管理理论[M].重庆:重庆大学出版社,2011:20.
② 团云庆.越南高校教师激励机制研究[D].长春:吉林大学,2014:49.
③ 亨利.明茨伯格.卓有成效的组织[M].魏青江,译.北京:中国人民大学出版社,2007:3.
④ 张新平.中小学的组织结构及其变革:基于三所学校的个案研究[J].教育学报,2014(2):101-108.

成员是教育者和受教育者,与其他组织结构相比等级性、强制性、追求经济利益最大化的目的性较弱,因此学校组织的动力结构重在对员工实施激励,从而培养受教育者使其成为社会所需要的人才,这种动态激励过程在学校组织中体现得更为突出。参与交流的校长教师到流入学校后要促进学校改进,必然会在学校管理者所支持的组织结构变革中,包括组织结构分部化、分层化和形成以基层为主的扁平化结构变革环境下,激发其积极参与学校决策管理的动机,满足校长教师被尊重、认同与归属感的需要,促进其专业化建设,提高交流效率。

(2)组织文化对校长教师交流的激励机制　组织文化是在一定的历史条件下所形成的全体成员共同遵守的意识、价值观念、行为规范、道德、传统、信仰、行为准则等的总和①。组织文化以尊重为核心,能满足员工的多重需要,并可以对各种不合理需要进行"软约束"调节,倡导建立组织文化的过程正是帮助员工寻求工作意义,建立行为的社会动机和文化动机,从而全方位调动员工积极性的过程②。"学校组织文化是学校在长期的教育实践和各种环境要素的互动过程中创造和积淀下来的,组织成员认同和遵循的价值观念体系、运行规范体系、物质风貌体系相互整合的结果。③"学校组织文化对参与交流的校长教师的激励作用机制,主要是通过学校文化的各个组成要素来激发校长教师的工作动机与内在潜能的过程④。根据组织文化的三次层次划分标准,可以将学校文化的组成要素分为组织文化的深层——精神文化要素、组织文化的中间层——制度与行为文化要素、组织文化的表层——物质文化要素这三大类⑤。

第一,在组织精神文化要素方面,有学者提出组织精神文化包括组织经营哲学、组织精神和组织风气等⑥。也有研究者认为组织精神文化包括组织价值观、组织精神、组织风气、组织伦理道德等⑦。综合学校组织的特点,本书将组织精神文化概括为组织核心价值、组织精神、组织风气、伦理道德和意识观念五个要素。其一,组织核心价值是学校生存与发展的核心,其激励作用是将交流校长教师不同的价值观整合为流入学校组织的核心价值观,引发交流校长教师对流入学校的价值认同,树立共同的价值取向,增强交流校

①　沈信民.学校激励管理理论[M].重庆:重庆大学出版社,2011:173.
②　刘银花.领导科学[M].大连:东北财经大学出版社,2015:170.
③　于璇,宋凤宁,宋书文.教育组织行为学[M].北京:北京师范大学出版社,2009:368.
④　沈信民.学校激励管理理论[M].重庆:重庆大学出版社,2011:173.
⑤⑥　杨炎轩,胡晓航.组织行为学[M].北京:科学出版社,2012:198.
⑦　张淑敏.激励契约不完备性与组织文化[M].大连:东北财经大学出版社,2008:162.

长教师凝聚力,培养其奋发向上的信念,调动其促进交流的积极行为。其二,组织精神不仅是信仰、使命感、意志力协同作用的结果①,也是组织观念意识、传统习惯、行为方式等提炼及倡导的结果②。组织精神激励作用是,通过组织成员持续追求教育教学目标过程中形成的信仰、观念;组织成员主动承担教育责任的使命感;组织成员不遗余力地排除困难的意志力等强大的精神要素,激发交流校长教师积极性的过程。其三,组织风气反映了学校组织成员相对稳定的心理状态,其激励作用就是通过学校内组织成员间的团结友爱、开拓进取、艰苦创业等良好作风与学校特色氛围等要素,激发交流校长教师行为动机的过程③。其四,伦理道德激励是,通过学校组织成员的道德意识、道德关系和道德行为对交流校长教师在流入校的道德心理与行为起到软约束的作用,而培育其在流入校的道德价值观的过程④。其五,意识观念激励是通过学校组织成员的思维模式、意识理念等要素,鼓舞交流校长教师与流入学校教职工之间形成相互沟通、理解的意识理念,形成学校组织向心力的过程⑤。

第二,在组织制度与行为文化要素方面,制度与行为文化要素是指通过组织制度对组织成员行为进行规范的各要素,包括非正式制度文化要素和正式制度文化要素。非正式制度文化要素主要包括人的道德感、社会习惯、传统、习俗等因素⑥。学校组织的非正式制度激励是将学校约定俗成的典礼、仪式、行为习惯、传统习俗等激励因素与参与交流的校长教师的成就感、荣誉感、自豪感等内在需要相互作用,激发交流校长教师动机,调动校长教师积极性的行为激发过程。组织正式规则激励即组织内部正式制度激励。学校组织正式制度激励通过学校领导者建立一套公正、合理的内部规章制度,为学校组织成员创造公平施展才能的机会,从而调动组织成员的积极性。制度激励不仅是一种刚性与显性的激励,也是一种硬性的强化激励,良好的组织内部制度,可以对参与交流的校长教师行为产生激励约束作用,保证交流校长教师的权益公平、公正。学校组织正式制度激励的作用机制是,通过学校已有的制度体系,以及校长教师参与制定的现有制度体系,

---

① 吴文盛.企业文化激励研究[J].湖北社会科学,2005(3):85-87.
② 杨炎轩,胡晓航.组织行为学[J].北京:科学出版社,2012:198.
③ 张淑敏.激励契约不完备性与组织文化[M].大连:东北财经大学出版社,2008:166
④ 张淑敏.激励契约不完备性与组织文化[M].大连:东北财经大学出版社,2008:167.
⑤ 张淑敏.激励契约不完备性与组织文化[M].大连:东北财经大学出版社,2008:163-168.
⑥ 任剑涛.在正式制度激励与非正式制度激励之间:国家治理的激励机制分析[J].浙江大学学报(人文社会科学版),2012(3):140-147.

激发交流校长教师潜能,满足其职业发展的需要,调动其工作热情而达成交流目标的激励过程。

第三,在组织物质文化要素方面,物质文化激励是指通过组织内外环境、组织标识、组织器物等让参与交流的校长教师产生安全感和舒适感,从而激发其积极心理和积极行为的过程①。综上可见,文化激励是学校组织文化各要素与交流校长教师内驱力相互作用的结果。学校组织文化对校长教师交流激励作用的实效、范围和强度有所不同,其中,精神激励时效最长、范围最广、强度最大,只有将组织文化各要素相互结合集精神、制度与行为、物质激励于一体,方可全面激发交流校长教师的创造性与内在能量,发挥组织文化激励的最大效用。

(3)交流校长教师的领导激励机制 领导隐含着领导者对下属进行激励、鼓舞调动下属成员积极性的过程②。领导过程必然包含领导者对下属的影响、指向组织的行为、制定组织规则、指定组织制度等过程,可见,领导是一种可以引导和激励人们去实现组织目标而发挥其影响力的组织行为。激励是领导活动的重要内容与主要职能。领导激励包括领导权力因素激励和非权力因素激励。

领导权力因素激励主要是通过领导者所具有的合法职权、自身能力而影响他人行为的领导过程,基于领导者所拥有的权力地位与职权对人们所构成的威慑与压力,领导权力激励具有很强的激励作用,其激励强度会随着领导权力的丧失而减弱。领导非权力因素激励是通过领导者品德、才能、知识、情感、魅力、威信与处事风格等去激励、鼓舞、调动员工工作热情而达成组织目标的行为过程。非权力性激励效果不会因领导者的职权缺失而减弱,其激励的范围较广,激励的持续性较长。在学校组织中发挥领导作用的激励过程,其激励主体主要包括校长、学校中层管理者、教师领导者。校长教师交流活动中,学校组织如何让交流校长和交流教师发挥领导力去推动薄弱学校改进,是学校组织对交流校长教师激励的核心环节,其中,如何激发交流校长教师的建设性领导力是关键,因此,本文所阐述的领导激励并不是传统意义上的领导如何激励组织成员的内涵,而是学校组织如何激发交流校长教师的领导力,从而使其在流入校,发挥辐射、带动作用的过程。其中,激励的客体是交流校长教师。

---

① 张淑敏.激励契约不完备性与组织文化[M].大连:东北财经大学出版社,2008:169.
② 陈国海.组织行为学[M].北京:清华大学出版社,2009:303.

本书所指的学校组织领导激励作用机制,包含流入学校如何通过一定的激励手段调动交流校长的领导力,以及如何培养和调动交流教师的领导力两个过程。在这两个过程中,建设性领导理论和教师领导理论,为调动校长领导力和教师领导力提供了研究的新视角。在现有领导理论指导下,校长领导激励是流入校通过深入了解交流校长对领导角色的需要,把握并正确分析交流校长行为动机,采取合理的激励措施,将物质激励与精神激励相结合,贯彻优秀校长人尽其才的原则,让其在工作能力、人际交往能力、模范表率方面发挥更大的领导作用,挖掘其优质潜能的过程;教师领导激励是流入校通过挖掘交流教师的领导才能,激发交流教师在个人品德提升、良好人际关系维持、促进交流目标达成方面的行为动机,依靠其自身的知识、能力、情感等多种因素的相互作用[1],形成综合性影响力,培养其专业领导力、教研领导力、课程领导力等领导素养,从而调动其积极性,推动学校改进的过程。

(三)群体层面:团队合作与团队激励

从群体层面来看,团队本质上是任务导向型的更高层次的群体。团队是由更具有自主性、思考性和合作性的个体所组成的群体,团队是群体的一个子集[2]。任何团队的效能都离不开人的创造力和积极性,团队的重心在于激励团队成员成长和团队中的个体发展。团队激励是将传统的能人效应转向团队效应,实现人人自成动力系统的管理模式。团队沟通与合作是团队提高运行效率的可行方式,团队中个体成员之间相互依赖的合作关系是更好发挥组织成员才能,有效完成组织任务的基本要素,即意味着团队合作为团队激励提供了内在能量得以释放的途径。

1. 团队合作与团队激励的含义

团队(team)是近年来西方组织中广泛采用的一种管理形式,由为了实现某一目标而相互协作的个体组成[3]。团队就是由两个或两个以上的个体,为共同的价值目的,而进行适应性地、相互依赖性地、动态性地互动,所组成的集合[4]。在多变的环境中,与其他群体

---

① 周晓静,郭宁生.教师领导力[M].北京:北京师范大学出版社,2014:14.
② 陈迎雪,陈小华.团队建设与管理[M].成都:电子科技大学出版社,2015:3-4.
③ 吕明泽.团队建设与管理沟通[M].北京:北京理工大学出版社,2015:18.
④ SALAS E,BURKE C S,CANNON-BOWERS J A. Teamwork:Emerging Principles [J]. International Journal of Management Reviews,2000,2(4):339-356.

形式相比,团队形式更加灵活多变,易于掌控,能够及时、迅速地重新组合和解散①。目前团队成员间的相互依赖性与协同性是团队最为显著的特征②。其中,依赖性是信任产生的基础,协同具有合作的意蕴。合作是在目标驱动下不同的个体、群体间彼此配合、联合行动的一种方式。团队合作具体表现为一种为达目标所显示出的自愿合作与协同努力的精神。这种精神可以激发团队成员的所有才智,并自动驱除团队内不和谐、不公平的因素,会给予团队中诚心、大公无私的奉献者一定的回报。培育成员之间的相互合作,是各种团队成功的根本。团队合作是团队工作的核心,良好的团队协作是提高团队工作效率、提升组织灵活性与竞争性、凝聚人心、鼓舞士气、培养人才的利器③。团队合作以团队成员之间信息沟通与团队间信息共享为基础,而不断形成团队向心力与凝聚力。沟通作为管理工作中的重要组成部分和团队合作的重要功能,以及团队信息传递和增进相互间理解与支持的"桥梁",沟通是否顺畅关乎团队合作的成败,因此,本研究将团队合作定义为:团队合作是建立在团队成员拥有共同目标的基础之上,以信息沟通为前提,以具体工作实践以及成员分别承担一定的工作责任为载体,以共同参与、研究、探讨、制定团队规则和权力共享为形式,在团体情境中,通过相互协作与交流,最终实现整体成长,产生情感信任,感受自我发展,获得成就感的活动方式,可见,团队合作有助于团队内部成员之间建立融洽的工作关系,不仅能鼓励、帮助、引导个体发展,而且能激发员工士气,激励团队成员发挥才能,施展才华。

约瑟夫·F.斯坎伦于1938年首次针对团体层面的激励提出了"斯坎伦计划",即薪酬激励计划,其激励的核心是:对员工的激励要以团队为基础,强调团队的协作与合作精神,团队激励的作用是,在团队中任何一个个体的建议都能够使大家得到好处,这种激励方式能够增强整个团队的协作精神,提高团队的整体创造力和凝聚力④。斯坎伦的思想认为,团队激励是以团队整体来进行激励的一种方式,体现的是通过团队合作实现组织目标的要义。有学者提出,团队激励是通过特定的方法与管理体系,在团队中让人人都有自我内在驱动力,实现团队成员对团队、组织机构对工作承诺的最大化、效能最优化、

---

① 赵曙明.胜任素质、积极性、协作性的员工能力与企业人力资源体系重构[J].改革,2011(6):137-140.

② 陈国海.组织行为学[M].北京:清华大学出版社,2009:190.

③ 胡丽芳,张焕强.团队管理实务[M].深圳:海天出版社,2004:382.

④ 雷恩.管理思想的演变[M].北京:中国社会科学出版社,2004:368-369.

绩效最高化①。有学者认为,团队激励是通过一定手段使团队成员的需要和愿望得到满足,激发与鼓励队员的工作热情、行为动机②。也有学者指出,团队激励以团队合作为基础,运用信息共享激励团队,形成强大的团队精神,将团队成员紧密联系在一起,向着团队目标迈进,此过程必然要加强信息共享,提升组织动力,激励团队前进③。泰勒研究发现,比起锦标赛或者计件工资率,团队整体的货币激励更能激发个体进行知识共享、协作与合作④。从经济学的视角来看,团队激励是一种经济刺激方式,由团队成员分享在团队整体产出确定基数上的奖励⑤。虽然,组织管理者和群体领导是团队的领路人和教练,能够通过领导和支持性沟通机制助力培养每个团队成员以及整个团队的忠诚和信心,从而激发员工的积极性,保证团队绩效大于成员绩效之和,进而塑造高绩效团队⑥。但运用博弈论与信息经济学分析方法所形成的理论提出,团队管理者与领导很难观测到内部成员的努力程度,相反的,团队成员却可以用较低的成本观测相互间的努力水平,可见一般的自主团队中不存在领导与管理者⑦。强烈的情感因素可以给团队成员内心带来一种为团队贡献的自豪感,并在其中感受到同伴的尊敬,从而产生正的效用和合作行为⑧。同样,坎德尔和拉齐尔提出,团队成员内部的规范、监督、情感等因素相互作用可以起到激励的效果⑨。由上述对团队激励的解读可见,只有将团队整体性激励与团队成员间的相互激励,两者有效地结合起来,并更加注重团队成员之间的内在激励,方能取得最大的激励效果。

由此,本研究将团队激励界定为:团队激励是团队领导者、组织者或团队成员群体采取有计划的措施,通过团队成员(同事)间及部门信息的传递和有效而足够的横向沟通⑩,

① 张周圆.高效能团队建设[M].北京:经济管理出版社,2015:075.

② 吕明泽.团队建设与管理沟通[M].北京:北京理工大学出版社,2015:25.

③ 胡丽芳,张焕强.团队管理实务[M].深圳:海天出版社,2004:380.

④ TAYLOR E Z. The effect of incentives on Konwledge sharing in computer-mediated communication:An experimental investigation[J]. Journal of information Systems,2006,20(1):103-116.

⑤ KIRKMAN B L,SHAPIRO D L. Understanding why team members won't share:An examination of factors rela-ted to employee receptivity to team-based rewards[J]. Small Group Research,2000,31(2):175-209.

⑥ 任浩.公共组织行为学[M].上海:同济大学出版社,2006:193.

⑦ 易定红,彭鹏.经济学中团队激励理论述评[J].教学与研究,2006(11):80-86.

⑧ 史小坤.团队激励:从背叛走向合作[J].科技进步与对策,2004(5):155-157.

⑨ KANDEL EUGENE,LAZEAR EDWARD P. Peer pressure and partnerships[J].Journal of Political Economy,1992,100(4):801-817.

⑩ 胡丽芳,张焕强.团队管理实务[M].深圳:海天出版社,2004:382.

产生团队情感、人格、荣誉等内在激励因素,促进团队成员相互了解,给予相互支持与信任,建立紧密的合作行为,从而充分调动团队成员积极性,形成相互监督和规范关系,促进团队整体共同完成目标的过程。

总之,团队激励是在组织管理者和团队领导者的引导下,团队成员通过有效沟通,建立充分信任和紧密合作,最大限度地调动自身及团队成员完成团队任务或实现组织目标的积极性的活动过程。早期的团队激励主要强调团队合作,后来,团队信任与团队沟通在团队激励中的作用也慢慢受到了重视,可见,团队信任、团队合作与团队沟通构成了团队激励的基本维度。

2. 团队激励的理论依据

群体动力论是心理学家库尔特·勒温在“力场”(force-fiedld)理论基础上所提出的最早的综合型激励理论。该理论主要探讨群体中的各种力量对个体产生的作用和造成的影响①。其理论内涵是将外界环境刺激作为引发行为的激励因素,是情境的力场之一,人的行为方向取决于人内部系统的张力与外界引力之间的相互作用关系,人的内在驱动力始发于内部需要,如果内部需要不强烈,那么,外部刺激再强也不会发生任何作用;如果内部需要很强烈,即使是很弱的外部导火线也可能引发强烈的反响。用公式表述:$B=f(P*E)=f(L*S)$,其中,B 为个体行为的方向和向量,P 为个人内部动力,E 为个人所处的环境刺激,L,S 为生活空间,表明人行动的方向和向量取决于环境刺激和人内部动力的相互作用。该理论说明,任何外部刺激是否能成为激励因素,与内部动力的强度有关,两者乘积决定人的行为方向和强度②。团队激励的理论逻辑来源于温勒的群体动力论,群体动力是群体活动的方向,群体动力同样取决于内部力场和情境的相互作用。团队成员之间各种力量相互依存和相互作用的关系,直接影响团队成员的个体行为,因此,个人在团队中会产生不同于独处时的行为。③ 校长教师交流中的团队激励动力,来源于校长教师所处的教育环境与交流校长教师内部需要,如沟通、协调、合作需要等所生成的个人内部动力的相互作用。其中,交流校长教师的行为方向和向量,取决于交流校长教师内部动力的强度与学校环境相互作用的函数关系。校长教师在流入校的领导团队、教学团队、科研团队等特定团队中,成员之间有相互依赖的人际关系需要,总希望得到别人的认

① 徐全忠,邹晓春. 组织行为学[M]. 北京:化学工业出版社,2014:76.
② 俞文钊. 现代激励理论与应用[M]. 大连:东北财经大学出版社,2014:114.
③ 俞文钊. 管理心理学[M]. 兰州:甘肃人民出版社,1989:391.

可、赞赏与支持,有比较迫切的更加广泛的同事支持,以及互相鼓励的需要,这种需要会形成团队内部的力场。参与交流的校长教师只有产生了强大的内在驱动力,才能在学校外部环境作用下引起强烈的激励效果。

ERG 理论是美国学者奥尔德弗提出的一种新的人本主义需要理论[①]。这种理论在发展了五层次需要理论后提出,人类有生存、相互关系、成长发展三个方面的基本需要。显然,在校长教师交流活动中,交流校长教师同样存在生存(生理与物质方面的全部需要)、相互关系(与流入校成员间的相互协作关系、情感信任关系等)、成长发展(专业发展)三种基本需要。团队激励作为流入校群体层面基本激励形式,在激励过程中要全面考虑交流校长教师在团队中的基本需要,努力为交流校长教师创造一种满足其高层次需要的环境和条件,而促使其发挥能力。团队激励正是团队成员在基本生存需要得以满足的前提下,去追求团队成员之间相互关系需要和个人成长需要的一种激励方式。团队激励突出团队成员之间相互合作、沟通等内部关系,并不断地促进个体成员自身发展。当团队成员满足了相互信任、尊重时的合作需要时,才能进一步追求自我成长的需要。优秀校长教师进入交流学校后,在自我生存需要得到满足后,更多地希望得到团队相互合作与相互交流的需要,以体现自身优于普通教师的价值,并在这个过程中能够不断地提升自我能力,满足自我专业成长与发展的需要。

3.团队激励对校长教师交流的作用机制

群体动力学研究表明,团队成员之间相互依存和相互作用的关系会形成强大的群体动力,促使个体在群体中产生不同于处在单独环境中的行为反应。[②] 交流校长教师进入交流学校后必然要形成领导团队、教学团队、教研团队、课程开发团队等新的任务导向型、学习型的小规模群体以推进交流工作的正常展开。团队成员之间相互关系的行为会形成内部驱动力,激发交流校长教师内在潜能,鼓舞其全身心投入交流学校教育发展中,促进其个人成长。团队激励对校长教师交流的作用机制主要体现在团队信任(情感心理的角度)、团队合作(教育内容的角度)、团队沟通(任务执行的角度)3 个方面。

(1)团队信任激励对校长教师交流的作用机制　团队信任强调团队成员的情感相容,体现着团队激励的情感维度。团队成员长期工作、生活在一起,通常会形成以共同的

---

① 斯蒂芬·P.罗宾斯.组织行为学(第 7 版)[M].孙建敏,李原,等,译.北京:中国人民大学出版社,1997:171.

② 俞文钊.管理心理学[M].兰州:甘肃人民出版社,1989:391.

情感关系为纽带的强大精神动力。在这种动力支持下团队成员会产生信任与被信任之间的相互感知,进而生产相互认可和相互信任的情感,进而激发团队成员工作动机[①]。情感信任作为团队成员共同享有的"心灵鸡汤"可以增强团队成员之间的情感联系和思想交流。交流校长教师进入新学校团队中,会由个人价值观、心理情绪、态度心情、相互依赖作用而与其他团队成员产生情感信任。情感信任在不断满足团队成员心理需求的同时,在团队中形成和谐、融洽的工作氛围而消除交流校长教师消极情绪,激发其积极性。在此基础上,团队成员之间产生相互信任的力量,在一方信任一方并认为能有助于改善或解决双方权利冲突过程中产生心理契约,"相信对方所做的事不会对自己不利,而认为对方所做的事以及承诺,其不确定性和风险性较小,是值得将事情托付和共事的对象"[②]。

校长教师交流中的团队信任激励通过交流校长教师与其他团队成员互享相关信息、信守承诺、坦率解决问题。团队信任激励不仅是交流校长教师与其他团队成员之间彼此尊重、理解、认同而体现自我价值的动力,而且是缘于受到对方鼓励而产生自信,从容面对挫折,积累经验,加强团队成员的心理调节力和承受力,塑造团队精神,挖掘交流校长教师自身潜力的催化剂。一方面交流校长教师的教育理念、思维模式、教育方式等因素均会对流入学校校长教师产生影响,营造包容、协助、创新的工作环境,使团队成员的情感有所寄托,从而调动团队成员包括交流校长教师的积极性主动性与创造性;另一方面也会因交流校长教师的人格魅力、人际关系、道德品质、互动程度等因素影响交流成效。理论上,团队成员之间的信任程度越高,交流成效越显著。

(2)团队合作激励对校长教师交流的作用机制　团队合作强调团队成员的任务配合,体现着团队激励的任务维度。团队合作是团队成员在自觉、自愿基础上,产生的持久的团队凝聚力和团队精神,这种精神具有强大的激励作用。团队合作激励往往表现在成员间的密切合作,默契配合,共同参与决策和相互协商过程中。团队合作是校长教师交流活动的基本激励模式之一,交流校长教师在流入学校必然要以教育实践为载体,以共同研究、探讨、学习为主要形式,在团体情境中展开新的教育教学工作。[③] 通过团队合作方式激励交流校长教师参与团队建设和参与团队管理实践活动,分享决策权以激发交流

---

① 孙利平,龙立荣,李梓一.被信任感对员工绩效的影响及其作用机制研究述评[J].管理学报,2018,15(01):144-150.

② 陈迎雪,陈小华.团队建设与管理[M].成都:电子科技大学出版社,2015:143.

③ 朱正平.基于团队合作的教师专业发展[J].职业技术教育,2009(07):55-59.

校长教师的主人翁精神、责任意识和创造力。这种团队合作激励方式不仅是促进交流校长教师专业成长和教育教学水平提高的有效途径,同时也是支持和帮助薄弱学校改进和完善教学、科研发展的平台。

在流入校校长团队合作中,以校长、校外专家所组成的"管理团队""科研团队""领导团队"其主要活动方式是组织团队成员分享管理经验、交流管理心得、研讨科研成果,通过交流校长与薄弱学校管理者、校外教育专家之间的团队合作,改善薄弱学校组织文化的深层次知识,打破薄弱学校固有的思维方式和行动壁垒,建立融洽的团队关系,形成一种良好的文化氛围和良性的激励机制,推动薄弱学校优质化改进。

在流入校教师团队合作中,以"教研组"为代表的教学团队的主要活动方式是,组织团队成员集体备课、听课、评课,倡导教师之间分享教学经验、课程资源,评判教学效果,通过优秀教师传、帮、带的做法,完成对薄弱教师专业成长的培养。此交流活动,不仅能让薄弱学校教师群体分享到优秀教师所经历的典型教育事件和实践技能,也能使交流教师的价值在薄弱学校教师群体中得到认同,促使交流教师在薄弱学校重塑教学形象、重构教育教学理念、推进交流工作的深入展开。

(3)团队沟通激励对校长教师交流的作用机制　团队沟通强调团队成员的信息交流,体现着团队激励的信息维度。团队成员在执行各自的工作任务时必然以沟通为联系和纽带。沟通(communication)是一种信息传递与接受的过程[1]。作为一种有效的激励手段,沟通更多地体现了团队信息交流和资源共享的非物质特性,有效沟通可以提高组织向心力与凝聚力[2]。通过团队内部所有形式的信息、思想、情感传递、反馈等正式沟通和非正式沟通方式,引起团队成员思想共鸣,增强成员自信心,将团队目标深入到团队的每位成员心中,集合每个人的力量,形成上下一条心的团队士气,建立团队任务执行中的相互关系,从而激励团队成员齐心协力,为达成团队整体工作目标而持续努力的过程即是团队沟通。

交流校长教师在流入学校团队中的沟通,主要是以团队教育教学任务执行为基础的沟通。从教育任务执行的视角看,团队沟通必然涉及两个方面的问题:沟通什么和怎么沟通,即团队沟通内容和团队沟通风格。在校长教师交流过程中,沟通内容主要是团队成员在教育任务执行中关于任务内容、任务执行情况、任务反馈、个体职业发展和私人问

---

①②　马作宽.组织激励[M].北京:中国经济出版社,2009:150.

题方面的信息沟通。其中,任务性沟通是校长教师交流中团队沟通的主要形式。团队沟通风格是在教育任务执行中,团队成员在表达思想时所选择的语句、表达方式,说理方式、思维模式等所呈现出的特点①。交流校长教师在团队中的沟通可以分为直接沟通与间接沟通两种风格,团队成员采用什么样的沟通风格,应根据团队成员之间的关系来决定。在团队任务性沟通中,应灵活应用两种沟通风格,以取得良好的沟通效果。

在校长团队中,交流校长将团队发展与工作意图传递给团队成员,通过团队内部信息传递,指明团队工作目标,明确团队成员各自工作任务、职责,在协调团队活动与调动团队成员工作热情与积极情绪,强化团队凝聚力与团队归属感的同时,增强自我领导、管理才能,培养民主风格,挖掘自我潜能,进行自我激励,从而充分展现优秀校长品性;在教育教学团队中,为满足教研、教学团队成员对沟通的需求,需采用增强交流教师参与感的沟通模式,通过交流教师与团队成员进行紧密沟通,将交流教师的思维恰当、准确地表达出来,从而帮助团队成员更好的理解与执行团队决策。一般情况下,团队沟通是团队中处于平行层次的成员以及职能部门之间进行的信息传递和交流②,因此,校长教师沟通激励的主要作用是,可以将交流校长教师在团队活动中的主要沟通模式,简化为团队合作的办事程序和手续,减少层级辗转,节省工作时间。这不仅有利于团队成员之间的相互了解,协调工作任务,培育交流校长教师的团队意识,强化团队工作的全局观念,消除相互矛盾,构建团队和谐氛围,而且有助于在交流校长教师与流入学校同事间,建立各种信息交流的桥梁。

在这种情况,流入校团队成员会重视、尊重参与交流的校长教师,并对其工作成绩认可、鼓励;同样,交流校长教师也会主动承担相应的团队任务,从而激发交流校长教师的领导、管理、教育、科研热情,挖掘其优质才能,为团队发展贡献更大力量,进而影响甚至改变团队工作态度,以减少由于对决策曲解和个人主观因素而造成的团队损失,促进交流学校团队建设。

(四)个体层面:工作设计与工作激励

"激励是个体努力工作的动力源泉。"③对组织成员个体的激励实质上是让工作本身

① 季晓芬.团队沟通对团队知识共享的作用机制研究[D].杭州:浙江大学,2008:106.
② 陈迎雪,陈小华.团队建设与管理[M].成都:电子科技大学出版社,2015:72.
③ 王祖成.世界上最有效的管理:激励[M].北京:中国统计出版社,2002:4.

具有激励的效用价值,创造工作情境,激发组织成员个人主动对本职工作进行创新的热情,调动其积极性的过程。

1. 工作设计与工作激励的含义

彼得·德鲁克认为,只有内容丰富并具有挑战性的工作,才能让员工体验到工作价值,并从工作中获得满足感,这样,工作与人性两方面就可以统一,工作才能产生激励作用。如何开展工作,让工作本身更有价值并具有激励的作用,首先要进行工作设计。"工作设计也叫岗位设计或职务设计,是通过对工作内容、工作职责、工作关系和工作结果的调整与配置,以满足员工的需要,从而提高其工作效率,有效地达成组织目标"[①],"将各种任务组合起来构成全部工作的方法"[②]。工作设计不是将简单地将工作任务进行重新组合,而是要通过工作设计使工作更具有激励作用,以充分发挥员工的工作潜能[③]。工作设计可以确定个体工作的活动范畴和工作责任关系,并可以对工作完成情况与完成特定工作任务界定以充分发挥个人的工作能力[④]。工作设计包括工作岗位设置和对已经存在但缺乏激励效果的工作进行重新设计[⑤],因此,工作设计具有激励的效用。工作设计可以协调工作适应性,从而让员工在工作过程中发挥积极主动性和创造性。激励型工作设计包括工作轮换、工作扩大化和工作丰富化。

校长教师交流活动本身就是一种激励型工作设计。作为优质教育资源的交流校长教师,其需求较为复杂,除了希望得到基本物质需求以外,对个人成就及社会声望、自身能力提高与事业发展、教育成就感与社会认可度、自身价值追求等需要更为强烈,并热衷于富有挑战性的工作,乐意于将工作作为一种乐趣与实现自我价值的方式,期望能按照自己认为有效的方式完成工作任务,分享自己创造的财富。因此,交流校长教师倾向于将教育、教学、科研纵向深化,以达到工作内容和层次上的改变;将工作丰富化和扩大化等这类教育教学工作任务设计为内在激励。在校长教师交流活动中,赋予交流校长教师更多教学工作自主权和充分表现自己的机会,交流校长教师就会依靠自身努力和工作独立性,感受到工作成败,从而提升交流校长教师对教育工作环境、教学性质、教授方式、教

---

① 葛玉辉. 工作分析与工作设计实务[M]. 北京:清华大学出版社,2011:178.

② 斯蒂芬·P. 罗宾斯,玛丽·库尔特. 管理学[M]. 9 版. 孙健敏,黄卫伟,杨军,等译. 北京:中国人民大学出版社,2008:444.

③ 张爱荣. TM 广告公司创意型员工工作设计研究[D]. 太原:山西大学,2011:20.

④ 吴魏. 基于员工发展的工作设计方法研究[D]. 长春:东北师范大学,2012:4.

⑤ 高艳. 工作分析与职位评价[M]. 西安:西安交通大学出版社,2012:196.

学状态、教学内容等方面的满意度。

提高员工工作满意度的主要因素来源于工作本身①。激励源自工作本身对员工的诱导。换言之就是利用人们的成就感、责任感、对工作的兴趣和意愿从事发挥自己能力的工作的心理特征,使员工在工作中得到激励②。工作激励一般被界定为,管理者通过设计一定的工作环境和奖惩措施,激发人的需要和动机,控制并引导人们的行为,使其朝向一定的目标持续努力的行为过程③。其实质就是把工作本身作为激励的内容、手段和方法,去调动员工的积极性而实现工作目标。员工对工作是否有兴趣,要看工作是否有意义,工作是否具有挑战性和工作能否带来成就感④。其核心就是要让工作变得有价值,有意义。参与交流的校长教师在流入学校的实际教学工作过程中,能感受到的乐趣基本上都是来自于教学工作本身或者教育教学内容方面。"工作的报酬就是工作本身"即说明教育教学工作内在激发作用的重要性,对于交流校长教师来说,基本生存需要已得到解决,因此他们更加关注流入校的教育工作所具有的内在吸引力,以及自己在工作中所体现出的教育价值。

在校长教师交流活动中,要使教育教学工作具有激励性,必须要对教育教学工作岗位、内容、职责、关系等进行重新安排设计,让交流校长教师把工作视为一种享受,在工作过程中主动去创新,让他们对教育教学工作产生认同,体验到完成教育教学工作的意义;赋予交流校长教师一定的教育自主权和自由度,提升交流校长教师对教育教学工作的责任感;让他们体会到教育教学工作的挑战性;将教育工作绩效、教育意见、考核结果,进行及时反馈,让他们感受到工作的成就感。

2. 工作激励的理论依据

道格拉斯·麦格雷戈总结了马斯洛的人性观,而提出了"自我实现人"假设的"Y 理论"。Y 理论将个人目标与组织目标相结合,其要点是组织成员会将工作视为一种轻松愉悦的享受,自然而然通过工作引导和控制自己行为,向组织目标努力,目标达成后会产生一种"报酬"。其中最具意义的报酬是自我实现需要的满足,在现代社会里,一般人的智慧与潜能仅有一部分被利用,因此,只要条件适当,一般人不但能承担责任且能争取责

---

① 弗雷德里克·赫茨伯格,伯纳德·莫斯纳,巴巴拉·斯奈德曼.赫茨伯格的双因素理论[M].张湛,译.北京:中国人民大学出版社,2009:51.
② 王荣耀,王翠平.一种有效的激励手段:工作激励[J].企业活力,1989(12):18-19.
③ 彭贺,徐千里.无意识工作激励:定义、模型及展望[J].心理科学进展,2010(6):963-970.
④ 李宝元.战略性激励:现代企业人力资源管理精要[M].北京:经济科学出版社,2002:97.

任。工作普遍具有高度的创造力和决策能力,体现自我价值的重要性。Y 理论更具有实际效用和激励效果①。同时,Y 理论能有效地使员工自励,激发内因将个人发展与组织目标统一②。与 Y 理论相对应的管理主张是,要创造一种适宜的工作环境和工作条件,使员工能够在工作中发挥自己的才能,以充分展现工作者的自身能力,强调工作本身对工作者积极性的内在激励作用。校长教师交流中的工作激励就是要通过工作本身的激励性,及交流校长教师完成教育教学工作的自主性以发挥其创造才能,带动薄弱学校发展,从而提升交流校长教师积极性的过程,因此,工作激励的理论基础之一是"Y 理论"。

美国管理心理学家约翰·莫尔斯和杰伊.洛尔施在麦格雷戈的"Y 理论"基础上,依据"复杂人"的假设于 1970 年提出了一种创新的"超 Y 管理理论"。其理论观点是,对人性的全面认识是激励工作顺利实施的基石,因此,更多地需要将扩大工作范围等因素纳入到激励中,依据工作性质对具体工作问题具体分析,从而对员工实施激励。这种理论观点与片面利用员工害怕惩罚和革职的心理去指挥、控制他们工作的强制性 X 理论相反③,却与将工作视为一种轻松愉悦的享受,自然而然通过工作引导和控制员工行为,从而有效地使员工自励,激发内因将个人发展与组织目标相统一的"Y 理论"相近④。

一般来说,校长教师作为掌握智力资本的知识型员工和学校组织中的宝贵资源,他们拥有追求自主性、个性和创新性的特性,工作本身所带来享受、愉悦、成就等心理体验是激发他们工作动机的主要来源,而非仅从工作中得到的工资、福利待遇等物质报酬,因此,交流校长教师更愿意接受具有更大意义、价值与挑战性的工作,获得更多专业成长的机会。校长教师交流实践活动就是要依据交流校长教师人性特征和教育教学工作性质,进行工作设计,增加工作内容的吸引力,提升参与交流的校长教师对交流工作的满意度,让教育教学工作本身具有激励的效用,从而激发其工作热情的过程。可见,超 Y 理论有利地支持了校长教师交流中的内在工作激励,为交流校长教师实施工作激励寻找到理论支撑。

美国行为学家赫兹伯格首次创新性地提出了激励-保健理论,即双因素理论。双因素理论认为,激发人们动机的因素有两类,一类是保健因素,能防止人们对工作产生不满情绪,维持人们的积极性和工作现状的作用;另一类是激励因素,能起到激发人们积极行

---

① 沈信民.学校激励管理理论[M].重庆:重庆大学出版社,2011:16.
②④ 马作宽.组织激励[M].北京:中国经济出版社,2009:37-38.
③ 沈信民.学校激励管理理论[M].重庆:重庆大学出版社,2011:15.

为,提高工作效率的作用,它是一种能对人的工作产生内在影响的因素。保健因素与激励因素都会不同程度起到影响、调动人们积极性的作用[1]。属于保健因素的有:政策、工资、环境、福利、同事关系等;属于激励因素的有:成就、欣赏、认可、责任、进步、晋升、工作本身等[2]。要调动人们的工作积极性,为阻止不满情绪产生,首先要考虑保健因素。校长教师交流中的政策激励因素能防止优秀校长教师进入薄弱学校时产生抵触与焦虑的情绪,保障和维持薄弱学校的校长教师进入优质学校后的工作热情。保健因素的满足是工作激励的前提条件,而工作绩效低下的主要原因是激励因素不足所致。相对于薪酬、奖金这些工作的外部激励特征对交流校长教师起到的必然保健作用,教育教学工作的内源性激励作用,更能激起交流校长教师的挑战性。参与交流的校长教师个人在更大的程度上,是受到有意的教育教学工作激励的,因此激励校长教师交流,更重要的是通过对教育教学工作的重新设计,使教育工作变得更具有激励效用,可见双因素理论可以有效支撑校长教师交流中的工作激励。

3. 工作激励对校长教师交流的作用机理

为使工作本身产生激励效应和促进工作满意感,必然要对工作进行激励性设计(工作再设计)。其中,所强调的是可能会对工作承担者的心理价值以及激励潜力,产生影响的工作特征[3]。激励型工作设计方法通常倾向于强调提高工作的激励潜能,通过工作特征决定工作激励潜能的"工作特征模型",是工作设计考虑如何满足员工个人行为需要的一个比较完整的工具。在现实中促使员工的工作变得复杂,而减少工作的单调性和重复性的具体运用便是工作再设计,如工作轮换、扩大化、丰富化。就个体层面而言,参与交流的校长教师更大程度上是受到像有意义性工作内容的激励。因此,这里着重探讨工作轮换和工作扩大化、工作丰富化及让工作扩大化和工作丰富化更具有操作性的工作特征,对校长教师交流激励的作用机制。

(1)工作轮换与工作扩大化对校长教师交流激励的作用机制 为了提高员工工作兴趣、增加工作激励性,需要对员工的工作实施一种岗位变换策略。工作轮换是缓解员工因长期处于同一工作岗位而产生的职业倦怠心理,增强工作新鲜感和刺激感,促使员工

① 俞文钊. 现代激励理论与应用[M]. 大连:东北财经大学出版社,2014:137.
② 侯光明,李存金. 现代管理激励与约束机制[M]. 北京:高等教育出版社,2002:47.
③ 高艳. 工作分析与职位评价[M]. 西安:西安交通大学出版社,2012:203.

"一专多能"增加工作挑战性和适应性的一种工作设计①。这种工作轮换的设计方式,可以让员工体验到工作发展方向和工作计划,感受到工作技能多样性的意义②。校长教师交流活动实质上就是一种以工作轮换方式调动参与交流的校长教师积极性的工作设计;本质上是通过工作轮换尽量发挥骨干、优秀校长教师自身潜在才能,尝试在新的学校中履行工作职责,让其获得更多的工作经验,培养适应能力,迎接新的工作挑战的同时,带动流入校校长教师共同成长,激发流入校组织活力,从而扩大优质师资供给的过程。工作扩大化是一种与专业化背道而驰的工作再设计方法,这种设计要求更多的知识与技能,因此,可以通过工作扩大化提高员工的工作兴趣,提升对工作的满意度,激发内在工作动力③。参与交流的优秀校长教师进入交流学校后,为发挥其优质潜能,流入学校一般要进行工作再设计,扩充教育教学内容、增加工作职责、扩大横向教学工作范围、赋予交流校长教师更多权力和自由裁量权、促进工作内容多样化,以激发工作热情,可见,校长教师交流活动本身蕴含工作激励性设计。

(2)工作丰富化对校长教师交流激励的作用机制　赫兹伯格认为,要让工作设计真正具有激励性,必须要触及工作内在的特性,让工作变得丰富化④。不同于工作轮换与工作扩大化只对传统工作进行基本改良的做法,工作丰富化是在纵向层次上深化工作内容,让员工参与工作规则的制定、执行和评估过程,使其获得更大的工作灵活性和自主性,满足其成就需要的工作设计方法。为了员工更有意义、有责任心地去工作,工作丰富化的过程不仅要对工作责任进行垂直和深化,而且要让员工在完成工作任务中有机会获得成就感、认同感,满足员工自身发展的需要。参与交流的校长教师进入交流学校后,实施工作丰富化要以增加教育教学责任和教学技能以改变工作内容;让交流校长教师拥有对自己所承担的教育教学工作更多的自主权和支配权,在一定的教育范围内,自主安排教育教学进度,赋予其更多的责任;将交流过程中的教学业绩反馈给交流校长教师,同时创造有利的教育环境为其提供学习培训的机会,以满足个人专业成长的需要。校长教师交流中的工作丰富化设计能够为参与交流的校长教师提供更大的工作激励性,获得更多的工作满意度,让交流校长教师展示更多的工作技能、拥有更多工作自主权,从而创造性地工作。

① 李宝元.战略性激励——现代企业人力资源管理精要[M].北京:经济科学出版社,2002:96.
② 龚尚猛,周亚新.工作分析的理论方法及应用[M].上海:上海财经大学出版社,2015:229.
③ 高艳.工作分析与职位评价[M].西安:西安交通大学出版社,2012:211.
④ 李宝元.战略性激励——现代企业人力资源管理精要[M].北京:经济科学出版社,2002:96.

（3）工作特征对校长教师交流激励的作用机制 为了进一步使工作丰富化理论更加具体、更加有利于实践，哈克曼和奥德姆于20世纪80年代提出了工作特征模型。工作特征模型将人性化理念融入工作设计中，使得工作设计换发了新的生机，为工作扩大化、丰富化提供了著名的设计工具。其逻辑是，通过五个维度的核心工作特征分析、把握员工的关键心理状态，以达到较好激励员工的工作成果[①]。其中技能多样性、任务完整性和任务重要性工作特征可以让员工体验到工作是有意义、很重要的或值得去做的，可以激发其较高的工作动机；工作自主性可以让员工体验到个人对工作业绩、工作成果所肩负的责任，提升其责任意识；工作反馈可以让员工得到关于自己工作活动的实际反馈结果，激发其后续工作的动力，从而使其获得高质量的工作表现、高度的工作满意感，降低缺勤率和离职率。一项工作，五方面的核心要素越全面，工作的激励作用就越大。但是，实施这一模型的前提条件是只有员工有足够的知识与技能，又有强烈的成长欲望，同时对工作内部环境满意时，才会体验到积极的心理状态，产生工作激励效用，参与交流的校长教师作为知识型员工，除具备教育教学技能外，对个人成长与发展有较强的欲望，在交流过程中如能创设让其满意的工作环境，就能通过工作特征模型进行工作设计，达到有效的工作激励效果。

交流校长教师进入交流学校后，通过重新设计教育教学工作，激发其积极性的作用机制主要是：首先，积极引导交流校长教师采用多种管理与教学方法、手段、教学技巧增加教育教学多样性，体验到工作价值，交流校长教师从进入交流学校开始就必须保证其所承担的教育教学任务的完整性，如校长在交流学校从事教育管理工作时，要从头到尾完成交流任务，并能看到显著的成效；其次，交流教师到流入校后，从一年级教学开始到三年级结束或六年级结束，始终保持教学工作的连续性，中间没有更换教学科目，并能看到学生成绩与素质提升的程度，在这样的交流活动中，就可以加大其责任，让其充分感受到轮岗工作的重要性，体验到交流工作对薄弱学校发展和对学生成长的实质性影响，提升他们对工作的职责意识。最后，在教育教学工作中要给予交流校长教师较大的独立性、自主性，让其展现出更强的判断力，激发交流校长教师对工作的挑战性，并通过反馈机制，让交流校长教师获得直接清晰的工作成绩信息和实际结果，让其获得更高的教育教学工作成就感，从而推进后续交流工作的展开。

---

① 葛玉辉.工作分析与工作设计实务[M].北京:清华大学出版社,2011:182.

　　POTW 激励模型,将教育系统的宏观政策与校长教师交流活动中政策参与主体在流入校的个体行为、群体行为、组织行为相互关联中回答 3 个问题:校长教师交流中的激励问题是什么、谁激励—激励谁、从哪些层面激励,从而创新性地多层次探讨校长教师交流激励全过程。POTW 理论模型的各层次之间相互作用、相互联系、相互配合形成了一个有机整体(图 4)。

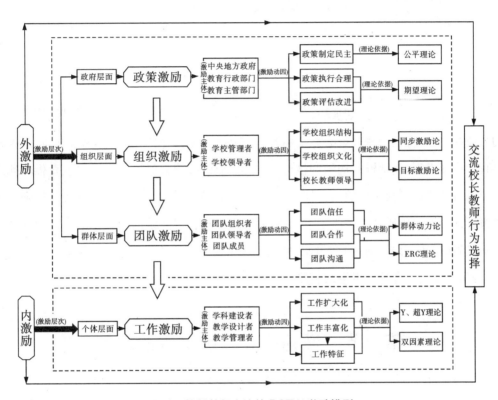

图 4　校长教师交流的 POTW 激励模型

第二章

政策激励:保障校长教师交流的外部动力

随着城镇化进程的不断加快,面对民众日益提高的优质教育需求与教育供给不足间的矛盾冲突,教育供给侧改革必然要将根本落脚点放在强化优质师资供给方面,以提升教育的内涵发展,而师资结构的调整与供给必然要以政策为引导。可见,"教育供给侧改革要解决的是由于教育中的结构性、体制性原因造成的教育制度问题。"①校长教师交流政策正是为解决优质师资供给不足的体制性障碍,从教育系统内部找到的一条通往教育公平发展的"创新路"。通过政策激励,充分调动交流校长教师积极性以保障政策实施效果,是实现优质教育师资再生的利器。

第一节 激励校长教师交流的政策与激励现实

(一)国家政策层面:县域校长教师交流政策的国家背景

从国家政策层面来看,校长教师交流政策文本是指由党中央、国务院、教育部颁布的政策文件②。我国校长教师交流政策的演进过程是随着经济社会发展和教育领域综合改

---

① 胡娇.义务教育均衡发展关键在于教师发展:基于教育供给侧改革的研究[J].中国教育学刊,2016(10):90-96.

② 毛亚庆,鱼霞,郝保伟,等.促进义务教育均衡发展的校长教师流动机制研究[M].北京:北京师范大学出版社,2016:58.

革而不断深化的。梳理校长教师交流政策脉络可见,以优质教育师资供给为目的的"教师定期交流"文件最早出现于 20 世纪 90 年代。校长教师交流政策的发展进程大体上可分为创立与界定、实施与细化、改革与完善 3 个基本阶段。

1. 创立与界定阶段(1990—1999 年):政策激励觉醒

这一时期国家通过鼓励、引导推出校长教师交流的柔性政策。20 世纪 90 年代初,伴随着社会主义市场经济体制改革和发展,人口流动涌现出前所未有的规模,大批校长教师从农村到城市、从薄弱学校到重点学校等跨校流动以及下海、脑体倒挂等自然、社会、历史遗留的原因所导致的优质校长教师流失,致使东部与西部地区间、城市学校与农村学校间、重点校与薄弱学校间的师资差距不断扩大。为此,1993 年的《中国教育改革和发展纲要》提出"各地要制定津贴和奖励政策,鼓励各级各类学校毕业生到农村、边远地区、艰苦行业工作"等相关政策,便拉开了推动教师交流的序幕;随后 1994 年的《中华人民共和国教师法》从经济补贴方面为政策实施提供法律保障;1996 年,国家教委从师资供给的角度首次正式提出教师定期交流,以缓解农村边远地区中小学对教师的需求,为后续开展校长教师交流工作起到了重要的政策指导作用;1997 年国家教委进一步指明了校长教师交流的目标和从优质学校到薄弱学校交流的方向,并提出可采用多种交流方式,帮助薄弱学校发展;1998 年,教育部从薄弱学校建设的视角提出要实行"优秀校长教师交流制度";1999 年,中共中央、国务院要求"各地要制定政策,鼓励大中城市骨干教师到基础薄弱学校任教或兼职,中小城市(镇)学校教师以各种方式到农村缺编学校任教……采取优惠政策,吸引和鼓励教师到经济不发达地区、边远地区和少数民族地区任教……鼓励优秀校长到薄弱学校任职。"随着教育改革的不断深入,这一时期国家先后出台 8 个与教师交流相关的政策文件,包含对口支援、轮岗、支教、定期任职等多种交流方式;涉及津贴、奖励、倾斜和优惠政策等具体政策激励内容,为我国扩大优质师资供给打开了局面。此阶段我国校长教师交流政策内容比较宏观,政策条款只是一些原则性的规定与方向性引导,并未强制性实施,政策操作性不强。因此,如何推动政策落实开始引起关注,政策激励亦随之觉醒。政策文本见表 1。文本中涉及具体政策激励的文件数占总文件数的比例如图 5。

表1 1990—1999年校长教师交流政策文本

文件名称	政策激励内容	政策颁布时间
中国教育改革和发展纲要	津贴、奖励	1993-2-31
中华人民共和国教师法	补贴	1993-10-31
关于"九五"期间加强中小学教师队伍建设的意见	无	1996-12-31
国家教委关于规范当前义务教育阶段办学行为的若干原则意见	无	1997-1-14
教育部关于义务教育阶段办学体制改革试验工作若干意见的通知	无	1998-6-25
加强大中城市薄弱学校建设办好义务教育阶段每一所学校的意见	奖励	1998-11-2
面向21世纪教育振兴行动计划	倾斜政策	1998-12-24
中共中央 国务院关于深化教育改革全面推进素质教育的决定	优惠政策	1999-6-13

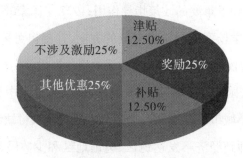

图5 校长教师交流的政策激励文件分类占比

2.实施与细化阶段(2000—2009年):政策激励发展

这一时期我国积极推进城乡校长教师交流政策正式实施。进入21世纪,校长教师交流政策成为促进义务教育均衡发展的重要策略之一,政策制定与政策实践探索日益受到关注。以教育部出台的《关于东西部地区学校对口支援工作的指导意见》为标志,自2000—2004年,教师队伍建设、农村教育工作、教育振兴计划、"两基"攻坚等一系列教育改革发展战略均涉及校长教师交流政策内容,其中双向交流、转任交流、任教服务期、短线流动教学等交流制度越加细化,从而正式推进了校长教师交流的定期化、制度化;随后,国家从2004年起对校长教师交流进行督导,助力于交流政策得到贯彻执行;2005年教育部从区域内优质师资共享的角度首次提出了"教师巡回授课"等进一步推进义务教育均衡发展的校长教师交流新策略;2006年,教育部在支援农村教育工作政策中再次重申以多种有效形式建立办学共同体,促进优质教育资源共享;同年,新修订的义务教育法第三十二条规定了县级人民政府教育行政部门应当均衡配置本行政区域内学校师资力量,组织校长、教师的培训和流动,加强对薄弱学校的建设的相关内容,以法律的强制力保障了校长教师交流政策实施;2007年教育事业"十一五"规划进一步将校长教师交流政策激励措施作为重点,提出建立吸引优秀人才到农村任教的机制,将优质教育资源送到农村;随着《国家教育督导报告2008——关注义务教育教师》《中共中央关于推进农村改革发展若干重大问题的决定》及2009年《教育部关于当前加强中小学管理规范办学行为的指导意见》等政策出台,通过制度、机制构建和细化管理教师交流政策得以稳定化、规范化,创立了教师定期交流的政策路径,进一步将统筹区域内教师资源,完善教师聘任、调配、流动机制,健全城乡教师交流机制作为工作重点,持续推进校长教师交流政策发展。这一时期我国实现师资优化配置,提高农村、薄弱地区教育水平,推进教育公平的政策价值目标越加明确;建立学校联盟、探索集团化办学、提倡对口帮扶、实施学区化管理、鼓励手拉手结对等多种交流方式日渐呈现;将校长教师交流政策作为一项重大试点项目在部分地区进行试点,开启了政策正式实施的引擎;一系列原则性保障措施为交流校长教师排除后顾之忧,政策激励内容明显增多,政策内容包括对象选拔、交流方向、交流期限、交流范围等政策细化内容和职称评聘、薪酬待遇、津贴补贴、生活保障、培养培训等详尽的政策激励方案。至此,教师流动政策开始发挥效用,这一时期我国先后出台13份与校长教师交流相关的政策文件,通过制度建设、机制构建、细化管理和法律条款完善等多方面将校长教师交流政策得以稳定化、规范化、法律化,创立了教师定期交流的政策路径,建立了吸引优秀校长教师参与交流的政策激励机制,促进了校长教师交流政策开始发挥效用。政策激励内容愈来愈具体多样而有针对性,其中与具体政策激励内容相关的文本见表2、图6。

表2　2000—2009年校长教师交流政策文件

文件名称	政策激励内容	政策颁布时间
关于东西部地区学校对口支援工作的指导意见	工资待遇、生活保障、表彰奖励、住房、补贴、培训、职务评聘、转正定级	2000-4-22

续表2

文件名称	政策激励内容	政策颁布时间
国务院关于基础教育改革与发展的决定	培训	2001-5-29
中小学教师队伍建设"十五"计划	津贴、工资待遇、职称评聘	2001-12-30
国务院关于进一步加强农村教育工作的决定	职务晋升、津贴、补贴	2003-9-17
2003—2007年教育振兴行动计划	无	2004-2-10
关于进一步加强农村地区"两基"巩固提高工作的意见	培训	2004-2-12
关于进一步推进义务教育均衡发展的若干意见	待遇、职务晋升、表彰奖励	2005-5-25
教育部关于大力推进城镇教师支援农村教育工作的意见	交通、生活保障、职务晋升、工资待遇、评优、培训	2006-2-26
中华人民共和国义务教育法	培训	2006-6-29
国家教育事业发展"十一五"规划纲要	生活保障	2007-5-18
国家教育督导报告2008——关注义务教育教师	住房、津贴、工资待遇	2008-12-3
中共中央关于推进农村改革发展若干重大问题的决定	待遇、培训	2008-10-31
教育部关于当前加强中小学管理规范办学行为指导意见	生活保障	2009-4-22

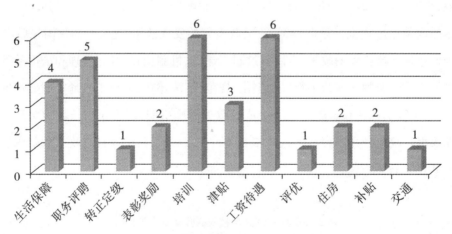

图6　校长教师交流中的政策激励文件内容分类统计

3. 改革与完善阶段(2010年至今):政策激励深化

这一时期校长教师交流政策全面实施。2010年开始,随着我国全面建成小康社会步伐的迈进,民众对教育公平的呼声愈加强烈。以《国家中长期教育改革发展规划(2010—

2020年)》为开端,健全城乡教师交流机制、完善校长教师交流制度体系和政策激励内容,成为政策不断改革创新的起点;2012年《国务院关于加强教师队伍建设的意见》《国务院关于深入推进义务教育均衡发展的意见》及《关于大力推进农村义务教育教师队伍建设的意见》将健全政策激励体制,激励更多优秀人才到农村从教作为重点,政策激励体现在工资倾斜政策、教师周转房等住房保障、职称评聘、表彰奖励等多项激励保障政策中;2013年党的十八届三中全会提出要加强校长教师交流轮岗工作的重要性和紧迫性,涉及工资、职务(职称)倾斜、医疗养老等社会保障、津贴补贴、教师周转宿舍、工作和生活条件、教师身心健康、表彰奖励等方面的校长教师交流政策激励越加强劲;2013年国务院、教育部进一步将边远贫困地区、边疆民族地区和革命老区作为开展校长教师交流活动的重点地区,开始实施人才支持计划,全力推进校长教师交流的激励政策;2014年教育部、财政部、人力资源和社会保障部正式出台《关于推进县(区)域内义务教育学校校长教师交流轮岗的意见》"实行省级统筹,以县为主"的工作机制,全面推进县(区)域内校长教师交流轮岗的制度化、常态化①,针对交流人员范围、比例、交流方式、激励保障机制、管理体制和责任主体做出明确规定,《意见》中涉及具体激励政策16项;2015年国务院办公厅印发《乡村教师支持计划(2015—2020年)》着重提出,"逐步形成'越往基层、越是艰苦,地位待遇越高'的激励机制";2016年国务院将加强乡村校长教师培训,吸引优秀教师向农村流动,作为城乡一体化改革发展的重要战略之一,其中,不仅对优秀教师和骨干教师的交流比例都有明确规定,而且提出了内容详尽的各项激励措施;《国家教育事业发展"十三五"规划》及《教育部教师工作司2017年工作要点》,提出为消除推进城乡教师交流制度壁垒,新设一批"县管校聘"示范区政策,并提出启动教师支教计划,逐批选派内地优秀教师赴新疆、西藏支教。这一时期国家层面校长教师交流政策的价值定位、作用范围、人事改革等内容进一步明确,激励机制与保障措施进一步加强,定期交流制、服务任期制、轮岗机制等政策制度体系建设进一步完善。由于校长教师交流政策核心内容、辅助内容以及受制于行政体制和人才流动的复杂性等特点,政策开始由多部门联合颁布。这一阶段国家共出台了11个与校长教师交流相关的政策文本,全力推动校长教师交流政策不断完善和全面实施。政策激励内容也愈加详尽,政策激励随之进入全面深化阶段。涉及具体激励内容的政策见表3、图7。

---

① 王玉凤,张婷.三部门印发《关于推进县(区)域内义务教育学校校长教师交流轮岗的意见》[N].中国教育报,2013-9-3(01).

表3　2010年至今校长教师交流激励政策文件

文件名称	政策激励内容	颁布时间
国家中长期教育改革和发展规划纲要（2010—2020年）	工资待遇、职称评聘、职务晋升、津贴、补贴、住房、医疗、养老、奖励、身心健康、其他优惠	2010-7-29
关于贯彻落实科学发展观　进一步推进义务教育均衡发展的意见	工资待遇、工作、生活条件	2010-01-04
国务院关于加强教师队伍建设的意见	工资待遇、周转房、住房保障、表彰奖励	2012-09-07
国务院关于深入推进义务教育均衡发展的意见	工资待遇、职称评聘、岗位设置、医疗、养老、培训、周转房	2012-09-07
关于大力推进农村义务教育教师队伍建设的意见	职称评聘、工资待遇、养老、住房保障、周转房、表彰奖励	2012-09-20
国务院办公厅转发教育部等部门关于实施教育扶贫工程意见的通知	表彰奖励、职务晋升、职称评聘、生活补助、周转房、其他优惠政策	2013-07-29
关于推进县(区)域内义务教育学校校长教师交流轮岗的意见	监督考核、合法权益、支持政策、编制核定、岗位设置、职务晋升、职称评聘、培养培训、评优、表彰奖励、薪酬福利、工资待遇、周转房、经费支持、工作氛围、办学条件	2014-08-13
乡村教师支持计划(2015—2020年)	工资待遇、补助、职称评聘、职务晋升、培训、经费保障、荣誉制度、表彰、物质奖励、评优、教育氛围、考核监督	2015-06-08
国务院关于统筹推进县域内城乡义务教育一体化改革发展的若干意见	培训、岗位倾斜、职称评聘、编制补给、生活补助、工资收入、荣誉制度、获得感、职业发展保障、住房保障、周转房、平安校园、经费保障	2016-07-11
国家教育事业发展"十三五"规划	职称评聘、职务晋升、编制标准、生活补助、补助标准、荣誉制度、表彰奖励	2017-01-10
教育部教师工作司2017年工作要点	工资待遇、生活补助、荣誉制度	2017-01-24

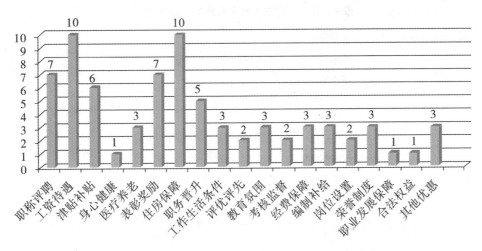

图7　校长教师交流中的政策激励具体内容分类统计

我国校长教师交流经历了从交流政策内容界定到政策内容细化再到政策内容不断完善的发展阶段,从中也体现了政策激励从鼓励、引导等弱激励到物质与精神同步激励再到激励约束并重的强激励变迁过程。

(二)地方政策层面:县域校长教师交流政策的地方背景

双重激励模型认为,地方政府会根据中央给予的政治激励与经济激励强度的不同组合而有不同的行为策略[①]。校长教师交流作为促进优质师资供给不可避免的政策工具,政策激励是政策中必不可少的内在规定。在国家政策的宏观指导与政治、经济激励下,各地政府从省、市、县多个层面与国家政策相呼应,纷纷制定相应政策并开始进行实践探索。本研究通过互联网搜集了31个省、市、自治区、直辖市2012年以来出台的35份关于我国义务教育学校校长教师交流政策文本(表4),针对政策激励内容进行分析。

---

① 陈玲,林泽梁,薛澜.双重激励下地方政府发展新兴产业的动机与策略研究[J].经济理论与经济管理,2010(9):50-56.

表 4　各地方颁布的校长教师交流政策文件

颁布时间	颁发部门	文件名	文件号
2016 年	北京市教委	关于进一步推进义务教育学校校长教师交流轮岗的指导意见	京教人〔2016〕15 号
2014 年	天津市教委	关于推进区县域内义务教育学校教师校长交流轮岗工作的意见	津教委〔2014〕84 号
2016 年	衡水市教育局	关于稳步推进全市县域内义务教育学校教师校长交流工作的通知	衡教人〔2017〕5 号
2015 年	山西省教育厅	关于全面推进县（区）域内义务教育学校校长教师交流轮岗工作的意见	晋教师〔2015〕21 号
2015 年	内蒙古教育厅	关于开展旗县范围内义务教育学校校长教师交流轮岗工作的指导意见	内教师字〔2015〕57 号
2014 年	辽宁省教育厅	关于推进县（市、区）域内义务教育学校校长教师交流轮岗的意见	辽教发〔2014〕159 号
2014 年	吉林市教育局	吉林市关于推进义务教育学校校长教师交流工作的实施意见	吉市教发〔2014〕49 号
2015 年	黑龙江教育厅	关于推进县（区）域内义务教育学校校长教师交流工作的意见	黑教联〔2015〕8 号
2014 年	上海市教委	关于加强特级教师流动工作管理的实施意见	沪教委人〔2014〕71 号
2015 年	上海市教委	关于进一步加强中小学特级校长流动工作管理的通知	沪教委人〔2015〕48 号
2017 年	苏州教育局	关于做好 2017 年苏州市教育局直属学校教师交流工作的通知	苏教人师〔2017〕16 号
2013 年	浙江省教育厅	关于推进县（市、区）域内义务教育学校教师校长交流工作的指导意见	浙教人〔2013〕70 号
2016 年	安徽省教育厅	关于推进县（区）域内义务教育学校校长教师交流轮岗的实施意见	皖教师〔2016〕1 号
2014 年	福建省教育厅	关于进一步推进县域内义务教育学校校长教师校际交流工作的意见	闽教人〔2014〕29 号
2014 年	江西省教育厅	关于推进义务教育学校校长教师交流轮岗工作的指导意见	赣教发〔2014〕3 号
2014 年	上饶市教育局	关于推进义务教育学校校长教师交流轮岗工作的实施意见	饶教发〔2014〕4 号
2015 年	山东省教育厅	关于推进县（市、区）域义务教育学校校长教师交流轮岗的意见	鲁教师发〔2015〕1 号
2015 年	河南省教育厅	关于推进县（区）域内义务教育学校校长教师交流轮岗工作的指导意见	教人〔2015〕591 号
2015 年	湖北省教育厅	关于进一步加强县域内义务教育学校校长教师交流轮岗的实施意见	鄂教人〔2015〕2 号

续表4

颁布时间	颁发部门	文件名	文件号
2015 年	湖南省教育厅	关于推进县(市、区)域内义务教育学校校长教师交流轮岗工作的意见	湘教发〔2015〕51 号
2015 年	广东省教育厅	关于进一步加强县域内义务教育学校校长教师交流轮岗工作的实施意见	粤教师〔2015〕1 号
2015 年	广州市教育局	关于进一步推进区域内义务教育学校校长教师交流轮岗工作的意见	穗教发〔2015〕40 号
2015 年	肇庆市教育局	关于推进县域内义务教育学校校长教师交流轮岗工作实施办法	肇教联〔2015〕5 号
2014 年	广西人民政府	广西壮族自治区人民政府关于加强教师队伍建设的意见	桂政发〔2014〕10 号
2016 年	桂林市教育局	关于推进县(区)域内义务教育学校校长教师交流轮岗的指导意见	市教人〔2016〕10 号
2015 年	海南省教育厅	关于推进县(市、区)域内义务教育学校校长教师交流轮岗工作实施意见	琼教师〔2015〕104 号
2012 年	重庆市教委	关于重庆市中小学领导干部及教师交流工作指导意见的通知	渝教人〔2012〕63 号
2016 年	四川省教育厅	关于推进县(市、区)域内义务教育学校校长教师交流轮岗的实施意见	川教〔2015〕103 号
2014 年	贵州省教育厅	关于推进县域内校长教师定期交流轮岗的指导意见	黔教师发〔2014〕241 号
2017 年	西藏自治区教育厅	关于推进义务教育学校校长教师交流轮岗的实施意见	藏教厅〔2017〕74 号
2014 年	陕西教育厅	深入推进义务教育学校教师校长交流轮岗工作促进义务教育均衡发展的意见	陕教规范〔2014〕5 号
2015 年	甘肃省教育厅	关于深入推进县(区)域内义务教育学校校长教师交流轮岗的实施意见	甘肃厅〔2015〕84 号
2015 年	青海省教育厅	关于推进县(区)域内义务教育阶段学校校长教师交流轮岗的指导意见	青教师〔2015〕1 号
2015 年	宁夏教育厅	关于推进县(区)域内义务教育学校校长教师交流轮岗的实施办法	宁教人〔2015〕233 号
2014 年	新疆维吾尔自治区	维吾尔自治区县(区)域内义务教育学校校长教师交流轮岗推进工作实施办法	新教师〔2014〕33 号

注:各地颁布的校长教师交流政策文本中除北京、上海、重庆三个地方的四份文件为教委单独发文外,其余32份文件均为多部门联合发文。

1. 校长教师交流中的政策激励类型

从全国各省市、自治区的文件中可以看出,政策中重要的激励因素集中于保障机制,对于激发校长教师积极性的相关政策主要包括工资待遇、职务晋升和职称评聘、评优评先等 9 个方面,具体内容如下。

(1)工资待遇　主要是指在文件中针对校长教师的工资、薪酬待遇等做出的原则性规定和具体规定。具体包括:提高教师工资待遇、保障教师工资水平、落实绩效工资政策,明确规定交流校长教师所享受的工资、福利、费用以及绩效工资中的倾斜政策①。全国所选 35 份文件中做出具体明确规定的文件有 30 份,占总文件份数的 85.7%。

(2)职务晋升和职称评聘　文件中的要求是校长教师在评高级职称时必须有在农村或薄弱学校任教的经历,有些文件对在农村学校任教年数有具体规定,也有文件指明参与交流的校长教师原则上在职称评聘和职务晋升时应优先考虑。35 份文件中几乎都对职务职称做出了具体规定,具体规定的有 34 份,占总文件数的 97.1%。

(3)评优评先　评优评先是指在评选优秀和评选先进的名额分配中对参与交流的校长教师有政策倾斜。文件规定:交流校长教师在评先评优等方面给予倾斜;在校长聘用方面优先考虑有农村或薄弱学校任职的管理人员;优先考虑有交流经历的校长和教师评选优秀、先进及相关荣誉。35 份文件中涉及评优评先的激励政策,其中对具体如何评选做出详细规定的文件有 29 份,占文件总数的 82.9%。

(4)编制核定　编制核定是指交流校长教师流动到其他学校后所面临的编制问题。涉及“有留出一定的机动编制给予交流的校长教师”的规定,采用城乡统一编制标准,依据师生比例和班师比统筹编制②。在编制核定中采取向边远、贫困、农村、少数民族地区倾斜的相关政策。35 份文件中有关编制核定的文件有 26 份,占总文件数的 74.3%。

(5)岗位设置　岗位设置是指在校长教师交流政策文件中有关学校岗位结构比例适当向农村学校倾斜的规定。有部分文件规定:调整县域内学校教师岗位结构,尤其是要在农村学校设置高级、特级岗位,调整农村学校岗位结构,适当增加高级岗位比例;设立教育局内部高级职称岗位和建立中学高级教师跨校评聘机制;合理规划和变更地区内中小学教师岗位,并要给交流教师预留一定的中、高级岗位用于职称聘评。这些对岗位有具体规定的文件有 31 份,占总数的 88.6%。

(6)表彰奖励　表彰奖励是指校长教师交流轮岗的奖励政策,其中包含物质奖励和精神奖励。有文件规定:对工作力度大、成效好的县市区给予适当奖补;对于做出突出贡

---

① 上海市教委《关于进一步加强特技教师流动工作管理的实施意见》。
② 《国务院关于印发国家教育事业发展“十三五”规划的通知》。

献的交流校长教师在各种荣誉称号评选中予以优先考虑,按照有关规定给予表彰奖励;大力宣传和总结交流教师的先进典型和成功经验。对表彰奖励内容有具体规定的文件有 16 份,占总份数的 45.7%。

(7)津贴补助　津贴补助是指为交流校长教师提供的各种类别的补助。文件规定:全面实施乡镇工作补贴制度和交流校长教师津贴补助制度;在国家集中连片特困地区和国家贫困县乡村教师生活补助政策中纳入交流到农村的校长教师;严格按岗发放各种津贴和补助。35 份文件中与津贴补助相关的文件有 22 份,占总份数的 62.9%。

(8)生活保障　生活保障是指校长教师在流入校的住房、饮食、医疗、养老、卫生、安全等生活方面的保障。有文件规定:优先保障交流教师使用教师周转房,加大教师周转房建设力度,满足交流轮岗校长教师基本生活所需;在当地住房保障范围内优先考虑参加交流轮岗的校长教师的住房需求,采取各种有效手段解决交流校长教师住房问题,各地要通过各种简化手续优先考虑夫妻分居教师困难。具体涉及生活保障内容的政策有 24 份,占总份数的 68.6%。

(9)培养培训　是指为交流校长教师提供的各项有针对性的专业与技能培养计划。文件规定:对于交流到偏远农村地区的校长教师率先提供各种专业发展机会,优先安排各种培养培训项目;加强对交流轮岗校长教师的针对性培训。35 份文件中,涉及培养培训的文件有 25 份,占总数的 71.4%。

政策文本统计结果见表 5、图 8。

表 5　各地政策激励文件数量统计

文件号	工资待遇	职称晋升	评优评先	编制核定	岗位设置	表彰奖励	津贴补助	生活保障	培养培训
京教人〔2016〕15 号	√	√	√	√	√		√		√
津教委〔2014〕84 号	√	√	√		√	√			
衡教人〔2017〕5 号		√							
晋教师〔2015〕21 号	√	√	√	√	√		√	√	√
内教师字〔2015〕57 号	√	√	√	√	√		√	√	√
辽教发〔2014〕159 号	√	√	√	√	√		√	√	
黑教联〔2015〕8 号	√	√	√	√	√				√
沪教委人〔2014〕71 号	√							√	

续表5

文件号	工资待遇	职称晋升	评优评先	编制核定	岗位设置	表彰奖励	津贴补助	生活保障	培养培训
沪教委人〔2015〕48号	√	√	√					√	
苏教人师〔2017〕16号		√			√				√
浙教人〔2013〕70号	√	√	√	√	√		√		√
皖教师〔2016〕1号	√	√		√	√	√	√	√	√
闽教人〔2014〕29号	√	√	√	√	√		√	√	√
赣教发〔2014〕3号	√	√	√	√	√		√	√	√
饶教发〔2014〕4号		√	√	√	√		√	√	√
鲁教师发〔2015〕1号	√	√	√	√	√	√	√	√	
教人〔2015〕591号	√	√		√	√		√	√	
鄂教人〔2015〕2号	√	√	√	√	√	√	√	√	√
湘教发〔2015〕51号	√	√	√	√	√		√	√	
粤教师〔2015〕1号	√	√	√	√	√		√	√	√
穗教发〔2015〕40号	√	√	√	√	√	√	√	√	√
肇教联〔2015〕5号	√	√		√	√	√	√	√	√
桂政发〔2014〕10号		√	√		√				
市教人〔2016〕10号	√	√	√	√	√		√	√	√
琼教师〔2015〕104号	√	√			√				√
渝教人〔2012〕63号	√	√	√						
川教〔2015〕103号	√	√	√	√	√	√	√	√	√
黔教师发〔2014〕241号	√	√	√	√	√		√	√	√
藏教厅〔2017〕74号		√	√	√	√	√	√		
陕教规范〔2014〕5号	√	√		√		√		√	√
甘肃厅〔2015〕84号	√	√		√		√		√	√
青教师〔2015〕1号	√	√	√		√			√	
宁教人〔2015〕233号	√	√	√	√	√	√	√		√
新教师〔2014〕33号	√	√	√	√	√	√	√	√	√
合计	30	34	29	26	31	16	22	24	25

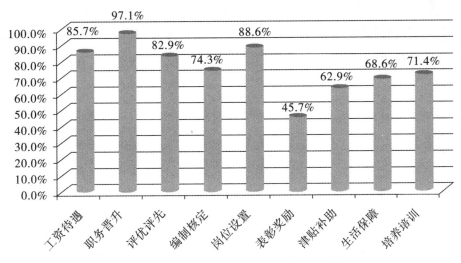

图8 校长教师交流中的政策激励文件分类统计

2.校长教师交流中的政策激励内容

从校长教师交流的实践意义考虑,要协调校长教师交流政策运行过程中的利益矛盾和冲突,一个基本的选择就是对各利益主体正当利益的损失和不均进行补偿,利益补偿以激励和引导方式体现政策的人文关怀①。从我国各地颁布的相关政策细节来看,政策保障激励与建立激励机制是体现政策人文关怀的重要环节。政策激励内容主要包括精神激励、物质激励和惩罚激励3个层面。

(1)精神激励 精神激励以表彰积极劳动与道德行为等形式表现出来,包括狭义的精神性肯定,如满足个人荣誉感,还包括广义的精神激励,如受到信任与尊重、满足兴趣和爱好、自我实现和事业成就等②。校长教师交流的地方政策文本中精神激励主要体现在职称激励、荣誉激励与培训激励等机制建立方面。这些激励机制主要是考虑到教师有专业成长、实现自身潜能发展的需要③。

职称激励机制具体表现为:在教师交流中,通过城乡统一的专业技术岗位规定,在农村学校中按照中、高级岗位结构比例的上限标准执行;乡村教学点全覆盖中级岗位,中、高级教师职称评聘须有交流经历;教师交流到新学校后,按原有教师职务及岗位细分等

① 谢延龙.教师流动论[M].南京:南京师范大学出版社,2016:190.
② 李祖超.教育激励论[M].北京:中国社会科学出版社,2008:82.
③ 操太圣,吴蔚.从外在支援到内在发展:教师轮岗交流政策的实施重点探析[J].全球教育展望,2014(2):95-104.

级聘用;交流到农村学校在中、高级岗位任职满一定年限的,经考核表现突出的,可高聘一级,逐步完善教师职称评聘机制①。在校长交流中,通过实施中小学校长职级制改革试点工作及校长任期制(一般每届任期5年,任职满两届应予交流)来完善校长职级激励机制。

荣誉激励机制表现为:荣誉激励包括大力宣传交流轮岗工作中涌现出的优秀教师先进事迹和各县(市、区)、学校推进交流轮岗工作好的经验和做法;安排专项经费用于交流校长教师奖励②;优先考虑交流时间长和有突出贡献的校长教师的评先、评优、表彰等各项荣誉奖励;在推荐市级以上各类荣誉、学术称号及省级评选时,优先考虑被评人的交流任教工作经历。

培训激励机制表现为:以到农村学校、薄弱学校交流的教师为重点,加强紧缺学科培训,扩大优秀校长和骨干教师队伍培养培训规模;在名师名校长培训和省级骨干教师培训中,优先向交流的骨干教师倾斜;切实开展农村教师为重点的中小学教师全员培训;组织交流校长教师岗前培训、任职培训;加强中小学校长后备力量培养工作③。

(2)物质激励 物质激励内容主要包括运用物质的手段以交流校长教师得到物质上的满足为基本标准,从而调动交流校长教师积极性④。校长教师交流政策中的物质激励机制更多考虑的是积极引导校长教师通过交流活动满足其生存与发展的需要。

薪酬机制:合理安排经费保障交流轮岗人员待遇;重点考虑流向薄弱地区和农村贫困地区的交流校长教师绩效工资分配,保障交流校长教师享受与流入校教职工同等待遇,提高交流校长教师各方面薪酬水平,健全交流校长教师岗位津贴制度⑤。争取财政支持,建立交流校长教师津补贴制度;为参加交流轮岗人员发放必要的补贴;提高到农村任

---

① 安徽省教育厅 安徽省财政厅 安徽省人力资源和社会保障厅关于推进县(区)域内义务教育学校校长教师交流轮岗的实施意见[EB/OL]. (2016-01-19)[2019-03-15]. http://www.ahedu. gov. cn/30/view/291987. shtml.

② 江西省教育厅.关于全面推行义务教育学校校长教师交流轮岗工作的通知[EB/OL]. (2016-04-20)[2019-03-15]. http://www.jxedu. gov. cn/zwgk/zwggjx/2016/04/20160429021812539. html.

③ 河南省关于推进县(区)域内义务教育学校校长教师交流轮岗工作的指导意见[EB/OL]. (2015-08-16)[2019-03-15]. http://www.haedu. gov. cn/2015/08/06/1438842620296. html.

④ 沈信民.学校激励管理论[M].重庆:重庆大学出版社,2011:139.

⑤ 广东省教育厅,广东省机构编制委员会办公室,广东省财政厅,广东省人力资源和社会保障厅.关于进一步加强县域内义务教育学校校长教师交流轮岗工作的实施意见[EB/OL]. (2015-11-21)[2019-03-15]. http://www. gdhed. edu. cn/publicfiles/business/htmlfiles/gdjyt/gfxwj/201511/493697. ht-ml.

教的名师津贴标准。

保障机制:解决交流校长教师交流在工作与生活中的切实困难,如住房、交通、医疗、卫生、安全等问题①。推进乡镇中心小学生活设施标准化建设,为交流校长教师提供全方位管理、服务及工作社会条件,关注校长教师身心健康。

编制机制:采取"总量控制、城乡统筹、按需配备、结构优化、动态管理"的原则,灵活按照生源变动情况和班额变化设置岗位方案,统筹教师编制,以满足交流到农村学校和薄弱学校的校长教师岗位聘用的需要②,通过预留机动编制和编制动态管理激励校长教师交流。

(3)惩罚激励 作为一种强化策略,惩罚不鼓励积极行为,主要是打击消极行为。惩罚是一种实施消极结果从而降低行为重复发生概率的措施③。校长教师交流中的惩罚激励是调动员工积极性的制度保证,起着激励约束作用④。惩罚作为一种负强化,也有积极激励作用,对交流校长教师的违纪行为采取制裁措施,以强化交流意识和提高教育工作效率⑤。校长教师交流中的惩罚激励不仅包括物质方面的惩罚,同时也包括精神方面的惩罚,具体表现为:对不能完成交流任务的教师,不能享受教师职务晋升等的优惠政策⑥;教师交流年限经历可累计认定,但不满规定年限的不予认定⑦等具有惩罚措施的政策激励内容。

校长教师交流政策中的物质激励、精神激励及惩罚激励,其实质均是一种外在的经济与声誉上的激励措施,目的是通过这些手段让交流校长教师不仅能在流入校安心任教,同时也要通过这些激励机制让其能发挥内在能量,使其在政策强力推动下增加主动

① 贵州省教育厅,省编委办,省人力资源和社会保障厅.关于推进县域内校长教师定期交流轮岗的指导意见[EB/OL].(2014-08-20)[2019-03-15].http://www.gzsjyt.gov.cn/Item/34755.aspx.

② 陕西省教育厅.关于深入推进义务教育学校教师校长交流轮岗工作促进义务教育均衡发展的意见[EB/OL].(2014-03-06)[2019-03-15].http://www.snedu.gov.cn/jynews/zhongyaowenjian/201403/06/47109.html.

③ 谢默霍思,亨特,奥斯本.组织行为学[M].刘丽娟,杨闫洁,徐苗,等译.北京:清华大学出版社,2005:15.

④ 张新平.教育管理学的持续探索[M].合肥:安徽教育出版社,2007:277.

⑤ 俞文钊.管理心理学[M].兰州:甘肃人民出版社,1985:204

⑥ 天津市和平区教育局区财政局区人力社保局关于推进和平区义务教育学校教师校长交流轮岗工作的意见[EB/OL].(2015-08-28)[2019-03-15].http://www.hpjy.gov.cn/?view/21Q45NEX8O.html.

⑦ 关于做好2016年苏州市教育局直属学校教师交流工作的通知[EB/OL].(2016-07-30)[2019-03-15].http://www.sznhzx.com/News/news_detail.jsp?newsId=6082.

交流的动机和愿望①。

（三）个案政策层面：县域校长教师交流政策的当前实践

以"校长教师交流"为主题的政策首先提出要在县域内全面实施。为了更清晰地呈现边远少数民族及贫困地区县域内校长教师交流的现实状况，探索校长教师交流实践活动中的激励问题，本研究选取 X 地区 L 市所辖县域中已经开展教师交流工作的六个县（文中分别用 A、B、C、D、E、F 表示）作为研究个案②。内在缘由在于：L 市属于我国边疆少数民族地区，高寒缺氧的气候特征给当地人的生存和发展造成了极大的挑战，L 市是 X 地区政治、经济、文化中心，是国家历史文化名城，同时也是我国"两基"攻坚先进地区，具有典型的欠发达地区特点，由于其独有的民族宗教特色，在推行校长教师交流政策中遇到的问题和总结的经验具有欠发达地区的代表性和广泛的研究意义。

1. L 市所辖各县校长教师交流政策的主要内容

L 市各县教育局为扩大优质教育师资供给、优化教师队伍结构、提高县域内整体教育水平，结合教育实际，制定了关于校长选拔交流和教师交流的相关文件，对交流内容做出了具体规定。校长教师交流的有关文件见表6。

---

① 操太圣,吴蔚.从外在支援到内在发展:教师轮岗交流政策的实施重点探析[J].全球教育展望,2014(2):95-104.

② 根据学术惯例,文章中出现的人名、地名均做了化名处理。

表6　L市六个县校长教师交流的政策文本

时间	单位	文件名称	主要内容
2011年	A县教育局	A县教师交流实施办法	交流原则:分步实施,逐步推进;双向交流;自愿与推荐结合 交流范围:县域内各小学 交流学校:当乡与巴乡;嘎乡与木乡、那乡小学;县小学与齐村 交流条件:工作满8~18年的教师,包括各科室人员 对象确定:资源报名;县级以上骨干教师;工作年限较长 交流数量:交流时学科要对应;一所学校交流教师不超过5人 交流时间:教师交流期限为2年 交流程序:自愿申报、学校推荐、教育局审核;每年7月初完成 教师管理:接收学校负责全程管理;要求完成接收学校教学任务 教师考核:德、能、勤、绩、学考核;拒安排的不得晋升薪级 教师待遇:享受乡村交通生活补助;按较高标准发补助与慰问金
2014年	B县教育局	B县教师轮岗交流工作实施方案	工作目的:提升教育质量;提高县域内教育整体水平 组织领导:成立交流工作领导小组,在县教研室下设办公室 交流原则:科学合理;统筹兼顾;稳步推进;均衡发展 交流对象:本县在职在编的各小学教师,包括学校中层干部 交流数量:20人 交流时间:暂定3年,分三批进行,每批交流时间为一年 交流学校:县完小、巴乡小学、则小学、雪乡小学、唐乡小学、京小学、甲小学、尼小学、多小学 交流条件:45岁以下;工作5年;荣获奖项;考核合格;教学好 交流程序:自愿申报、学校推荐、教育局审核后以下发各学校 考核管理:接受学校管理考核;签订履职责任书;失职予以处理 教师待遇:享受乡小学交通生活补助;享受较高标准和双重待遇 教师职责:每学期听、评课20节,上公开课10节,培训10学时;每周教学16节;培育1~2名学科骨干

续表6

时间	单位	文件名称	主要内容
2013 年	C 县教育局	C 县教师轮岗交流实施办法	指导思想:建立交流机制;缩小师资差距;实现城乡教育一体化 基本原则:分步实施;双向交流;自愿与推荐相结合 交流范围:县域内各小学 交流学校:县完小与麻乡完小、帕乡完小;尼乡小学与迈乡小学 交流条件:工作满 3 年以上、20 年以下的教师;新学年非毕业班 对象确定:自愿参加;县级以上骨干;任教年限较长 数量时间:学科对应兼顾互补;县小学每年交流不超过 6 人,其他学校每年交流教师不超过 3 人。交流期限为 2 年 交流程序:自愿申报、学校推荐、教育局审核;每年 7 月初完成 教师管理:评优选先、职称评定、骨干教师的评选、年终专业技术职务考核在接收学校进行 教师考核:德、能、勤、绩、学;课堂展示、传教帮带、班级管理、资源共享等履职情况;领导、教职工满意度 教师待遇:享受乡小学交通生活补助;享受较高标准和双重待遇
2016	D 县教育局	D 县关于开展小学教师南北部交流的实施方案	指导思想:为强化教师整体素质,构建交流制度,优化配置教师资源,缩小校际之间的差距,促进各校的均衡发展 工作目标:要充分调动交流校长教师能力,促使我县南北部教师队伍均衡、协调发展,从而达到全面提高我县教师队伍综合素质和教育教学质量的目标 交流范围:县域内各小学教师 交流学校:苏小、春小与唐小学、边角小学、松小、卡小与阿小、江小、强小与旁多小学 交流期限:教师交流在岗时间必须满 1 年,经考核不合格者延长交流时间 管理与奖惩:由派往学校进行管理和考核,人事关系保留在原学校。不服从管理或工作不认真负责的,将延长交流。交流教师工资、乡村教师补贴、交通补贴、伙食补贴等根据派往学校所在地海拔高度、气候条件;对于有交流成就的教师,优先考虑评优和职称评聘。教师交流期间的工作表现将作为岗位聘任、职称晋升、表彰奖励、提拔使用的重要依据。拒绝交流的教师,取消评优评先、职称评聘、岗位认定资格 保障措施:强化组织领导,做好宣传动员,认真组织实施

续表 6

时间	单位	文件名称	主要内容
2017	E 县教育局	E 县义务教育学校校长师交流轮岗暂行实施办法	指导思想:提高教师素质、建立教师交流机制,促进均衡发展,缩小校际之间师资差距,逐步实现城乡教育一体化 基本原则:分步实施,逐步推进;自愿要求与组织推荐相结合 双向交流;公开、公平、公正 交流范围:县乡镇内各中小学 条件对象:交流人数按当年一级职称评审人数为准;工作满 3 年以上、各校含任中层以上职务教师(学校书记、正副校长、教务主任和后勤主任) 交流时间:教师交流期限为 1 年 交流程序:自愿申报、学校推荐、以评定中级及中级以上职称的教师,教育局审核。每年 3 月初完成 交流人员:羊小到龙小、朗小到格小、格小到羊小、格小到龙小 乌小到塘小、龙小到乌小、宁小到龙小、乌二到乌一 公小到乌二 交流管理:双重管理,以接收学校管理为主。评优选先、骨干教师的评选、年终专业技术职务考核在接收学校进行 交流考核:平时考核与年度考核相结合,考核交流教师在课堂展示、传教帮带、班级管理、资源共享等方面履行职责的情况和遵守学校规章制度、病事假情况及接收学校领导、教职工满意度等,填写《E 县教师交流期满考核表》。对德、能、勤、绩、学等评定,教育局备案 交流待遇:工龄、教龄及专业职务任职年限连续计算,工作中成绩突出、师德优良、业务精湛,做出了突出贡献的优秀交流教师予以表彰。同等条件下,优先考虑交流教师 交流教师节日慰问金,由教育局发放的,按派出、接收学校的较高标准执行;由学校自行发放的,交流教师享受接收学校的待遇。交流教师在接收学校任班主任的,其岗位津贴由教育局统一发放。在全县举行统考时,交流教师所教班级与交流前一年的名次相当(如果前一年未参加全县统考,则与交流前两年的名次相比),获奖、不奖不罚的,按照修订的《小学教学质量考核暂行办法》执行;关于奖罚的所有制度与县教育局教研室奖罚制度为准执行

续表6

时间	单位	文件名称	主要内容
2017	F县教育局	F县小学教师轮岗交流实施办法	交流原则:分步实施,逐步推进;自愿要求与组织推荐相结合;双向交流,注重实效;公开、公正、公平
			交流范围:聂小与茶小;达小与南小学;才小学、县小与奴小学;县中学和市直小学校长教师在市域内交流轮岗。县中学符合交流条件的校长教师由县教育局统一组织送教下乡到每一所乡村小学
			条件对象:全体教师(包括各科室人员)45岁以下;自愿报名参加交流的;既利于工作又利于生活的;县级(含县级)以上骨干教师的;在学校工作年限相对较长的
			交流数量:根据交流学校具体情况而定(交流时学科要对应),但一所学校的交流教师最多不超过5人
			交流时间:校长教师交流期限不少于3年
			交流程序:自愿申报,学校推荐,教育局审核后下发各校。每年7月初完成
			交流管理:派出学校和接收学校双重管理,接收学校要提供必要的工作、学习和生活条件。评优选优、职称评定、骨干教师的评选、年终专业技术职务考核在派出学校进行
			交流考核:平时考核与年度考核相结合的原则,以平时考核为主建立健全相关档案。交流校长教师每学年对自己德、能、勤、绩、学等方面工作进行全面总结,学校对其总结进行评定,交县教育局备案。交流校长教师拒不接受学校工作安排的,年度考核不得评定"称职"及以上等次
			交流待遇:工龄、教龄及专业职务任职年限连续计算,当年的职称考试分数线以派出学校的分数线为准。对在交流工作中成绩突出、师德优良、业务精湛,做出了突出贡献的优秀交流校长教师予以表彰。交流校长教师在接收学校任校长、教导主任(含其他中层干部)和班主任的,其岗位津贴由教育局统一发放。

注:资料来源于L市各县教育局。

2. L市所辖各县校长教师交流政策激励的主要内容

L市所辖各县校长教师交流文本中政策激励主要涉及三方面的激励内容:经济待遇激励;精神奖励激励;惩罚激励。

(1)经济待遇激励 L市所辖各县为交流校长教师提供的经济待遇激励属于薪酬激励。为确保交流校长教师待遇不降低,L市所辖各县校长教师交流政策中规定:校长教师交流期间的基本工资和发放渠道不变,工龄、教龄和专业职务任职年限连续计算;交通和生活补助,根据派出学校和接收学校标准,按照较高标准发放,在节日慰问金等方面享受最高标准和双重福利;在接收学校任中层干部、班主任的,其岗位津贴由教育局统一发放;接受学校为交流校长教师提供必要的工作、学习和生活条件。

(2)精神奖励激励　L市所辖各县为交流校长教师提供的精神激励主要集中在表彰、奖励、评优评先、职称评聘和骨干教师评选等方面。文件规定:县教育局对在交流工作中成绩突出、师德优良、业务精湛和做出突出贡献的优秀交流教师予以表彰,并授予"优秀交流教师"荣誉称号;同等条件下对有交流经历的教师给予职称和评优等方面的优先考虑;交流教师所教班级与交流前一年的全县统考名次相比,每提高一个名次,奖励一定的奖金;职称评定按照交流前一年和交流期间所教班级中统考的最高名次计算。

(3)惩罚激励　作为一种负强化激励,L市所辖各县的交流政策中对校长教师交流期间的行为有明确的要求。文件规定:交流教师拒不接受学习工作安排的,年度考核不得定为"称职"及以上等次,当年不得晋升薪级工资;交流教师按照修订的《小学教师质量考核暂行办法》受罚的,所罚金额减半;交流教师在交流期间不履行职责、失职,出现重大教学事故,造成不良影响者予以严肃处理;交流期满后考核验收不合格者视情节而定,在条件相对艰苦偏远学校交流的教师延长交流时间,在条件相对较好学校交流的教师延长职称评定年限,取消下一学年的评优评先资格及职称评定延期一年等物质惩罚与精神惩罚相关内容。

3.L市所辖各县校长教师交流政策激励现状调查

为客观反映L市所辖各县校长教师交流政策激励的实际情况,从2015年9月开始至2017年9月,本研究在L市教育局领导与师资科工作人员的大力协助下,选取L市所辖各县域作为样本,以集体访谈、结构式访谈和问卷调查的形式,分别在2015年9~10月进行了预调研,2016年6~8月进行了二次调研,2017年6~9月展开了正式调研。其中,共进行了6场次、每场次不少于20人的集体访谈,并选取28名交流教师和10名交流校长进行了深度访谈。本项调研采用普遍调查方法,进行全面抽样,针对6个县的全体校长和所有中小学教师发放问卷,全面摸底交流校长和交流教师人数。共回收交流教师问卷452份,去除雷同问卷和数据缺失问卷,有效问卷359份,有效率为79.4%;回收交流校长问卷50份,其中有效问卷41份,有效率为82.0%。被试者基本情况及访谈对象基本信息见表7、表8。

表7 L市所辖各县交流校长教师的基本情况

项目	被试者特征	交流校长(N=41)		交流教师(N=359)	
		人数	有效百分比	人数	有效百分比
性别	男	34	82.9%	138	38.4%
	女	7	17.1%	221	61.6%
年龄	20~30岁	1	2.4%	82	22.8%
	31~35岁	8	19.5%	90	25.1%
	36~45岁	24	58.5%	142	39.6%
	46~55岁	8	19.5%	45	12.5%
最高学历	中专	0	0	3	8.0%
	大专	12	29.3%	144	40.1%
	本科	29	70.7%	211	58.8%
	硕士研究生	0	0	1	3.0%
教龄	1~5年	1	2.4%	56	15.6%
	6~10年	3	7.3%	64	17.8%
	11~15年	14	34.1%	86	24.0%
	16~20年	12	29.3%	71	19.8%
	21年以上	11	26.8%	82	22.8%
职称	初级及以下	5	12.2%	149	41.5%
	中级	33	80.5%	194	54.0%
	高级	3	7.3%	10	2.8%
	特级	0	0	6	1.7%
所在单位	县城小学	5	12.2%	104	29.0%
	县城中学	14	34.1%	7	1.9%
	农牧区小学	21	51.2%	238	66.3%
	城乡接合部	0	0	7	1.9%
	其他	1	2.4%	3	0.8%
交流方式	县城小学流到农牧区小学	5	12.2%	99	27.6%
	县城中学流到农牧区小学	13	31.7%	8	2.2%
	农牧区小学到农牧区小学	19	46.3%	216	60.2%
	县城小学交流到县城小学	0	0	16	4.5%
	农牧区小学到县城小学	4	9.8%	20	5.6%

表8　38个访谈对象的基本信息

序号	类别	教龄/年	交流方向	流动时间	所辖县域	编码
1	教师	12	从农牧区小学到农牧区小学	1.5年	A县	A-t-05
2	校长	5	从县城小学流到农牧区小学	2年	A县	A-j-14
3	教师	6	从农牧小学流到农牧区小学	1年	A县	A-t-16
4	教师	5	从县城小学流到农牧区小学	1年	A县	A-t-11
5	校长	16	从县城中学流到农牧区小学	1.5年	A县	A-j-07
6	校长	18	从县城小学流到农牧区小学	2年	A县	A-j-12
7	教师	21	从县城小学流到农牧区小学	3年	B县	B-t-01
8	教师	5	从县城小学流到农牧区小学	1年	B县	B-t-11
10	校长	19	从县城小学流到农牧区小学	2年	B县	B-j-06
11	教师	6	从县城小学流到农牧区小学	2年	B县	B-t-02
12	教师	5	从农牧区小学流到县城小学	1年	B县	B-t-04
13	教师	6	从农牧区小学到农牧区小学	1年	B县	B-t-17
14	教师	8	从农牧区小学流到县城小学	2年	B县	B-t-09
15	校长	15	从县城小学流到农牧区小学	1年	B县	B-j-10
16	教师	8	从农牧小学流到农牧区小学	1年	B县	B-t-19
17	教师	12	从县城小学流到农牧区小学	2.5年	C县	C-t-12
18	教师	5	从县城小学流到农牧区小学	1.5年	C县	C-t-21
19	教师	6	从县城小学流到农牧区小学	0.5年	C县	C-t-04
20	校长	13	从县城小学流到农牧区小学	1.5年	C县	C-j-03
21	教师	9	从县城小学流到农牧区小学	1.5年	C县	C-t-18
22	教师	23	从县城小学流到农牧区小学	3年	D县	D-t-08
23	教师	7	从县城中学流到农牧区小学	1.5年	D县	D-t-09
24	校长	11	从县城小学流到农牧区小学	2年	D县	D-j-12
25	教师	5	从县城小学流到农牧区小学	2.5年	D县	D-t-03
26	校长	12	从县城小学流到农牧区小学	1.5年	D县	D-j-04
27	教师	5	从农牧区小学流到县城小学	2年	D县	D-t-14
28	教师	10	从县城小学流到农牧区小学	2年	D县	D-t-21
29	教师	6	从县城小学流到农牧区小学	2年	E县	E-t-20
30	教师	7	从县城小学流到农牧区小学	1.5年	E县	E-t-10
31	教师	5	从县城小学流到农牧区小学	1年	E县	E-t-13
32	教师	6	从农牧区小学流到县城小学	1.5年	E县	E-t-02

续表8

序号	类别	教龄/年	交流方向	流动时间	所辖县域	编码
33	教师	7	从农牧区小学流到县城小学	1.5年	E县	E-t-15
34	校长	10	从县城小学流到农牧区小学	2年	F县	F-j-12
35	教师	8	从县城小学流到农牧区小学	2年	F县	F-t-16
36	校长	10	从县城小学流到农牧区小学	1.5年	F县	F-j-05
37	教师	5	从县城小学流到农牧区小学	2年	F县	F-t-06
38	教师	20	从县城小学流到农牧区小学	2年	F县	F-t-08

（1）问卷设计与数据统计 为验证政策激励与交流校长教师积极性间的显著关系，全面分析交流政策对交流校长教师积极行为产生的影响，本书不仅通过问卷调研方式考察交流校长教师对政策满意度和政策需求的现实情况，并以物质奖励、精神奖励和惩罚作为政策激励的分量表收集数据。量表设计首先根据校长教师交流政策文本，界定物质奖励、精神奖励和惩罚的具体内容，归纳各指标中具体可测量的问题，并结合交流校长教师对政策的需求，设计相关题项。其次，通过对交流校长教师访谈，广泛听取交流校长教师对政策的评价。最后，用头脑风暴方法征求导师、当地教育局领导、县域内教育专家对问卷初稿的观点和建议，讨论之后通过意见反馈对问卷进行有效性评判和修正。为了保证最终测量问卷的有效性和可靠性，数据回收后在两次预调研中选取部分交流校长教师进行预测试，删除各量表题项中因子载荷<0.5的题项，最终得到物质奖励分量表、精神奖励分量表和惩罚分量表各包含4个测量条款共12个测量条款的政策激励量表，见表9。

表9 政策激励测量变量及问题设计

政策激励构成要素	变量	测量条款
物质奖励	x_{P1}	参与交流后的工资、奖金、绩效、福利等薪酬变化
	x_{P2}	参与交流的各项津贴和补贴包括住房、交通等补贴
	x_{P3}	交流中的医疗、餐饮、子女教育等各种保障
	x_{P4}	交流中编制岗位等的保障，让交流很安心

续表9

政策激励构成要素	变量	测量条款
精神奖励	χ_{P5}	交流后得到职务晋升和职称评聘的机会
	χ_{P6}	参与交流得到的荣誉奖励和评优评先的机会
	χ_{P7}	参与交流获得的专业培训、学术科研学习机会
	χ_{P8}	交流中教学质量提高和所获得教育满足感
惩罚	χ_{P9}	交流中没有完成任务不能得到职务晋升等优惠政策
	χ_{P10}	交流中学生的成绩没有显著提高会受到相应的惩罚
	χ_{P11}	交流中教育工作不积极、教育态度不端正会受到惩罚
	χ_{P12}	交流中师德不良,作风不正,经常缺课,早退迟到会处罚

(2)数据初步描述统计 面对交流政策,交流校长教师有更多具体的物质与精神方面的需要,尤其在交通补助、住宿条件、教育环境、生活环境、个人能量发挥、学习培训机会、受到尊重、赢得信任和欣赏以及发挥个人能量等方面有更高的需求,见表10。

表10 交流校长教师对政策激励的迫切需要

项目 百分比	奖金 福利	补贴 津贴	交通 补助	薪酬 待遇	绩效 工资	住宿 条件	教育 环境	生活 环境	校车 接送	娱乐 活动	晋升 机会
交流 校长	43.9%	39%	70.7%	31.7%	43.9%	41.5%	78%	70.7%	51.2%	34.1%	19.5%
交流 教师	35.9%	48.6%	67.4%	42%	37.3%	62.4%	69.3%	65.7%	35.1%	27.1%	—
项目 百分比	培训 学习	表彰 奖励	受到 尊重	信任 欣赏	职称 评聘	发挥 能量	成长 机会	获得 荣誉	领导 培育	岗位 聘用	评优 评先
交流 校长	73.2%	41.5%	56.1%	68.3%	—	69.8%	48.8%	22%	24.4%	—	41.5%
交流 教师	77.3%	56.1%	64.6%	68%	57.7%	71.2%	45.6%	22.7%	44.5%	33.4%	35.7%

为了简化运算的分析过程,对本文中的物质奖励、精神奖励和惩罚进行单一化的处理,取各变量及其各维度的所有题项的均值作为该变量的值。采用SPSS17.0对各变量进行描述统计分析,从而了解政策对校长教师交流的激励效果。均值越高则激励效果越明显,标准差越小则测试结果越趋同。其中,物质激励、精神激励和惩罚激励取值分别为4个题项得分的均值。具体情况见表11。

表 11　政策激励的描述性统计量

变量				交流校长（N=41）		交流教师（N=359）	
	维度	细化指标	变量	均值	标准差	均值	标准差
政策激励	物质奖励	提高福利	x_{P1}	2.609 8	1.376 19	2.986 1	.955 62
		得到补贴	x_{P2}	2.634 1	1.112 57	2.877 4	1.036 50
		得到保障	x_{P3}	2.902 4	1.157 69	3.000 0	.865 22
		岗位安心	x_{P4}	2.707 3	1.209 21	2.774 4	.937 61
	精神奖励	晋升评聘	x_{P5}	2.951 2	.998 78	2.952 6	.948 68
		荣誉评优	x_{P6}	2.780 5	.962 09	2.883 0	1.023 59
		培训进修	x_{P7}	2.829 3	.891 70	2.974 9	.987 03
		教育满足	x_{P8}	2.878 0	1.326 56	2.729 8	1.244 87
	惩罚	职务受罚	x_{P9}	2.682 9	1.273 56	3.083 6	.857 91
		质量受罚	x_{P10}	3.365 9	1.156 64	3.103 1	.941 27
		态度处罚	x_{P11}	2.951 2	1.047 65	3.189 4	.907 94
		管理处罚	x_{P12}	3.414 6	1.182 70	3.175 5	.906 13
积极性 y				2.853 7	1.236 14	2.916 4	.764 97

交流校长和交流教师在交流中的积极性均值分别为 2.853 7 和 2.916 4,均小于平均值 3,说明交流校长教师的积极性没有得到充分发挥。校长交流中,物质奖励、精神奖励和惩罚的均值 ($\overline{X} = \sum {}^{X}/n$) 分别为 2.878,2.860 和 3.104,总体政策激励的均值 $\mu = \sum {}^{X}/N = 2.888$;在教师交流中,物质奖励、精神奖励和惩罚的均值 ($X' = \sum {}^{X}/n$) 分别为 2.909,2.885 和 3.138,政策总体激励的均值 $\mu' = \sum {}^{X}/N = 2.977$。其中,无论是交流校长还是交流教师,物质奖励和精神奖励的均值均小于平均值 3,惩罚均值均高于平均值 3,说明惩罚的效果最为明显,物质奖励的特征最不明显,说明 L 市所辖各县校长教师交流政策中,惩罚对交流校长教师积极性的影响程度较大,但激励程度只达到中等水平,可见,校长教师交流政策在实施过程中的激励效果并不显著。

（3）政策激励对交流校长教师积极性的影响　为深入分析交流政策对交流校长教师积极性的调动情况,将交流校长教师的积极性作为被解释变量(定义为:积极性很强为 5、较强 4、一般 3、较弱 2、很弱 1,共含有五个分类水平),政策激励各构成要素为解释变量,采用李克特五点量表计分法对变量进行测量并计分,检验物质奖励、精神奖励和惩罚对交流校长教师积极性的影响程度。

一是,通过测量得出政策激励的 Cronbach's α 系数分别为 0.853(被试者为交流校长)和 0.898(被试者为交流教师),说明政策激励各量表测量项目具有较高的同质性,见表 12。

表 12 政策激励量表的可靠性

维度	Cronbach's α(交流校长)	Cronbach's α(交流教师)
物质激励	0.843	0.919
精神激励	0.823	0.863
惩罚激励	0.883	0.895
总体 Cronbach's α	0.869	0.898

二是,通过因素分析对问卷结构效度进行检验。先通过 KMO 与 Bartlett 检验来判断相关矩阵的适切性,然后进行因素分析。分析结果显示,交流校长的球形检验卡方值为 308.191(自由度为 66);交流教师的巴特利特球度检验统计量的观测值为 2 991.720(自由度为 66),均达到显著水平。交流校长和交流教师的 KMO 取样适切性检验值分别为 0.777(交流校长)和 0.866(交流教师),均达到显著。意味着变量间的相关性较强,表明总体的相关矩阵间有公共因子存在,见表 13。

表 13 政策激励的 KMO 与 Bartlett 检验

Kai ser-Meyer-olkin 取样适切性量数		交流校长(N=41)	交流教师(N=359)
		.777	.866
Bartlett 球形检验	近似卡方分布	308.191	2 991.720
	自由度(df)	66	66
	显著性(sig)	.000	.000

政策激励各题项载荷因子均大于 0.5,表明政策激励解释变量的结构效度较好。见表 14。

表14 政策激励提取的公因子方差

	χ_{P1}	χ_{P2}	χ_{P3}	χ_{P4}	χ_{P5}	χ_{P6}	χ_{P7}	χ_{P8}	χ_{P9}	χ_{P10}	χ_{P11}	χ_{P12}
交流校长	.889	.758	.667	.502	.543	.726	.739	.890	.899	.760	.674	.808
交流教师	.842	.829	.755	.825	.657	.711	.672	.821	.711	.814	.767	750

提取方法:主成分分析

(4)研究发现 在交流校长样本中,由表15政策激励的因素分析发现,12个解释变量测量题项存在3个公共因子。交流校长样本因子分析结果分别可以解释41.84%,19.50%和12.45%的变异量,合计可以解释73.79%的总体变异量,说明政策激励量表结构效度较高;经主成分分析法(通过Kaiser标准化正交旋转后的因子矩阵,见表2-16)各构成因素的题目均有4题,构成因素一的题目分别为第P9,P12,P11,P10题,构成因素二的题目分别为第P1,P2,P3,P4题,构成因素三的题目分别为P8,P7,P6,P5,根据题目的特性,分别可命名为"惩罚激励""物质激励"和"精神激励"。

在交流教师样本中,由表15可见,交流教师样本分别可以解释48.17%,17.97%和10.13的变异量,合计为76.28%,说明,政策激励量表结构效度较高;经主成分分析法(通过Kaiser标准化正交旋转后的因子矩阵,见表16)各构成因素的题目均有4题,构成因素一的题目分别为第P1,P2,P3,P4题,构成因素二的题目分别为第P5,P6,P7,P8题,构成因素三的题目分别为,P9,P10,P11,P12,根据题目的特性,分别可命名为"物质激励""精神激励"和"惩罚激励"。

那么交流政策对交流校长教师教育教学积极性行为的调动情况如何,如考虑政策相关变量共同作用的显著性,应建立如下计量模型进行分析:

$$y_{principal} = \alpha + \beta_1\chi_1 + \beta_2\chi_2 + \cdots + \beta_m\chi_m + \Gamma_1\chi_{m+1} + \cdots + \Gamma_k\chi_{m+k} + \varepsilon \quad (交流校长)$$

$$y'_{teacher} = \alpha' + \beta'_1\chi'_1 + \beta'_2\chi'_2 + \cdots + \beta'_m\chi'_m + \Gamma'_1\chi'_{m+1} + \cdots + \Gamma'_k\chi'_{m+k} + \varepsilon' \quad (交流教师)$$

要考虑变量$\chi_1, \chi_2, \chi_3 \cdots, \chi_m$对被解释变量的共同作用必须检验这些变量联合作用的显著性。原假设H_0为:$\beta_1 = \beta_2 = \beta_3 = \cdots = \beta_m = 0$,$H'_0:\beta'_1 = \beta'_2 = \beta'_3 = \cdots = \beta'_m = 0$,即解释变量对被解释变量不产生影响;备择假设$H_1$为:$\beta_1, \beta_2, \beta_3 \cdots, \beta_m$或$\beta'_1, \beta'_2, \beta'_3 \cdots \beta'_m$中至少一个不等于无所作为零,即解释变量对被解释变量的影响不同时为零。由此,进行检验的统计量为:$F = (SSR-SST)/SST \cdot (n-k-1)/k$,该统计量服从$F(m, n-k-1)$分布,其中,受约束的残差平方和为SSR,$n$为总样本数量,$k$为变量个数,$m$为联合假设参数的数量。若该F统计量显著,拒绝原假设接受备择假设,则说明政策激励各变量影响比较显著,如果F

统计量不显著,接受原假设,说明解释变量对被解释变量不产生影响。计算结果显示,交流校长的 F 统计量值为19.289,在5%水平显著;交流教师的 F 统计量值为1 068.634,在5%水平显著;因此,可以拒绝原假设,说明实施政策激励对交流校长教师的积极性有显著影响。

通过以上检验分析可以发现:物质奖励、精神奖励和惩罚能够对交流校长教师的积极性产生显著正向影响,影响的方向与程度随政策激励程度的变动而变化,物质奖励、精神奖励、惩罚三个维度对交流校长教师积极性影响的联合检验共同说明,POTW 理论模型中的政策激励适切于校长教师交流激励研究。

表15　政策激励解释的总方差

交流校长						
成分	提取平方和载入			旋转平方和载入		
	合计	方差的%	累积%	合计	方差的%	累积%
1	5.021	41.839	41.839	3.196	26.630	26.630
2	2.341	19.504	61.343	2.861	23.843	50.473
3	1.493	12.445	73.788	2.798	23.315	73.788
交流教师						
成分	提取平方和载入			旋转平方和载入		
	合计	方差的%	累积%	合计	方差的%	累积%
1	5.780	48.170	48.170	3.245	27.045	27.045
2	2.157	17.973	66.143	3.004	25.032	52.077
3	1.216	10.134	76.277	2.904	24.199	76.277

提出方法:主成分分析。

表16　政策激励因子矩阵

	交流校长							交流教师					
	成份矩阵			旋转后成份矩阵[b]				成份矩阵			旋转后成份矩阵[b]		
	1	2	3	1	2	3		1	2	3	1	2	3
x_{P9}	.664	−.672	.080	.917	.237	−.049	x_{P1}	.735	−.501	.224	.873	.238	.152
x_{P12}	.503	−.725	.175	.890	.057	−.114	x_{P2}	.662	−.556	.286	.893	.138	.107
x_{P11}	.613	−.481	.258	.801	.101	.148	x_{P3}	.728	−.452	.145	.803	.299	.143
x_{P10}	.843	−.197	.104	.678	.408	.366	x_{P4}	.662	−.592	.190	.883	.210	.035

续表 16

	交流校长							交流教师					
	成份矩阵			旋转后成份矩阵[b]				成份矩阵			旋转后成份矩阵[b]		
	1	2	3	1	2	3		1	2	3	1	2	3
x_{P1}	.746	.215	-.534	.114	.907	.229	x_{P5}	.646	.430	.234	.154	.263	.751
x_{P2}	.593	.227	-.596	-.006	.862	.124	x_{P6}	.626	.515	.231	.081	.261	.798
x_{P3}	.742	.101	-.326	.262	.725	.269	x_{P7}	.539	.506	.354	.083	.110	.808
x_{P4}	.598	-.058	-.377	.278	.649	.063	x_{P8}	.645	.559	.304	.088	.221	.875
x_{P8}	.640	.566	.401	.087	.180	.922	x_{P9}	.739	.101	-.393	.208	.776	.257
x_{P7}	.444	.262	-.588	-.138	.152	.835	x_{P10}	.797	.077	-.415	.250	.827	.259
x_{P6}	.659	.670	.303	.138	.190	.819	x_{P11}	.732	.045	-.479	.211	.832	.172
x_{P5}	.655	-.017	.337	.507	.143	.515	x_{P12}	.774	.070	-.381	.255	.786	.260

0 提取方法:主成分分析法;

旋转法:具有 Kaiser 标准化的正交旋转法;

a. 旋转在 4 次迭代后收敛。

(5)交流校长教师的亲身感受　在交流校长教师眼中,交流政策成效不显著、福利补助偏低、保障不足、得不到应有的重视与褒奖、专业发展不能得到满足是他们对交流政策最主要的体验。

交流的实际意义不大:(访谈语录)

我从 2006 年开始参加工作,先后在三所学校交流过,参与交流的过程中个人认为交流政策弊大于利,交流下去的老师当中大部分老师起到的作用不是很明显。无论是对教师个人的心态还是流入校的教学质量都没有什么好处,因为轮岗教师自始至终都不会把全部心思放在流入学校,教师责任感不强,心理抱着过一天算一天的想法,反正轮岗期满可以回原学校。同时,流入校一般不会给你成绩好的班级,自己付出再多努力,回报也是很少很少,甚至根本就看不见,导致优秀教师在流入校不仅发挥不了个人潜能,反而会变得消沉,对工作没有激情,不能体现应有的作用和自身特长;对于学生而言,调换老师的次数过多会影响学生成绩,这样对学生也不公平,感觉交流政策没有对自己的工作起到激励的作用,毫无意义(样本 C-t-12)。

福利补助偏低:(访谈语录)

我是 1994 年参加工作的,去过很多个学校,在偏远的学校也交流过,偏远的农牧区学校除了本地人很少有人待在那儿,都愿意去条件好的地方,所以基本留不住好教师。我个人觉得主要是交通补助、生活补助和各项福利补助都太低,虽然农牧区四类地区的工资比一类二类地区高,但是气候不好又缺氧,学生学习能力差、成绩普遍偏低,没有老师愿意每月多加几百块去艰苦的地方(样本 D-t-08)。

保障不足:(访谈语录)

我从教12年,在工作的地方建立了自己的小家庭,为了更好地孝顺父母便把他们接到身边一起生活。在交流中我很愿意将自己的教学方法和经验分享给其他老师并与其共同进步。但是,自家小孩和老人没人照顾,作为老师我们为其他孩子服务,而当自己的孩子要上学时却无人问津,另外到了交流学校,住宿条件、生活环境都很不如人意,更让人无法安心工作(样本 A-t-05)。

得不到重视与褒奖:(访谈语录)

我是1997年师范学院毕业后分配到本县的小学老师,于2004年8月—2006年8月到吉日乡(别名)中心小学交流,任教四年级的数学课程,起初由于学生都是从农牧区来的,听惯了方言,加上他们还很小,理解能力不强,教学根本不能按照计划正常进行。后来通过我自己琢磨改善教学方法,学生慢慢适应后敢于提问题而且思维方式有了很大改变,交流期满等他们升到初中,初中的数学老师对他们给予了很高评价。但是这些努力根本就得不到足够的重视,也没有什么额外的奖励,并且流入学校的领导一直对交流过来的老师有很多偏见,不能同等对待。我认为,只单纯地对学生的学业成绩评价而不对老师的付出给予肯定,只看到表面的东西,没有看到学生内在的转变,长期如此交流老师慢慢地就没有激情了。如何对交流过程中所产生的业绩进行评定,要做出一个非常详细并具有前瞻性的计划才行,千万不要让交流成为某些老师晋升的跳板(样本 B-t-01)。

专业发展不能满足:(访谈语录)

我从2011年9月—2013年8月去荣嘎小学交流两年。自认为交流能为偏远学校做出一点贡献会很有成就感,同时也想提高自己的业务能力和知识水平。但在交流过程中感觉自己无用武之地,起到的作用不明显,因为一所好学校由很多因素构成,它的周期性非常长,如果要改变是不可能一下子能够成功的。校长交流很难入手,时间短加上每个学校管理模式的差异性,如果对交流校长没有交流前专业成长方面的培训,很难将自己的管理和领导风格融入流入学校,反而因很多交流老师抱怨轮岗期间评职称困难,不能享受评优资格从而对交流政策抵触,让我有很多挫败感(样本 F-j-12)。

第二节　校长教师交流中的政策激励困境

只有当政策能够提供给交流校长教师激励,使参与交流的校长教师在追求个人利益的同时客观上也实现既定政策目标,这时政策才可能达到预期效果[①]。政策的激发作用体现在为受激者提供资源支持、赋予其行为权力等方面[②]。上述数据说明了政策激励与交流校长教师积极性间呈显著正相关关系,证明 POTW 模型中的政策激励适用于校长教师交流激励研究。但要全面分析政策激励效果不佳的成因,还要结合访谈内容、测量指标及具体交流政策,进一步探讨政策激励问题。

(一)校长教师交流中的支持性政策问题

校长教师交流政策的激发作用以制定支持性交流政策为前提。支持性交流政策是指为鼓励校长教师参与交流而设置的各项提升交流知识和技能的研修活动、奖励机制以及行政管理支持措施等一系列制度体系[③]。在现实层面,由于一些贫困地区校长教师交流中支持性制度设计的民主性问题突出,导致校长教师交流实践活动面临一些亟待克服的困难,而校长教师交流的支持性制度阻滞主要表现为全面薪酬激励不足。

乔瑟夫·J.马尔托奇奥(Joseph J. Martocchio)将全面薪酬划分为"外部薪酬"和"内部薪酬"。"外部薪酬"包括货币形式的基本工资、生活成本、绩效工资、奖金和非货币回报的医疗养老保险、带薪休假、服务等;"内部薪酬"包括不能以货币形式量化的奖励价值、培训机会、晋升机会、文化、环境、成就感、人际关系等[④]。外部薪酬与内部薪酬均对校长教师交流产生激励作用。从校长教师交流政策激励的实证检验可见,校长教师交流实践活动中的外部薪酬激励集中体现在物质奖励和物质惩罚方面,内部薪酬激励主要体现在精神奖励和精神惩罚方面。

---

① 田国强.经济机制理论:信息效率与激励机制设计[J].经济学,2003(2):2-39.

②③ 蔡永红,王莉,左滨.中小学教师交流制度对交流意愿的影响:交流需要满足的中介作用[J].教育发展研究,2016(4):19-24.

④ 乔瑟夫.J.马尔托奇奥.战略薪酬管理[M].杨东涛,钱峰,译.北京:中国人民大学出版社,2010:4-5.

1. 外在薪酬激励不足

外部薪酬作为以物质奖励形式出现的经济性薪酬,是校长教师交流活动中政策激励的重要组成部分,涉及工资、绩效、津贴、福利、奖金、住房、交通、餐饮、医疗等物质激励内容。实证研究也表明,物质激励和物质方面的惩罚会直接对交流校长教师的积极性产生正向影响。L市所辖各县校长教师交流过程中的政策激励效果不佳,外在薪酬激励性不足是物质激励成效低下的主要原因。目前,我国偏远地区中小学教师的基本工资水平依据学校所处的地理位置和当地的物价水平来看,相对较低;义务教育绩效工资制度依然面临不同省域、不同县、区教师工资水平相差较大等问题[①],尤其在工资福利保障、交通、医疗、养老等方面均不能很好发挥较好的激励保障作用。调研发现,交流校长和交流教师在交通补助方面的迫切需要分别占 70.7%,67.4%;对教育环境的迫切需要分别占78%,69.3%;对生活环境方面的迫切需要分别占 70.7%,65.7%;对校车接送方面的迫切需要占51.2%;对住宿条件的迫切需要占62.4%,然而,这些在交流中的强烈需求没有得到充分满足,是导致物质激励效果不佳的主要因素。同时作为外部薪酬激励的惩罚,虽然在交流校长教师政策激励中表现出比较好的激励作用,但激励效果也只达到中等水平。另外,个案访谈发现,校长教师个体对自身所面临的特殊需求,如有针对性的福利计划、津贴、补贴等外在薪酬满意度较低;针对交流教师的住房建设、交通补贴、生活补偿、子女教育等保障措施配套政策跟进乏力,不足以让校长教师在流入校潜心教育;交通、住宿、饮食等生活保障措施不能令他们满意,尤其是生活环境和子女受教育等方面的问题较多。这影响了他们的交流情绪,导致县城校长教师到农牧区学校后"人在心不在",农牧区校长教师到县城学校后"水土不服",很难融入群体中达到应有的交流成效[②]。

其主要成因是长期以来,校长教师交流制度的制定一直采用自上而下的官僚组织模式和单一的集权式人事管理制度,过分强调上级组织和领导的权威而忽视交流校长教师对外部薪酬的实际意愿;校长教师作为交流主体在政策制定中其话语权处于封闭状态,没有自主权和自由选择权,缺乏沟通表达途径,致使外在薪酬并不能满足交流校长教师的实际需求,物质激励和物质形式的惩罚并没有发挥其真正的激励效用。

---

①　米锦平,代建军.当前我国中小学教师绩效评价的问题及反思[J].教育科学研究,2011(8):1.

②　张源源,刘善槐.县域内教师交流的机制梗阻与政策重建[J].中国教育学刊,2016(10):97－102.

2.合理的内在薪酬激励不足

（1）表彰奖励、评优评先、职称评聘、培养培训、职务晋升等精神激励制度欠缺　校长教师作为知识型员工其需求是多方面的,内在薪酬作为激发校长教师自身潜力和未来发展动力的主要手段,在交流活动中主要表现为精神激励和精神形式的惩罚两个方面。当前 L 市所辖各县校长教师交流制度仍然存在精神激励方面的诸多问题。

首先在教育行政部门层面:面临着编制紧张情况,存在"超编缺岗"现象。虽然交流教师对职称评聘方面的需求占 57.7% ,但由于农牧区学校教师配备偏紧,教师工作量满额,即使是全县统筹编制的县,也因撤点并校的推进带来编制紧张,导致校长教师交流过程中的职称评聘与岗位设置不合理,并不能满足交流校长教师对职称评聘和职务晋升方面的需求,使得部分交流校长教师实际利益受到严重损害;其次在学校层面:交流校长教师在交流前与交流中接受培训的机会少。在调研中发现,虽然交流校长和交流教师对培训学习方面的迫切需要分别占 73.2% ,77.3% ,对受到尊重的迫切需要占 56.1% ,64.6% ,对信任欣赏的需要占 68.3% ,68% ,对表彰奖励的迫切需要分别占 41.5% 、56.1% ,但因 L 市所辖各县校长教师在交流前的入职培训和交流中岗位培训较少,接触先进教学仪器的机会较少,流入学校对交流校长教师的思想、生活、工作、情感等方面的及时跟踪了解以及对其隐性贡献方面的褒奖较少,而致使交流校长教师在精神方面的需求未能得到满足,导致其交流热情受到挫伤,缺乏归属感与成就感;最后在教师个体层面:交流校长教师对政策的认同度较低,调研发现,大多数县城教师申请参加交流是为了评职称与晋升需求,农牧区教师到城镇学校也是从个人角度出发进行学习,对交流政策持否定态度者较多,同时,作为政策约束的精神惩罚激励也未能起到很好的激励作用,反而让很多交流校长教师增加了抵触情绪。

精神激励不完善的原因是多方面的,其中,主要原因是政府或教育行政机关往往作为单一政策主体,在教育政策方案设计中占绝对优势,易出现难以克服的自利性、价值偏好和有限认知理性局限等弊端,导致一定程度的公平性、民主性和科学性欠缺。然而教育管理主体应是一个多元的问题,如招聘录用、职称评审、调配交流等方面存在教育用人和治事相分离现象,教育部门难以牵头统筹管理整个教师队伍;教师的人事管理以学校管理为主,现行的校长教师交流制度与人事管理政策矛盾,缺乏由政府宏观调控、统一领导,各相关部门通力合作,全体教育系统人员积极参与共同制定的民主政策,校长教师只能被动执行既定制度,其切身利益与直接需要无法得以满足,致使校长教师交流制度的参与者与制度制定者割裂,交流制度的衔接细则缺失。

(2)校长教师专业能力需要方面的精神激励欠缺　由国家层面与地方层面的政策激励现实情况可见,校长教师交流政策的激励作用着重于外在的激励,具体表现在福利待遇、职称评聘、评先评优、职务晋升等如何让交流校长校长获得更多的优惠方面,而交流校长教师的专业能力、专业素养、专业成长等方面的需求往往被政策所忽视[①]。但专业成长对于交流校长教师而言是其职业生涯中重要的一环,交流政策牵涉交流校长教师的切身利益,其中个人专业发展是校长教师成长的关键。调研发现,交流校长教师对发挥个人能量方面的迫切需要占69.8%和71.2%。然而访谈中有部分教师反映,从县城学校交流到农牧区学校工作后,由于受生源质量及学校人文环境等各因素影响,进修学习机会较少,其专业发展停滞,流动结束回到原学校时,已经不能胜任教育教学工作,很难评上高一级职称。另外,交流教师在流入学校所教学科与专业不对口,导致交流校长教师可持续发展受阻。部分县城校长教师到农牧区大多走过场,为了评职称或评先进加分,没有考虑如何带动农牧区教师发展,部分农牧区学校校长教师到县城学校也是为了获得经历。加之,目前的交流制度尚未对交流校长教师在流入校的专业发展进行全方位评价,某种程度上也弱化了校长教师潜能的发挥。

参与交流的校长教师自身发展及其专业成长需要一直被忽视,其主要原因是现行的校长教师交流政策在制定时,实际上将交流行为主体的校长教师排除在外;本应作为流动主体参与的校长教师反而未曾参与政策的决策过程,在缺乏参与性的情况下,交流校长教师自身专业发展的高层次需求被政策体系所忽视;校长教师的个人意愿与流入学校的现实需求不匹配,作为具有强制性和权威性的政策体系,校长教师无法准确把握交流政策的实质,只能被动接受和服从,不能贯彻政策理念,更无从顾及自身能力成长与专业发展。

(二)校长教师交流中的补偿性政策问题

任何政策执行都不能无视地域环境的制约作用,校长教师交流政策的合理执行不仅是理性分析政策及对情境适应的过程,还是对现实重构的过程。校长教师交流政策在实

---

① 蔡永红,王莉,左滨.中小学教师交流制度对交流意愿的影响:交流需要满足的中介作用[J].教育发展研究,2016(4):19-24.

施过程中会反作用于具体交流情境,构建出新的教育现实与环境,参与交流的校长教师也会在交流过程中产生不同的体验与需求,而影响政策的后续执行与实效①。一些偏远贫困地区,尤其是部分少数民族地区,特殊的地域环境与教育复杂情境不仅会约束校长教师交流政策执行,同时也会因交流校长教师在交流过程中的不同体验与特殊需要而影响交流效果,其中补偿性制度保障体系是校长教师交流政策执行中对交流现实重构的产物,也是影响政策激励的关键性因素。

1. 校长教师交流的补偿性激励制度缺位

农牧区师资与县城师资从整体上相比具有明显差距是不争的事实。虽然城乡一体化与公平发展的教育政策已实属难得,但如果深思,在原有不公平的基础上简单地实施平等政策对校长教师交流激励并无助益。"在不平等的基础上实施平等的政策本身就是一种不公平。"②校长教师交流政策是对优质师资的权威性分配调整,这种调配必然会引起参与者的利益变化,会给校长教师个体的工作及生活带来不便,引起各种不适应,损害其个体利益。校长教师参与交流本身就是一种贡献,一种个人利益的牺牲。调研发现,L市所辖各县参与交流的校长教师尽管有种种担忧和顾虑,但仍能从大局出发,将个人利益和得失置于学校发展的利益之后,更多地以奉献精神投入交流工作,应及时给予肯定与奖励。然而,交流政策中并没有详细的补偿制度,通过问卷统计发现,L市所辖各县交流校长对交流政策基本满意的有40.4%,非常满意的只有4.9%,可见交流校长教师对政策激励的总体满意度较低。其中交流校长在对薪酬、奖金、津贴等物质奖励满意度的问题回答中有31.7%的人选择基本不满意,34.1%的人选择不知道,29.3%的校长认为基本满意,只有4.9%的校长非常满意;交流教师有4.7%完全不满意,21.4%基本不满意,28.7%不清楚,40.4%基本满意,只有4.7%非常满意(见图9)。与交流教师相比交流校长对物质奖励的满意度更低,可见交流校长对政策激励有更多的期待。

---

① 张灵.教师流动政策的执行路径冲突及其非均衡效应[J].教育发展研究,2016,36(Z2):19–23.

② 于海波.城乡教师流动改革的多维审视与路向选择[J].东北师大学报(哲学社会科学版),2017(2):136–141.

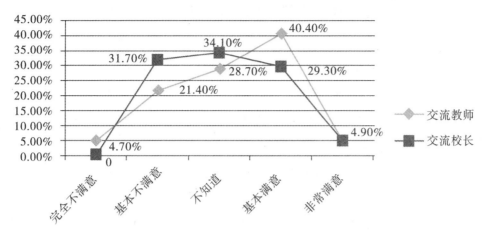

图9　交流校长教师政策激励满意度

补偿力度不足，补偿制度满意度较低，现行的补偿制度并没有满足交流校长教师的实际需要，其激励效果甚微，造成这种现象的主要原因是校长教师交流政策执行失真，降低了校长教师交流政策的合理性，制约了政策效能的发挥。其具体表现为：校长教师交流政策未能充分考虑校长教师利益群体的实际需要，在政策执行中对利益损失部分的补偿不利，缺乏差异化的补偿机制，包括缺少因流入农牧区而在经济收入、福利待遇等方面出现的直接损失进行的弥补；缺少因流入农牧区学校而在社会地位、生活条件、教育环境、文化氛围、社会资本等方面的间接损失进行的替代性补偿；缺少因流入农牧区学校而在荣誉、晋升、赞许、鼓励等方面的奖励性损失进行的褒奖。

2. 校长教师交流政策的补偿性激励不足

在物质激励层面校长教师交流政策主要通过增发补贴、各项津贴来弥补交流校长教师的各种经济损失，如农村教师补贴、山区教师补贴等。从全国各地来看，补偿性激励机制主要是对农村地区教师发放各类津贴，使其收入高于同期城镇教师水平。L市所辖各县规定，参与交流的学校干部和教师享受农村教师补贴。调研发现，交流校长教师除有晋升需求外，很少有优秀校长和骨干教师主动申请交流，即使将交流与评优评职称挂钩，也有部分校长教师不愿意参与交流。首先是L市所辖各县内地域辽阔，有些县域内的县城与农牧区之间相距一百多千米，学校布局分散，县域内学校间距离较远，交通不便，来回交通成本较高，现有的交通补贴"杯水车薪"，不足以弥补交流校长教师交通费用，加之没有舒适的住宿条件，给参与交流的校长教师带来诸多的障碍。其次是参与交流的都是工作五年以上有丰富教育教学经验的校长教师，面临"上有老下有小"及"周末夫妻"等家庭问题,被派出交流后,只能每周回一次家,难以照顾家中的老人和小孩,影响家庭稳定。另外,访谈发现,从县城到农牧区交流的校长教师的心理落差较大,相关的交流制度中并没有给予交流校长教师相应的心理补偿;农牧区学校办学条件、生活条件、师资力量相对薄弱,校长教师处境不利,没有足够的补偿激励,交流校长教师积极性难以调动,而更重要的是现有的补偿措施缺失法律保护依据,交流校长教师缺乏经济补偿的法律权力,即使是教育行政部门违反校长教师聘任合同而强制要求校长教师参与交流,并且交流到农牧区不给予其任何补偿,交流校长教师也无权通过法律途径维护自身的补偿权力,挫伤了校长教师交流的积极性。

校长教师交流中的补偿性激励力度不足的主要原因是由于政策执行的合理性缺失:学校只关注自我利益,而对交流校长教师的补偿则关注不力,对交流校长教师的权力、义务的法理性规定缺失。同时,因为校长教师交流政策执行中没有足够重视补偿性措施的法律规范,补偿性激励的法律保障依据不足,损害了参与交流的校长教师合法权益,剥夺了交流校长教师的正当权利。

(三)校长教师交流中的考评性政策问题

教育行政部门对校长教师交流的主导作用不仅体现在政策制定和执行上,还体现在对政策的评估改进上。对校长教师交流政策效果进行评价会揭示政策执行中被掩盖的一些主要政策问题。

1. 校长教师交流考核机制不健全

在校长教师交流政策评估中,针对交流校长教师进行科学考核是一个极其重要的问题。在L市所辖各县调研中,关于校长教师交流政策评价的问题调研中,有17.85%的交流教师和26.8%的交流校长认为"偶尔会"在政策评估中对他们进行调查,13.6%的教师和14.6%的交流校长认为"没有"政策评估没有考虑他们的看法,49.3%的教师和29.3%的交流校长"不知道"政策评估的情况。当问及"您认为交流效果如何"时,24.2%的交流教师和24.4%的交流校长认为没有效果,29.8%的交流教师和46.3%的交流校长认为有一点效果,34.5%的交流教师和17.1%交流校长不知道效果如何。访谈中参与交流的校长认为,交流政策效果甚微,主要是没有对直接参与交流的校长教师进行全面的考核,考核内容不仅应该包括教学成绩,还要包括学生成长(行为改变、普通话水平提高、文明礼貌程度提高)、校园文化建设、薄弱学校教师观念改善等方面的具体考核内容:一方面,目前 L 市对参与交流的校长教师的考核主要集中在学生学习成绩方面,并对交流中教师教学任务和学生成绩下降提出了惩罚措施,交流制度中缺乏校长教师在流入校对学生发展的影响、对流入校学科建设及教师成长等方面贡献的考核,在某种程度上弱化了交流校长教师对政策的满意度;另一方面,县级教育部门缺乏对交流校长教师考核过程、结果等方面的监督,考核过程监督透明度不高,通过报纸、网络、电视等方式公开校长教师交流信息的渠道不畅通,各县教育局及各学校网站信息不完善,信息公开程度不高,信息数量严重不足,公众无法全面了解所在县域内校长教师交流状况,监督不力。

校长教师交流效果直接影响交流政策评估的改进性,对参与交流的校长教师做出的有形、无形的贡献无法进行全面考核,会直接导致校长教师交流政策的及时调整与修正。造成这种现象的主要原因是一些偏远地区、少数民族地区县域校长教师交流活动中缺乏科学的绩效考核机制、公平公正的政策评估机制和政策监督机制;"县管校聘"管理体制缺失,校长教师的学校人本位思想严重,在交流过程中会选择性的执行政策现有的规定性内容,对于无法进行考核的隐性成绩与贡献存在躲避心理,在工作之余尽量做到与己无关的事不去触碰,更加剧了对交流校长教师考核的难度,进而影响了交流政策的适时改进。

2.校长教师评价体系不完善

对校长教师交流中的实际表现进行科学评价的目的在于确立和衡量校长交流政策效果,充分发挥政策评价的导向、激励和改进的功能。调研发现,L 市部分县域实施了《教师交流满意度评价》制度,规定接收学校领导、教职工对交流教师的工作情况进行登记并对其履行职责情况、遵守学校规章情况、病事假情况进行评价;交流教师每年对自己在接收学校的德、能、勤、绩、学等方面进行总结,学校对其总结进行评定,交县教育局备案。可见 L 市县域中对交流教师的评价内容主要包括教师自我评价、教师对教师的评价和学校评价三个方面,而流入学校学生对交流教师的评价及家长对交流教师的评价内容缺失,致使教育的直接受益者(学生)无法做出对交流教师的直接感受和判断;教育的投资者(家长)无法从中体会到学校教师对孩子的教育影响,进而履行家庭教育的职责,因此导致学生与家长的评价权力丧失而阻碍了学校与学生、家长形成合力推进政策改进的有效途径。同时,访谈发现,流入学校教师对交流教师的评价中关于交流教师道德、教育观念、教学理论方法、教学常规落实、教改实验进程、课程教学设计等方面的具体评价内容缺失;学校管理者通过与交流教师单独沟通了解其教学优势与不足、教师发展意见等方面的评价较少;学校领导对交流教师的定性评价、定量评价、分解性评价、稳定性评价、过程性评价和灵活性评价不足,在每个学期中没有形成比较客观、实在的总结性评价结果①;流入学校对交流校长教师的评价方案没有针对性,评价指标单一,阻碍了校长教师交流工作的开展。

对交流校长教师进行全面评价会相应地反映出校长教师交流政策效果,从而对政策进行客观评估。然而校长教师交流评价体系不健全直接影响了交流政策评价的科学合理性,从而对政策改进形成阻碍。造成这种结果的主要原因有两个方面:一方面县级教育管理部门没有充分领悟政策核心价值诉求,对政策精神实质与政策效果评价考虑不到位,并没有结合实情制定校长教师交流政策评价机制,且对交流政策评价与校长教师实际参与情况脱节,导致交流政策评价不全面;另一方面是流入学校对交流政策的重视程度不高,没有深刻认识到交流政策对流入学校教师专业发展、学校文化建设、学生成长、学校改进的促进作用,因此,针对交流校长教师交流过程中的评价缺乏全面的思考与详细的标准体系构建。

第三节　激发校长教师交流的政策重构

重构政策激励体系,不仅要提高政策引导的力量,而且要通过政策制定、政策执行和政策评估体现政策公平的价值目标,而该目标的实现要结合交流校长教师的实际需要,赋予其合理的政策期望,并通过提升诸多的配套政策效价而得以实施。

(一)完善支持性制度,发挥政策制定的民主性

1.构建差异化的薪酬激励策略

研究表明,外在薪酬与内在薪酬对校长教师交流意向与积极性行为的影响作用甚大,意味着交流校长教师不仅需要得到较高的经济性报酬和物质补贴,也需要鼓励和支

---

① 周险峰.教师流动问题研究[M].武汉:华中科技大学出版,2013:161.

持,改善其内在薪酬状况,给予其成长的机会①。教育行政部门应发挥民主性,充分考虑交流校长意见,赋予其政策制定的参与权与决策权,加快健全教师交流政策的激励保障机制,制定差异化的内外薪酬激励制度,在制度设置中强调公平正义的价值取向。

首先,以教师个人切身需要满足和生存意义为选择,结合少数民族地区实际情况适当提高交流校长教师基本工资水平,达到与当地消费水平相适应的工资标准,根据农牧区地理环境和偏远程度建立边远、贫困地区阶梯工资制度,在绩效工资核定上向农牧区学校特别是条件艰苦的学校倾斜。

其次,加大内在薪酬激励的作用。要结合交流校长教师个体所面临的实际工作环境和特殊需要,有针对性的制定福利、特殊津贴计划,发挥外在薪酬的直接激励效果,充分考虑农牧区学校与县城学校本来存在现实差距,针对交流校长教师因流入到农牧区偏远地带而在经济收入等方面的造成的损失而适时给予待遇资助与各项物质补贴,加大外在薪酬的支持力度。

最后,重视内在薪酬激励作用,增加交流到农牧区学校的校长教师职称评聘和职务晋升机会,并针对有家庭困难的校长教师和女性教师的特殊需求要给予其更多的关照、鼓励和支持,解决其交流中的后顾之忧,改善内在薪酬激励状况。总之,在全面薪酬激励基础上,不仅要关注到交流校长教师经济人与社会人的立场,更重要的是要为其营造良好的学校组织安全氛围,并及时提供心理支持,以人性化的民主政策保障政策顺利实施。

2.重视交流校长教师的专业成长需求,完善精神激励机制

校长教师交流政策方案设计主体的多元化是当前教育政策民主性的主要体现。借鉴国家层面和国内其他地区的做法,交流政策设计主体应包括政府及教育行政机关、人事部门、编办、社保、财政、研究机构和团体、智囊团及参与交流的校长教师等。在校长教师交流政策方案设计过程中,应将上述多元主体统一到这一过程中来,由政府统一领导,多部门通力合作,多角度、多方位地研究政策问题,形成全面、立体、多为的交流政策方案②。在此过程中不断完善支持性制度体系。

首先,应当以交流校长教师自身的专业发展需求为本,不断完善各项精神激励机制。在设计校长教师交流制度时,给予校长教师自主选择交流的空间,明确规定涉及交流的

---

① 朱菲菲,杜屏.中小学教师流动意向的实证探析:基于全面薪酬理论视角[J].教育学报,2016(2):89~97.

② 范国睿,杜成宪.教育政策的理论与实践[M].上海:上海教育出版社,2011:107~108.

工作职责、权利、义务;建立培训、晋升激励机制;完善交流制度与职务(职称)晋升、聘用管理、考核评优等的衔接细则,搭建县域内校长教师在校际间交流时的专业发展平台,保障流入农牧区学校的校长教师依然能享受到专业发展资源,强化流入校校级层面的支持。

其次,重视对交流校长教师思想意识的引领作用,加强政策宣传力度,提升对政策体制的认同,增强校长教师在交流中的责任感与使命感,通过对先进交流事迹的宣传,扩大交流校长教师影响力,推进校长教师主动寻求交流机会。在职务(职称)晋升方面:将参与交流的校长教师作为晋升高级职称的必备条件;在聘用方面:优先聘用具有交流经历的校长教师;在评优评先方面,将交流校长教师经历和业绩作为优先考虑的依据;在编制核定方面:各县级教育行政部门在本县域中小学编制总量内统筹使用编制,根据总量控制、有增有减的原则设置向农牧区学校倾斜的编制标准,实施编制动态管理;在岗位设置方面:及时调整变更相应的岗位设置方案,预留一定的中高级岗位用于评聘交流校长教师,统一县城需要与农牧区学校的岗位结构比例;在专业成长方面:增强对交流校长教师的培育培训,建立校长教师交流的全程性跟进机制、指导机制、关怀机制,探索校长教师教育融合机制,为他们提供专业发展的平台,提供成长的机会,使他们专业发展有压力,交流有动力,工作有潜力,增加他们的专业发展压力,促进校长教师的专业发展和成长[①]。

最后,为保证政策实施效果,县级教育主管部门及学校要为交流校长教师深度解读交流轮岗政策的意义,让其为流入学校提供不同教学方法和各自独具特色的管理理念,培训流入校教师对多媒体等教学设备的使用技能[②]。同时,应该把交流中专业能力提升和为流入校做出的隐性贡献作为校长教师职称评定和晋升的条件。这样,参与交流的校长教师不仅能够真正获得自身专业能力成长的回报,激发其持续交流的意愿,更能保障实际的交流效果,给农牧区学校带来真正帮助。

---

① 司晓宏,杨令平.西部县域校长教师交流轮岗政策执行中的问题与对策[J].教育研究,2015(8):74-80.

② 马用浩,谷莎.城乡教师交流轮岗制度运行的困境与对策[J].北京教育学院学报,2016(10):1-6.

（二）健全补偿性制度，提升政策执行的合理性

1. 健全校长教师交流的补偿制度

约翰·罗尔斯（John Rawls）的正义论指出，"在公平的状态中，国家只有对每一个人的利益尤其是社会地位最不利的成员利益进行补偿，社会才是正义的。"[①]对交流到偏远贫困地区的校长教师应进行利益损失部分的补偿，才能体现公平正义的社会价值追求。因此，中央政府应加大对民族地区、贫困地区义务教育财政转移支付力度[②]，提高农牧区交流校长教师的特殊津贴补助标准。教育行政部门在政策执行前应该充分了解交流校长教师在执行政策中的利益损耗，建立利益补偿机制[③]。

首先，要考虑交流到农牧区的校长教师的弥补、补偿和奖励三个问题，实施积极的差异化政策。对因流入到农牧区交通不便、气候恶劣地带的校长教师进行经济收入方面的直接弥补；对因流入到农牧区学校的校长教师在社会地位、生活成本、社会资本等方面的损失进行补偿；对流入到农牧区学校的校长教师进行鼓励、引导，并对其行为进行肯定和奖励[④]，包括设置有层次性的奖金奖励和公开透明的荣誉评选标准，物质奖赏体现"多劳多得"政策效价、荣誉奖励以"软性"方式激发校长教师的荣耀感[⑤]。

其次，建立分级分类利益补偿机制。中央和省级政府科学测算校长教师交流的政策成本并建立积极差异补偿机制，给予少数民族地区各县域经费支持，并对交流政策实施效果较好的县域给予奖励；县级教育部门应通过政策支持，鼓励县城学校积极派出优秀校长和骨干教师参与交流；流入学校应对交流校长教师个体实施评价奖励，不仅要对于初次交流到条件艰苦的农牧区学校的校长教师给予精神奖励，而且要对交流过程中努力教学、助力于学生成长和综合带动流入校群体发展、做出突出贡献的校长教师给予分级

---

① 约翰·罗尔斯.正义论[M].何怀宏，何包钢，廖申白，译.北京：中国社会科学出版社，1988：14.

② 屠明将，贺能坤.西藏农牧区中小学教师流动的特殊性分析[J].教育理论与实践，2015（5）：28-30.

③ 张源源，刘善槐.县域内教师交流的机制梗阻与政策重建[J].中国教育学刊，2016（10）：97-102.

④ 于海波.城乡教师流动改革的多维审视与路向选择[J].东北师大学报（哲学社会科学版），2017（2）：136-141.

⑤ 马用浩，谷莎.城乡教师交流轮岗制度运行的困境与对策[J].北京教育学院学报，2016（10）：1-6.

评价与奖励①。

最后,加大校长教师交流政策补偿机制的诱因激励。通过物质与精神相结合的补偿方式促使校长教师交流政策的功能取向从强制转向引导,使交流政策在事实上得到中小学校长教师的支持与认可②。

2. 强化校长教师交流补偿的地域特性、人文关怀和法理依据

为促进校长教师交流政策的合理执行,更好地保障校长教师交流意愿,流出校和接收校双方都要为保障交流校长教师的实际利益做出努力。利益补偿应结合交流中的实际地域环境,显现更多的人文情怀,更要体现出补偿策略的法理性。

首先,要为交流校长教师提供医疗、卫生、住宿等基本利益保障,制定合理的子女受教育的保障措施,给予交流家庭更多的利益补助。诸如采取专车定期接送,提高三类、四类地区补贴,加大交通补助力度;改善住房条件,为交流校长教师配置预留房间,增加住房内供氧、加湿、洗浴、取暖等设备,配置适当的家具,添加舒适的床褥等基本的生活用具,并保证定期的卫生服务,为交流校长教师创造温馨舒适的家居环境,建立完善的安保措施以保障交流教师的生命财产安全。

其次,在交流对象的选择上要充分考虑年龄偏大、不适应较高海拔环境、身体欠佳、孩子幼小、家庭条件困难等校长教师的特殊因素,放宽交流政策,体现更多人性化关怀,在条件允许时,可将参与交流教师的家属接来农牧区学校共度周末和特殊的民族节日,如一些藏民族特有的雪顿节、望果节、藏历新年等节日,并在节日期间举办民族锅庄、歌舞联欢、聚餐、过林卡等活动,丰富校长教师的农牧区学校体验。为教学与管理任务负担过重的校长教师及时进行物质与精神的补偿,对未婚的交流校长教师给予更多的精神鼓励与支持,流入学校要积极创建关怀校长教师的氛围,及时发现教师的负累和不满情绪,并帮助其解决。

最后,从依法治教的视角完善交流政策体系。通过健全校长教师交流政策的相关法律,完善交流政策补偿机制的法律规范,从而提升社会对交流校长教师利益补偿的关注度,维护交流校长教师的法律地位、合法权益和正当权力。

① 张源源,刘善槐.县域内教师交流的机制梗阻与政策重建[J].中国教育学刊,2016(10):97-102.

② 郝保伟.教师流动政策的合法性缺失及其重建[J].中国教育学刊,2012(09):5-8.

（三）完善考评性制度，强化政策评估的改进性

1.健全校长教师交流的考核体系

对参与交流的校长教师进行科学考核是对其行为评价的基础。

首先，建立日常考核与学期末考核相结合的考核体系。由流入学校对编制和工资关系等仍在原校的交流校长教师进行日常考核，考核标准包括教育教学活动全过程，并与本校校长教师考核标准一致；学期末的绩效考核，应取消以惩罚为主胁迫其参与交流的规定，按照流入校的考核标准将考核结果报送流出校，由流出学校进行核算，发放绩效工资，从而促进交流校长教师与流入校结成命运共同体，消除"身在曹营心在汉"的消极思想，充分体现自身交流价值①。

其次，建立多元化的绩效考核标准体系。在校长教师交流期间，应全面考核交流校长教师爱岗敬业、发扬奉献精神、努力克服工作生活和交通困难、在新岗位上发挥指导、引领流入学校发展等方面的成绩。在教师考核方面：制定科学的考核评价标准，突出教师在流入校的职责履行和工作表现。考核标准集中关注教师在流入校教学能力、学生学业成绩、流入校教师团队建设及引领和指导等方面，同时，对教师交流考核不能只局限于教学方面，也应将班级管理、校园文化建设、流入校教师中专业能力提升、为流入校做出的贡献等内容也应纳入考核标准中，为教师职称评定和晋升提供依据。交流结束后给予考核合格的教师一定的奖励，并可同时享受各项优惠政策。在校长考核方面：必须建立校长工作绩效考核激励机制，在教育行政部门对流入学校进行评估，综合考虑学校未来几年的发展战略，而制订校长任期内学校发展目标基础上，教育局与交流校长签订任期目标责任书，详细对交流校长在流入学校所作出的成就进行考核②。

最后，建立考核约束与反馈机制。在校长教师交流考核过程中实行动态监控，保证考核过程与考核结果的公平公正。对于在校长教师交流中走过场、混职称的交流教师，及考核不合格、没有达到学校发展目标要求的交流校长，对其实施负强化，给予其适当的处罚。

另外，要建立相应的反馈机制，将考核信息反馈给教育行政部门和流出学校，以便对

① 唐隽菁,崔兴君,林丽.用合理的制度温暖教师流动之路[J].人民教育,2016(13):25-27.
② 汪丞.中小学校长定期轮岗交流利弊之辩[J].中国教育学刊,2013(07):27-30.

校长教师交流政策进行改进,对交流校长教师管理制度进行调整。流出校方面,要实行流出教师定期反馈制度,及时保持与流出教师的联系、沟通渠道畅通,了解教师的需求与工作状况,以便提供相应的支持,同时也要加强与流入校的联系,掌握接收学校对学科专业的需求,流出校与流入校共同帮助交流教师度过适应期和困难期,形成学校间互动机制。教育行政部门方面,应尽快形成校长工作情况反馈机制,要特别重视交流校长的能量发挥和其领导上的优势,通过多种形式将交流校长在流入校所施展的能力,创建的积极工作氛围,以及在新环境中与教师群体融入的情况及时进行反馈,以便教育行政部门对校长交流工作适时进行调整,完善交流过程的动态管理,为交流校长能力发展提供更好的平台。

2. 完善校长教师交流评价体系

要对校长教师交流政策进行客观评价首先要对校长教师交流效果进行评价。这就要求在交流过程中,不仅要有交流校长教师的自我评价、流入学校教师对交流校长教师的评价,还要包括流入学校家长和学生的评价以及教育行政部门对交流校长教师的评价。

首先,建立全方位的校长教师评价体系。对校长教师交流过程进行多元主体评价,评价主体应涵盖交流教师自己、流入学校校长、流入学校教师、所教学生、学生家长和教育主管部门等。在教师评价方面,要给交流教师评价的空间,让教师成为评价主体,对评价过程中事关教师切身利益有充分的话语权,充分尊重教师们的意见建议,为教师提供自我激励的良好机遇[1]。流入学校要针对交流教师的师德、教学特色、教育方法、教学成绩、教学改进策略和教学设计等内容给予科学评价;完善交流教师工作目标、标准、增效、影响、能力及人际关系诸方面的教育评价,强化交流教师的跟踪评价[2];学校领导要通过多种途径对教师交流中的校园文化建设、学生行为改善、流入校教师影响等进行定性、定量评价。在校长评价方面,建立竞争性校长工作星级评价机制。在校长任期内,教育行政部门要采用政府督导评估方式,对校长工作表现进行客观评价,并根据成绩评定星级,颁发校长星级证书。校长任期届满,可凭星级证书到其他学校任职或竞聘校长。从而依托星级评价机制增强校长的危机感和紧迫感,为交流校长定下工作发展目标,形成"能者

① 谢延龙.我国教师流动制度的困境与出路[J].教育发展研究,2015(22):21-25.
② 夏心军.从"系统人"到"学校人":关于教师流动与文化传承的思考[J].上海教育科研,2016(9):84-89.

上、平者让、庸者下"的人才使用机制①。

其次,县级教育管理部门要充分领悟政策精神实质制定校长教师交流政策评价机制:一方面要结合地域实情对校长教师实际参与情况全面做出评价,综合运用测量学、统计学原理从实证角度对交流效果进行评价,加强对交流的效果实时监测和引导,另一方面要根据评价结果适时改进和调整交流政策。县教育局应制定细致明确的交流校长教师评价指标体系,由县教育局和交流学校共同进行评价。充分发挥各专门机构对校长教师发展水平的评估和监控功能,同时,采取档案袋评价形式对交流校长教师工作进行跟踪与管理,并建立交流校长教师信息共享平台,及时将每年交流校长教师的评价结果进行信息公开,与每所学校的需求信息相对接,由校长教师和学校进行双向选择,从而保证交流评价体系的公平、透明、公正②。

最后,应建立适合我国校长教师交流的质量检测和评价指标体系。为校长教师交流政策的全面落实和有效监督,中央政府和教育部应制定校长教师交流的一系列国家标准,省级政府应制定省域校长教师交流的地方标准;依照相关法律法规及教育政策,中央政府和教育部督导部门要建立校长教师交流的监督指导和评价指标;重点应建立各级政府、教育行政部门和中小学校各自的职责和任务完善评估的标准体系,明确各部门在校长教师交流中各自所承担的责任,以便对交流政策做出正确的评价,为校长教师交流政策评估改进提供重要依据③。

① 汪丞.中小学校长定期轮岗交流利弊之辩[J].中国教育学刊,2013(07):27-30.
② 史亚娟.中小学教师流动存在的问题及其改进对策:基于教师管理制度的视角[J].教育研究,2014(9):90-95.
③ 徐玉特.校长教师交流轮岗体制机制的困境与破解[J].教育理论与实践,2016(4):21-25.

第三章

组织激励:校长教师交流中推动学校改进的组织动力

校长教师交流的内在逻辑起点是以优质师资供给为导向,推进政策常态化以激发优质教育资源创生的内驱力,满足教育需求。若要充分调动交流校长教师的积极性,让校长教师交流活动取得显著成效,不仅要有强劲的政策激励,同时也要有学校组织的持续发力,才能让交流校长教师在流入校保持高昂的教育激情,产生源源不断的奋斗动力,尽职尽责,达成交流目标。可见,组织激励是提高教育师资供给结构对优质师资需求变化的适应性和灵活性、提高教育系统内部优质师资再生产率、实现薄弱学校优质化改进的重要举措。

第一节 学校组织激励的三维审视

组织结构是组织内部各部分之间关系的一种模式①。组织结构直接决定组织中正式的指挥系统以及沟通的效率、效果,影响组织成员的心理、行为并决定着组织的功能,其中,组织功能的大小很大程度上取决于能否激发组织成员的动机,调动他们的积极性、主动性,发挥他们的潜能②。可见,组织结构功能中最重要的功能之一就是对组织成员的激励功能,而不论自上而下还是自下而上发动教育变革,成功的学校改革,核心都在于教育系统内部的能力建设③,包括学校组织功能结构、教学环境、能引起校长教师良好心理效

---

① 冬青.揭开行为的奥秘:行为科学概论[M].北京:中国经济出版社,1987:96.
② 黄志成,程晋宽.教育管理论[M].上海:上海教育出版社,2001:152-154.
③ FULLAN M. The New Meaning of Educational Change(3rd)[M]. New York:Routledge,2007.

用的价值观念等组织文化及领导者的行为三个维度,因此,要充分调动交流校长教师在学校组织层面的积极性,必须要全面审视学校组织结构、组织文化的激励作用及交流校长教师的领导行为。

(一)组织结构维度:学校组织的基本框架

贫困地区中小学组织结构是一种怎样的状态? 学校组织结构如何激励交流校长教师? 基于对此类问题的研究,本文选择 L 市所辖各县中的所有小学和中学,共计 52 所小学、6 所中学,分析学校组织结构的基本形式见表 17,从而探析组织结构的重要激励特征。

表 17　L 市县域中小学学校数

学校所处地域		各县域名称					
		A 县	B 县	C 县	D 县	E 县	F 县
县城	小学数(所)	1	2	1	1	1	2
	中学数(所)	1	1	1	1	1	1
农牧区	小学数(所)	9	7	7	6	7	8

数据来源:X 地区教育事业统计资料。

1. 现阶段 L 市所辖各县学校组织结构的基本形态

学校组织结构不仅可以折射出学校的管理理念,而且可以反映学校教育发展的现实需要。从实践的视角审视,目前以中小学校长为领导核心的学校组织结构模式,凸显了学校自身发展进步与教育改革相适应的时代特色。通过比较分析,调研发现 L 市所辖各县县城与农牧区 58 所学校的组织结构呈现出不同县域、不同小学、不同初中,学校组织结构基本趋同的特色,即不同县城各小学组织结构、各初中学校间组织结构、不同农牧区各小学组织结构大同小异的特点。概括起来现有学校组织结构有三种模型:县城小学组织结构、县城中学(初中)组织结构和农牧区小学组织结构。本次调研选取 L 市 A 县县城小学(图 10)、E 县初级中学(图 11)和 G 县农牧区木乡小学(图 12)三所学校进行个案分析。

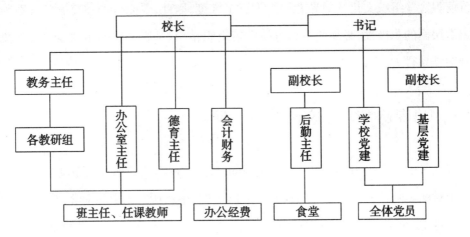

图 10　县城小学组织结构

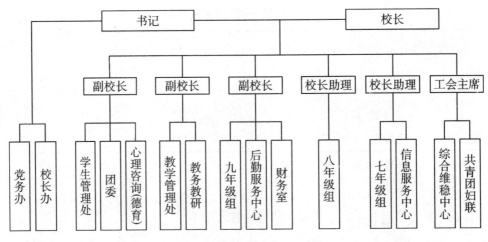

图 11　县城初中学校组织结构

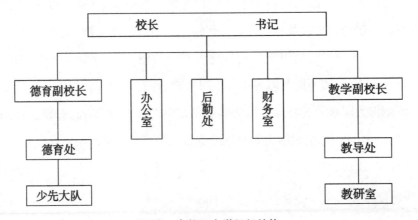

图 12　农牧区小学组织结构

谢文全认为,从职务上可将学校为 4 个层次,分别是制定政策和设置学校管理总目标的高层管理职(top management position);将总体目标分解并制定学校发展的具体政策目标的中层管理职(middle management position);进行协调与指挥并执行学校发展规划的低层管理职(lower management position);具体实施教育教学工作任务的基层员工职(rank and file position)①。依据学校组织结构四个层次的分析、调研发现,县城小学组织结构的中层管理与低层管理承担学校发展的主要职能。中层管理主要负责对学校德育建设和全校的教务管理,包括负责学校科研、教学工作任务;落实党建工作;制订学校发展规划;落实办公室及德育工作;负责财务管理、学校资产管理与后勤服务。低层管理主要负责教研组与班主任、任课教师等工作,并负责各年级组教学、培养学生综合素质、积极推动不同学科教师的交流与合作;监督教育教学、师德、师风;处理办公、食堂等工作;协调处理全体党员与学校教育之间的关系;负责教育教学重点项目建设和帮助教师发展等。

初中学校组织结构中的中层管理承担了学校发展的主要任务,主要由学生管理处、德育处、教育管理处、教务教研处、各年级组、后勤服务、信息服务中心、维稳中心及共青团妇联等组成;学校底层管理主要由各班主任和各学科组长组成;基层管理由各专职教师及教职工组成。调研中发现,L市所辖各县初中学校组织结构中的高层管理职除负责决策、党建及高级管理职能外,还可以负责各年级组工作。中层管理职主要负责教育教学规划;维护校园的和谐、安全、稳定;承担校园信息服务和创造优良学校环境的任务;负责教科室和年级组工作;对新进教师实施入职教育;帮助新进教师尽快熟悉和接受学校文化;提升教师的专业工作能力;帮助解决各年级中的规模扩大的需要,消解各年级繁重任务的负担。低层管理职负责各教研组中的具体问题;为师生员工提供服务和帮助;负责各班级的具体事宜。基层管理职由普通教师组成,主要承担教育教学任务。

农牧区小学组织结构较为简单,高层管理职由校长和书记组成;中层管理职由各处室组成,包括德育处、办公室、后勤处、财务处、教导处等;低层管理职由教研室、少先队员和教研组长组成;基层员工职主要由所有普通教职工组成。调研中发现,农牧区小学组织结构中,学校的教育教学管理活动主要依靠教研组开展工作,而这些只能集中在低层管理职,其主要负责开展学科性管理、促进教学改革、进行教育研究。

---

① 谢文全.教育行政学(三版)[M].台北:高等教育文化事业有限公司,2009:131-132.

2.L市所辖各县学校组织结构的基本特征

(1)学校组织结构的权力集中化特点　从农牧区学校到县城学校的组织性质可以窥见,学校正在向集中化和正规化迈进,而这一过程也越来越明显地在学校管理部门表现出科层制的特征。从学校组织权力配置方面看,学校组织结构中关涉到学校组织权力的集中与分散状况。现阶段我国基础教育学校所采用的校长负责制决定了无论是县城学校还是农牧区学校都表现出集中化特点,即学校内部的领导决策权主要集中于校长及高级管理层。学校组织在规模化和现代化过程中,其主要权利越来越多地呈现出向高层管理职汇聚的特点。虽然L市县域各学校校长及中、高层管理者均有分权意识与民主决策意识,却受制于目前学校领导管理层权力过于集中化的约束。这就意味着学校组织结构集权化要求高层管理决定学校所有教育教学,并承担所有风险,学校组织的中、底层参与决策权力较少,即L市各县城与农牧区"中小学学校在确定了学校内部各部门及其隶属关系后,要相应通过各层级和各部门的权力、责任,保障组织的权责明确及有序运行"①。另外,从学校组织内部的规章制度看,现行的县城学校和农牧区学校均呈现正规化特征。所谓正规化是指组织中的工作实行标准化的程度,即学校组织多大程度上利用规章制度,越是正规化的工作,从事该工作的人对工作内容、工作时间、工作手段就越明确,对工作的自主权就越小②。目前L市所辖各县中小学学校中权利运行主要是通过制定规章制度,规范教职员工的行为,借助制度实施确保学校领导者在各层级中处事公正,提升学校领导的公信力与管理效率,维护学校稳定与持续发展。

(2)学校组织结构的专业化松散连接特点　学校组织中的工作专门化将组织中的工作活动分解成单独的工作岗位,每个人专门从事工作活动的一部分,而减少变动工作任务所花费的时间。通过工作专门化并依据工作职能或根据组织提供的产品、服务对工作岗位组合来进行学校组织部门化③。L市所辖各县学校组织结构中以教育教学部门为主要部门,如教研室、教科室、各年级部等,其部门在专业化过程中,教师拥有其专业发展的较高自主权,教学活动常常不是紧密结合的,因此,学校组织结构的专业化过程呈现出了

①　张新平.中小学的组织结构及其变革:基于三所学校的个案研究[J].教育学报,2014(1):101-108.

②　王如哲.教育行政[M].台北:麓文文化事业股份有限公司,2004:38-39.

③　斯蒂芬.P.罗宾斯(stephen P.Robbins),蒂莫西.A.贾奇(Timthy A.Judge).组织行为学[M].14版.北京:中国人民大学出版社,2012:419-420.

松散的结合性。体现了学校非教学活动是紧密结合而技术活动中心是松散结合的组织特点①。

(3)农牧区学校组织结构简单化的特点　从 L 市县城小学和县城中学组织结构中可以看出,县城学校组织结构均不约而同地呈现出分部化,即将组织任务划分为若干领域和分层化,即把组织分成上下若干层级的特征。县城学校组织部门划分较为详细,如县城小学设置规划处、县城初中设立信息服务中心和维稳中心等,显示出组织任务分工明晰的特点。这种组织部门划分为中小学课程教学、校园建设和对外合作等方面的教育改革提供支撑,同时也推动了学校管理职能以及服务方式转变等方面的管理体制改革。与农牧区学校相比较,县城学校组织结构层级较为清晰,县城中小学校学校组织结构分部化为分层化奠定了基础,学校组织结构分层化体现了中层管理职和低层管理职在学校建设中的重要性,这种组织结构的分层化为协调学校组织各部门关系,控制组织管理的幅度及加快沟通命令链的信息传递速度,并通过多功能团队促进学校学科建设和教师专业成长起到推动作用。毫无疑问,县城学校组织结构部门与组织层级较农牧区学校组织结构科学的原因,主要与县城学校组织规模较大,中小学所承担的教育任务繁重和艰巨有关。与县城学校组织结构相比,农牧区学校组织结构却较为简单,学校组织分部化和分层化趋势不明显,学校管理职权和学校主要管理功能均落在学校底层管理职中,教育教学职能和管理职能之间的界限较为模糊,这便造成了农牧区学校组织结构不合理的缺陷。

(二)组织文化维度:学校组织的主要风格

差异化激励理论认为,员工不仅仅是经济人,更重要的是社会人和文化人,而每个人在社会中所扮演的不同角色,会相应地带来不同的心理需求与工作动机,从而影响其在组织中的行为②。交流校长教师如何被流入学校取悦和接纳,施展教育才华,更重要的决定于学校组织文化的激励力量,而从组织文化的构成要素来看,学校组织文化对交流校长教师的激励主要体现的是一种非正式情境因素的激励作用。

----

① 罗伯特.G.欧文斯.教育组织行为学(第7版)[M].窦卫霖,温建平,王越,译.上海:华东师范大学出版社,2001:158.

② 黄晓波.差异化激励理论与差异化激励机制[J].北京工商大学学报(社会科学版),2006(1):33-37.

1.学校组织文化激励性的研究设计

学校组织中有很多激励校长教师的方式,其中良好的学校组织文化是最能激励交流校长教师的重要手段。学校组织文化会对交流校长教师形成个性心理和心理过程,最终支配其行为而产生行为结果,让其奋发进取并产生一种激昂的情绪,从而自觉地发挥自身潜能[①],全身心投入教育教学事业。由于组织文化通过学校精神文化、制度行为文化和物质文化等构成要素而强有力地影响学校组织中交流校长教师行为。因此,在交流校长教师个体行为研究中,对于学校组织文化各构成要素的维度界定与测量是关键。

(1)学校组织文化维度界定与测量　为证明 POTW 激励理论模型中学校组织文化对交流校长教师激励研究的适切性,并探讨 L 市所辖各县学校组织文化对交流校长教师的激励作用,依据精神文化要素、制度与行为文化要素、物质文化要素三层次的组织文化构成要素的激励机制[②],编制文化激励量表。经过预调研检验后得出,精神文化要素对应组织核心价值观、组织精神价值、组织风气、组织伦理道德、意识观念各 1 个题项,共 5 个题项;制度与行为文化要素对应正式制度 1 个题项、非正式制度 3 个题项;物质文化要素对应内外环境 1 个题项、组织标识 1 个题项、组织器物 1 个题项,共 12 个测量条款,采用“非常同意”到“非常不同意”的 Likert 5 点记分方式,分别对交流校长和交流教师进行文化激励的测量(表18)。

表18　学校组织文化激励的测量条款

学校组织文化构成要素		编码	测量条款
精神文化要素	核心价值观　价值观念	χ_{01}	流入学校有较强的教育理念及核心价值观念
	组织精神　信仰使命	χ_{02}	流入校会鼓舞我的信心、责任感和追求教育目标的精神
	组织风气　友爱进取	χ_{03}	流入校同事之间友好互助,进取创新,不放弃教育职责精神
	伦理道德　伦理道德	χ_{04}	流入校师德建设良好,我会践行道德规范崇尚道德精神
	意识观念　意识观念	χ_{05}	在流入校成员之间尊重、信任、理解,沟通等凝聚精神十足

① 张玮.组织文化对员工职业成长与组织承诺的影响研究[D].北京:北京交通大学,2015:69.
② 张淑敏.激励契约不完备性与组织文化[M].大连:东北财经大学出版社,2008:159-170.

续表 18

学校组织文化构成要素			编码	测量条款
制度行为文化要素	正式制度	规章制度	χ_{06}	流入校有一套可以维护权益,且比较公平合理的内部规章
		行为习惯	χ_{07}	在流入校我会受到潜规则、人情关系和集权文化的影响
	非正式制度	传统风俗	χ_{08}	在流入校我会受到民族传统风俗、宗教习俗思想的影响
		典礼仪式	χ_{09}	流入校节日活动、庆典、体育比赛等项目让我印象深刻
物质文化要素	内外环境	硬件设施	χ_{010}	流入校基础设施健全、教学设施完备、办公用品齐全
	组织标识	品牌标识	χ_{011}	流入校有标志图、良好的学校形象和社会声誉,当地认可
	组织器物	环境设施	χ_{012}	流入校有优质的工作、人文、生活环境,有安全感舒适感

(2)组织文化量表的信度与效度分析 本研究选取 X 地区 L 市所辖各县中小学参与交流的校长与教师为调查对象,回收的有效问卷份数、调研对象基本特征与第二章内容相同,这里不再赘述。

精神文化、制度行为文化、物质文化是学校组织文化激励的主导激励要素,分析组织文化激励对交流校长教师积极性的调动,我们可以全面了解组织文化激励的现实状况,进而对交流校长教师文化激励机制进行研究并设计激励方案,调动交流校长教师的积极性。组织文化激励能够充分调动交流校长教师的积极性,这是本文基于理论分析得出的结论。那么,组织文化激励的 12 个变量是否可以测量组织文化激励的潜在特质,其内在结构如何是本节测量研究的重点。以交流校长教师工作积极性为被解释变量,以学校组织文化各构成要素为解释变量。在研究中对该量表进行信度检测,得出交流校长量表的 Cronbach's Alpha 系数为 0.881,交流教师量表的 Cronbach's Alpha 系数为 0.860,表明交流校长量表与交流教师量表符合测量要求,具体见表 19。

表 19 组织文化激励量表各个测量题项信度检验

组织文化	编码	交流校长($N=41$)			交流教师($N=359$)		
		总体相关性	删除后 α	总体 α	总体相关性	删除后 α	总体 α
精神文化	χ_{01}	.907	.807	.882	.913	.809	.885
	χ_{02}	.720	.858		.711	.863	
	χ_{03}	.610	.880		.599	.886	
	χ_{04}	.507	.902		.543	.898	
	χ_{05}	.877	.816		.872	.821	

续表19

组织文化	编码	交流校长（N=41）			交流教师（N=359）		
		总体相关性	删除后 α	总体 α	总体相关性	删除后 α	总体 α
制度文化	χ_{06}	.851	.914	.935	.821	.892	.918
	χ_{07}	.857	.919		.844	.888	
	χ_{08}	.876	.907		.802	.897	
	χ_{09}	.831	.921		.803	.899	
物质文化	χ_{010}	.637	.827	.835	.618	.816	.823
	χ_{011}	.652	.816		.632	.805	
	χ_{012}	.822	.636		.813	.609	
总 Cronbach's α 系数				.881	Cronbach's α 系数		.860

（3）因子分析 为了寻找可能构成学校组织文化的公共因子，采用因素分析方法，提取 12 个测量题项的公因子，通过探索式因素分析，从而检验 12 题的组织文化量表是否具有多重因素结构。学校组织文化因子载荷显示，本问卷结构效度良好，符合测量要求。组织文化各测量题项因子载荷及描述性统计结果见表20。

表20　组织文化激励的因子载荷及描述性统计量

指标及各变量	交流校长（分析个数41）			交流教师（分析个数359）		
	因子载荷	均值	标准差	因子载荷	均值	标准差
价值观念 χ_{01}	.903	2.585 4	1.395 99	.912	2.624 0	1.378 44
信仰使命 χ_{02}	.787	2.609 8	1.069 53	.735	2.646 2	1.046 51
友爱进取 χ_{03}	.590	2.878 0	1.053 45	.585	2.905 3	1.042 10
伦理道德 χ_{04}	.517	2.707 3	1.078 05	.526	2.743 7	1.124 17
意识观念 χ_{05}	.857	2.682 9	1.273 56	.862	2.724 2	1.250 36
规章制度 χ_{06}	.845	2.975 6	.961 45	.798	2.972 1	.956 78
行为习惯 χ_{07}	.857	3.000 0	1.161 90	.848	3.027 9	1.150 32
传统风俗 χ_{08}	.857	3.073 2	.932 48	.777	3.147 6	.979 08
典礼仪式 χ_{09}	.820	2.731 7	.922 62	.789	2.746 5	.915 32
硬件设施 χ_{010}	.709	3.365 9	1.156 64	.659	3.420 6	1.125 49
品牌标识 χ_{011}	.749	2.951 2	1.047 65	.731	2.994 4	1.013 85
环境设施 χ_{012}	.847	2.682 9	1.273 56	.863	2.735 4	1.246 07
总体均值	2.854			2.891		

组织文化的观察变量是否适合进行因素分析,首先要检验观察变量之间的相关情形。一般采用巴特利特球度检验(Bartletttestsphericity)和 KMO(Kaiser-Meyer-Olkin)检验来判断相关矩阵的适切性。分析结果显示,交流校长样本的巴特利特球度检验统计量的观测值为 387.038(自由度为 66);交流教师的巴特利特球度检验统计量的观测值为 3 245.317(自由度为 66),均达到显著水平。KMO 值为 0.749(交流校长)和 0.766(交流教师),意味着变量间的相关性较强,表明总体的相关矩阵间有公共因子存在,见表 21。

表 21 组织文化的 KMO 与 Bartlett 检验

Kai ser-Meyer-olkin 取样适切性量数		交流校长($N=41$)	交流教师($N=359$)
		.749	.766
Bartlett 球形检验	近似卡方分布	387.038	3 245.317
	自由度(df)	66	66
	显著性(sig)	.000	.000

通过 Kaiser 标准化的正交旋转法,检验结果发现,学校组织文化各测量题项的结构效度较高,符合测量要求。组织文化量表的因子分析结果见表 22。

表 22 组织文化因子成分矩阵

	交流校长						交流教师					
	成分矩阵			旋转后成分矩阵[b]				成分矩阵			旋转后成分矩阵[b]		
	1	2	3	1	2	3		1	2	3	1	2	3
χ_{01}	.785	.395	-.360	.182	.915	.181	χ_{01}	.734	-.522	-.318	.944	.087	.144
χ_{02}	.649	.325	-.510	.168	.870	-.029	χ_{02}	.632	-.394	-.425	.844	.145	-.044
χ_{03}	.639	.326	-.275	142.	.737	.164	χ_{03}	.696	-.210	-.238	.695	.294	.124
χ_{04}	.477	.522	.126	-.142	.520	.476	χ_{04}	.489	-.534	.045	.633	-.133	.329
χ_{05}	.765	.491	-.178	.079	.854	.349	χ_{05}	.742	-.526	-.186	.896	.065	.235
χ_{06}	.628	-.670	.038	.907	.025	.146	χ_{06}	.655	.606	-.050	.091	.874	.160
χ_{07}	.657	-.640	-.126	.913	.150	.031	χ_{07}	.674	.672	.134	.060	.917	.058
χ_{08}	.738	-.573	.043	.895	.146	.230	χ_{08}	.600	.563	-.074	.141	.856	.154
χ_{09}	.639	-.628	-.130	.893	.146	.022	χ_{09}	.675	.638	-.148	.077	.884	.045
χ_{010}	.783	.075	.301	.384	.382	.645	χ_{10}	.488	.001	.451	.259	.326	.697

续表22

	交流校长						交流教师						
	成分矩阵			旋转后成分矩阵[b]				成分矩阵			旋转后成分矩阵[b]		
	1	2	3	1	2	3		1	2	3	1	2	3
χ_{O11}	.546	.161	.651	.147	.085	.848	χ_{11}	.537	−.103	.695	.092	.090	.845
χ_{O12}	.594	.278	.646	.083	.181	.899	χ_{12}	.532	−.175	.741	.146	.052	.916

提取方法:主成分分析法;

旋转法:具有 Kaiser 标准化的正交旋转法;

a. 旋转在 4 次迭代后收敛。

2. 研究结果与分析

(1)学校组织文化各因素间的关系　学校组织文化的 12 个题项提取了 3 个因子,经斜交转轴后,计算出 3 个因子之间具有显著相关,显示组织文化 3 个因素具有相当的关联性,见表23。

表23　组织文化的因子相关矩阵

交流校长				交流教师			
因子	1	2	3	因子	1	2	3
1	.579	.646	.476	1	.669	.598	.441
2	−.798	.536	.274	2	−.608	.782	−.139
3	−.078	−.544	.836	3	−.428	−.175	.887

率取方法:主轴因子;

旋转方法:含 Kaiser 正态化的 Oblimin 法。

交流校长样本中的 3 个因子分别可以解释 44.163%,21.437% 和 12.359% 的变量变异量,合计共解释了 77.96% 的方差;交流教师样本中的 3 个因子,分别可以解释 40.091%,21.811% 和 13.818% 的变量变异量,合计共解释了 75.72% 的方差,转轴后 3 个因子的相对位置不变,因素的完整性增加,可解释的比重改变,见表24。

需要特别说明的是:由于学校组织文化激励问卷在前期预调研中已经进行了主成分分析,删除了因子载荷小于0.5的题项,最终确定了组织文化量表的 12 个题项,因此本次因素分析结果显示,解释变量的所有题项均符合测量要求。

表24　组织文化公因子解释总变异量

	交流校长					
成分	提取平方和载入			旋转平方和载入		
	合计	方差的%	累积%	合计	方差的%	累积%
1	5.300	44.163	44.163	3.538	29.487	29.487
2	2.517	21.437	65.600	3.388	28.237	57.725
3	1.486	12.359	77.959	2.428	20.234	77.959
	交流教师					
成分	提取平方和载入			旋转平方和载入		
	合计	方差的%	累枳%	合计	方差的%	累积%
1	4.811	40.091	40.091	3.424	28.535	28.535
2	2.617	21.811	61.901	3.373	28.111	56.546
3	1.658	13.818	75.719	2.289	19.073	75.719

(2)学校组织文化因子得分　依据回归法估计因子得分系数,输出结果见表25。

表25　组织文化因子得分系数矩阵

	成分(交流校长)			成分(交流教师)		
因子	1	2	3	1	2	3
价值观念 x_{01}	-.015	.310	-.091	.305	-.031	-.075
信仰使命 x_{02}	.000	.334	-.195	.289	.006	-.148
友爱进取 x_{03}	-.015	.247	-.063	.207	.049	-.053
伦理道德 x_{04}	-.115	.121	.170	.180	-.103	.097
意识观念 x_{05}	-.057	.261	.020	.274	-.045	-.004
规章制度 x_{06}	.277	-.077	.006	-.037	.268	.001
行为习惯 x_{07}	.279	-.077	-.080	-.036	.291	-.051
传统风俗 x_{08}	.259	-.045	.029	-.018	.260	-.008
典礼仪式 x_{09}	.274	-.005	-.083	-.027	.281	-.058
硬件设施 x_{010}	.049	.000	.248	-.022	.037	.303
品牌标识 x_{011}	-.023	-.139	.433	-.087	-.043	.422
环境设施 x_{012}	-.053	-.107	.447	-.076	-.064	.454

第一,依据表3-9因子得分矩阵写出因子得分函数。

F_{J1}=−0.015 价值+0.000 信仰−0.015 友爱−0.115 道德−0.057 意识+0.277 规章+0.279 行为+0.259 传统+0.274 典礼+0.049 硬件−0.023 品牌−0.053 环境

F_{J2}=0.310 价值+0.334 信仰+0.247 友爱+0.121 道德+0.261 意识−0.077 规章−0.077 行为−0.045 传统−0.005 典礼+0.000 硬件−0.139 品牌−0.107 环境

F_{J3}=−0.091 价值−0.195 信仰−0.063 友爱+0.170 意识+0.020 道德+0.006 规章−0.080 行为+0.029 传统−0.083 典礼+0.248 硬件+0.433 品牌+0.447 环境 (交流校长)

F_{T1}=0.305 价值+0.289 信仰+0.207 友爱+0.180 道德+0.274 意识−0.037 规章−0.036 行为−0.018 传统−0.027 典礼−0.022 硬件−0.087 品牌−0.076 环境

F_{T2}=−0.031 价值+0.006 信仰+0.049 友爱−0.103 道德−0.045 意识+0.268 规章+0.291 行为+0.260 传统+0.281 典礼+0.037 硬件−0.043 品牌−0.064 环境

F_{T3}=−0.075 价值−0.148 信仰−0.053 友爱+0.097 道德−0.004 意识+0.001 规章−0.051 行为−0.008 传统−0.058 典礼+0.303 硬件+0.422 品牌+0.454 环境 (交流教师)

第二,对交流校长教师文化激励进行综合评价。对于学校组织文化激励的综合测量,从单纯的数量上考虑,这里以3个因子的方差贡献率为权数计算因子加权总分。研究表明,在交流校长样本中,计算得到3个主因子的权重分别为:0.294 87,0.282 37,0.202 34;在交流教师样本中,计算得到3个主因子的权重分别为:0.285 33,0.281 11,0.190 73。根据综合因子得分公式:综合因子得分=a_1×对应权重+a_2×对应权重+…+a_n×对应权重,计算出学校组织文化的综合得分。于是,根据交流校长计算公式:F_J=0.294 87×F_{J1}+0.282 37×F_{J2}+0.202 34×F_{J3},及交流教师计算公式:F_T=0.285 33×F_{T1}+0.281 11×F_{T2}+0.190 73×F_{T3},得出交流校长组织文化指数综合得分为0.66,交流教师组织文化指数综合得分为0.69。

(3)研究结果 由以上学校组织文化的因子得分可见,在学校组织中,首先是精神文化对交流校长教师的激励作用最显著,其次是制度与行为文化对交流校长教师的激励作用,最后是物质文化对交流校长教师的激励作用。然而,从学校组织文化综合得分可以看出,无论是交流校长样本还是交流教师样本显示,交流校长教师在流入校并没有充分发挥出其应有的主动性与积极性,学校组织文化对交流校长教师积极性的调动程度只达到中等以下水平,激励作用不强。总体而言,L市所辖各县学校组织文化对交流校长教师的激励作用处于低水平。

(三)学校领导维度:学校组织中的建设性领导力

本节对于交流校长教师在学校组织层面的领导激励,将采用以定量分析为主,定性分析为辅的分析方法,意图在于测量交流校长教师建设性领导行为的强弱,从而总体把握研究领导激励的现实情况。

1.建设性领导:学校组织激励的主导力量

学校组织激励中的领导激励是推进学校变革不可或缺的动力机制,本研究中的领导激励是流入学校通过激发交流校长和交流教师的领导行为来达成交流目标的过程。那么,什么样的教师能成为学校领导者,交流校长教师应具备怎样的领导力才能真正激发其潜能,继而发挥交流校长教师在交流活动中的作用,建设性领导与教师领导为本研究提供了理论基础。

(1)建设性领导与教师领导　组织行为学与人力资源管理强调领导的积极性和建设性方面的社会影响过程,因此,积极、有效领导理论研究由来已久。经历特质理论、风格理论、行为理论与权变理论的发展演变之后,有学者提出了建设性领导的理论模型,从指向下属与指向组织两个维度出发,认为领导者必须采用有利于下属和有利于组织的领导行为,并能促进正当的组织利益,支持和强化目标任务达成,给予下属参与决策权力,激励下属工作动机,才是建设性领导[①]。在中国文化背景下,将西方领导理论与中国领导实际相结合,产生了诸多中国特色的建设性领导理论。2000年郑伯壎提出家长式领导理论的威权领导、仁慈领导与德行领导模式,并认为施恩、立威、树德三个维度得分都很高,可以产生积极的领导行为[②]。李超平、时堪提出了变革型领导的四维结构,包括:德行垂范、愿景激励、领导魅力与个性化关怀[③]。20世纪80年代,凌文辁提出了建设性领导理论中国化的成果——CPM领导理论,认为,C因素(characfter and orals,个人品德)、P因素(performance,目标达成)、M因素(maintenance,组织维系)分别起不同的作用,只有3个

---

① EINARSEN S, AASLAND M S, SKONSTAD A. Destructive leadership behaviour:A definition and conceptual model[J]. The Leadership Quarterly. 2007(18):207-216.

② 郑伯壎,周丽芳,樊景立.家长式领导:三元模式的建构与测量[J].本土心理学研究,2000(14):3-64.

③ 李超平,时堪.变革型领导的结构与测量[J].心理学报,2005(6):803-811.

机能发挥积极效果时,才能让领导发挥最大的效能①。领导是"在一定的组织中,通过统御和影响整合资源,实现组织目标的过程"②。建设性是指对事态的正常发展有促进作用的性质③。可见,建设性领导是指在一个国家特定的文化背景下,领导者通过自身正向示范,影响组织成员并推动组织积极正向发展,促进组织目标达成而产生持续的积极影响力的一种行为过程④。其中领导者正确对待自己(C)、正确对待工作(P)、正确对待他人(M)3个维度都应采用建设性的领导行为,才是建设性领导,否则就会产生破坏性领导⑤,见图13。

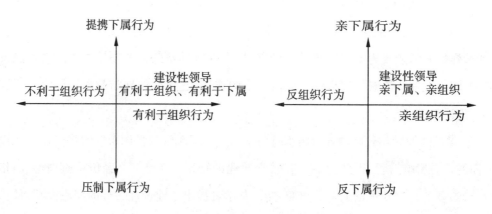

图13 Aasland等(2010)的建设性领导行为结构

教师领导是一个不断发展的概念,学术界没有对其内涵进行统一的界定,不同学者的界定各有侧重。有学者认为"教师领导力是一种领导力模型,在这一模型结构中,任何层次的教学人员都有机会做领导者。这一领导力模型意味着必须创造一个所有组织成员共同工作和学习的环境,大家在这样的环境中能共同构建起组织的价值体系并深化对组织的认识,一起为某个共同的目标而奋斗,或者为共同的目标体系而不懈努力"⑥。教师领导研究在我国主要经过了3个发展阶段历程:以校长及其管理团队如何发挥领导作用的研究为第一个阶段;以担任年级组长、教研组长职务以及不担任职务但获得有不同

① 凌文轮,柳士顺,谢衡晓,路红.建设性领导与破坏性领导[M].北京:科学出版社,2012:26.

② 颜世富.管理心理学[M].北京:北京大学出版社,2016:212.

③ 释义引自《辞海》。

④ 路红.破坏性领导的内容结构及其相关因素研究[D].广州:暨南大学,2010:3-13.

⑤ 高日光.破坏性领导行为研究[M].上海:复旦大学出版社,2014:11-23.

⑥ 阿尔玛·哈里斯,丹尼尔·缪伊斯.教师领导力与学校发展[M].许联,吴合文,译.北京:北京师范大学出版社,2007:17.

层级荣誉的优秀教师如何发挥领导作用的研究为第二个阶段;以不拥有职位权力或荣誉的所有教师如何发挥领导作用的研究为第三个阶段。虽然不同阶段的研究主题和成果不一样,但教师领导的专业发展、同伴合作和学校改进作用得到了基本承认。教师领导的三大基本作用与我国校长教师交流活动中交流教师带动同事发展、发动群体合作和推动薄弱学校变革的三大根本目标不谋而合。在某种程度上,提高交流教师的领导力,并充分发挥交流教师的领导作用,是教师交流实践达成其目标的重要策略。就领导者主体方面而言,任何普通教师都有可能扮演领导者的角色,承担领导责任;就领导情境方面而言,教师承担领导角色的场域与日常教学工作任务直接相关,包括主要面对学生的课堂内外的教育教学活动、主要面对同事的正式或非正式的教研活动和主要面对学校组织的正式或非正式的参与管理活动;从领导机制来看,教师要想从一个只是独立完成自身教育教学职责的普通教师转变为一个完善自身并能影响学生、同事和组织的教师领导,必须具备主体条件和学校组织所提供的支持条件,因此,在交流学校想要让交流教师发挥自身的潜能起到交流作用,必须要激发交流教师的领导力。

(2)交流校长教师的建设性领导力　在校长教师交流活动中,交流校长教师往往被视为优秀的"籽种"被流入学校寄予更多的期望。许多薄弱学校对交流校长教师的期待主要是想借助其所拥有的优秀领导力去带动学校组织变革而实现学校的持续改进。因此,如何激发交流校长教师的建设性领导行为,让其充分发挥流动校长教师的真正效用价值是组织激励的重点问题。在校长领导这一层面,以校长领导者自身道德、对交流学校组织的维系和达成交流目标三个维度的建设性领导行为为基础,关注如何激发交流校长自身的领导力是本研究的核心内容。在教师领导这一层面,如何激发交流教师的自身师德建设、帮助学校组织成员发展、达成交流中教育教学目标的积极领导行为,使其在流入校充分发挥领导才能,强化自身所承担的薄弱学校改造者的身份认同,是学校组织对交流教师激励中的重要方面。因此,无论是交流校长还是交流教师,其道德示范、组织维系和目标达成三个方面的领导行为是促进薄弱学校改进的关键。

交流校长教师的建设性领导行为在交流中发挥了重要的领导作用。首先,调动交流校长教师以身作则、严于律己、自我牺牲、廉洁奉公等道德行为,使其在流入学校增加更多的情感投入,促进薄弱学校组织和谐,从而构建薄弱学校的道德共同体,是推动交流过程朝着积极方向发展的重要道德领导力量①。其次,通过激发交流校长教师的情感、责任、参与管理等方面的欣赏型领导方式②,让其在流入校有更多的锻炼和参与决策的机会,充分调动他们的教育教学情绪、责任心,增强其教育满意度,可以持续激发交流校长教师的人际领导能力。最后,通过激发交流校长教师在学校组织目标规划、组织职能策划、组织内部规章制定等方面的领导才能,施展其自身精通的专业知识才华,促进交流目标达成,是体现交流校长教师推动学校可持续发展过程中的重要动力。

2. L 市所辖各县交流校长教师建设性领导行为的现实状况

(1)研究设计与样本状况 本研究采用凌文辁关于 CPM 类型领导行为所进行的描述③,编制交流校长教师领导行为评价量表,测量 L 市所辖各县交流校长教师的建设性领导行为。依据凌文辁教授的测量方法:先计算出领导者在 CPM 因素上的平均得分,然后再与常模进行比较,若没有常模,可与本单位所有领导者的 C、P、M 的均值进行比较④,这样就可以了解交流校长教师三个维度上领导行为状况。为了调查能够真实反映交流校长教师在流入校的领导行为,邀请学校专职教师针对 CPM 领导行为所描述问题在语句上的表达方式进行检验后,调整、修改问卷内容,使其更符合学校教育场域和现实情境。

由于 L 市各县中学只在多年前试行了一段时间的交流政策,目前才刚开始实施校长教师交流活动,因此,本文在 L 市教育局领导的大力协助下,采取普遍调查法全面抽样,针对 L 市 6 个县域的所有县城小学和农牧区小学共计 1 564 位⑤专职教师发放问卷,对流入本校的交流校长和交流教师的领导行为进行调查,共收回 1 033 份问卷,剔除无效问卷后,得到实际有效问卷 790 份。调查样本的基本信息见表 26。

① 刘邵明. 领导者道德建设论[M]. 北京:中共党史出版社,2002:47.
② 张新平. 校长:问题解决者与欣赏型领导者[J]. 教育研究,2014(5):65-70.
③ 李明,凌文辁,柳士顺. CPM 领导理论三因素动力机制的情境模拟实验研究[J]. 南开管理评论,2013(2):16-25.
④ 凌文辁,柳士顺,谢衡晓,路红. 建设性领导与破坏性领导[M]. 北京:科学出版社,2012:27.
⑤ 据 X 地区教育厅统计资料。

表26　调查样本的基本信息(N=790)

变量	类型	样本(N)	百分比(%)
性别	男	345	43.7
	女	445	56.3
年龄	20~30岁	280	35.4
	31~35岁	163	20.6
	36~45岁	278	35.2
	46~55岁	62	8.5
	55岁以上	2	0.3
教育程度	中专	20	2.5
	大专	313	29.6
	本科	455	57.6
	硕士研究生以上	2	0.3
所在单位	县城小学	120	15.2
	农牧区小学	670	84.8
教龄	1~5年	257	32.5
	5~10年	133	16.8
	11~15年	126	15.9
	16~20年	143	18.1
	21年以上	131	16.6

(2)L市所辖各县交流校长教师领导行为测量　对交流校长教师具体领导行为表现的调查属于社会现象的反映,可以直接就每一题的作答情形进行分析,而不用涉及所谓信度与效度问题[1]。同样采用李克特量表5点计分法,首先,统计县域内8所县城小学和农牧区44所小学中所有领导者的C、P、M均值(表27);其次,针对790个样本分别统计交流校长与交流教师的C、P、M均值(表28);最后根据交流校长和交流教师在CPM因素上的得分与学校内所有领导者的C、P、M的均值进行比较,可以知道交流校长教师在流入学校的领导水平。

① 邱皓政.量化研究与统计分析[M].重庆:重庆大学出版社,2009:278.

表 27 L 市县域内 52 所小学所有领导者的 C、P、M 均值

维度	细化指标	编码	均值	标准差	总均值
个人品德 C	为人正派	χ_{L1}	3.198 7	1.065 53	C 均值 $\overline{X}_{C总}=3.281$
	以身作则	χ_{L2}	3.191 1	1.031 90	
	道德修养	χ_{L3}	3.489 9	.982 37	
	身先士卒	χ_{L4}	3.245 6	1.045 46	
对待教育教学工作 P	工作规划	χ_{L5}	3.187 3	.931 27	P 均值 $\overline{X}_{P总}=3.342$
	任务分配	χ_{L6}	3.358 1	.918 49	
	专业知识	χ_{L7}	3.364 6	.987 25	
	工作进展	χ_{L8}	3.459 5	1.014 60	
对待学校教职工 M	关怀体贴	χ_{L9}	3.197 5	1.018 96	M 均值 $\overline{X}_{M总}=3.306$
	关系维系	χ_{L10}	3.583 5	.741 65	
	安慰照顾	χ_{L11}	3.364 6	.890 03	
	尊重信任	χ_{L12}	3.077 2	1.082 34	
总体 CPM 均值 $\mu=3.310$					

表 28 L 市县域内交流校长教师的 C、P、M 均值（$N=790$）

维度	编码	交流校长			交流教师		
		均值	标准差	总均值	均值	标准差	总均值
C 因素	χ_{L1}	2.959 5	1.210 80	$\overline{X}_{CJ}=3.025$	3.119 0	1.129 63	$\overline{X}_{CT}=3.181$
	χ_{L2}	2.964 6	1.183 43		3.081 0	1.076 78	
	χ_{L3}	3.205 1	1.205 60		3.382 3	1.077 80	
	χ_{L4}	2.969 6	1.181 43		3.143 0	1.085 00	
P 因素	χ_{L5}	3.000 0	1.083 35	$\overline{X}_{PJ}=3.119$	2.898 7	1.162 30	$\overline{X}_{PT}=3.052$
	χ_{L6}	3.160 8	1.106 83		3.098 7	1.248 75	
	χ_{L7}	3.113 9	1.168 75		3.021 5	1.197 08	
	χ_{L8}	3.201 3	1.213 05		3.189 9	1.246 30	
M 因素	χ_{L9}	2.993 7	1.140 88	$\overline{X}_{PJ}=3.085$	3.173 4	1.017 74	$\overline{X}_{PT}=3.286$
	χ_{L10}	3.203 8	1.113 46		3.589 9	.771 09	
	χ_{L11}	3.184 8	1.095 57		3.348 1	.945 45	
	χ_{L12}	2.958 2	1.122 20		3.031 6	1.093 95	
CPM 总体均值 $\mu_{PJ}=3.076$					CPM 总体均值 $\mu_{PT}=3.173$		

(3)研究结果　由表 3-7 得知,交流校长在流入校 C 因素上的得分为: $\overline{X}_{CJ} = \sum \chi_{Cj}/n = 3.025$, P 因素上的得分为: $\overline{X}_{PJ} = \sum \chi_{Pj}/n = 3.119$, M 因素上的得分为: $\overline{X}_{MJ} = \sum \chi_{Mj}/n = 3.085$, 总体 CPM 得分为: $\mu_{PJ} = \sum \chi_{Pj}/N = 3.076$; 交流教师在 C 因素上的得分为: $\overline{X}_{CT} = \sum \chi_{Cj}/n = 3.181$, P 因素上的得分为: $\overline{X}_{PT} = \sum \chi_{Pj}/N = 3.025$, M 因素上的得分为: $\overline{X}_{MT} = \sum \chi_{Mj}/n = 3.286$, 总体 CPM 得分为: $\mu_{TJ} = \sum \chi_{Tj}/N = 3.173$。

由此可见,无论交流校长还是交流教师其在流入校 C 因素上的得分、P 因素上的得分、M 因素上的得分、CPM 上的得分,均小于 L 市县域内所有领导者在 C 因素上的得分: $X_{C总} = \sum \chi_{Cj}/n = 3.281$, 在 P 因素上的得分: $\overline{X}_{P总} = \sum \chi_{Pj}/n = 3.342$, 在 M 因素上的得分: $\overline{X}_{M总} = \sum \chi_{Mj}/n = 3.306$, 在 CPM 上的得分: $\mu = \sum \chi_{j}/N = 3.310$。 说明,L 市所辖各县交流校长和交流教师的领导水平较低。

为了进一步验证交流校长、交流教师和全体领导者分别在 C、P、M、CPM 上的得分有无明显变异,经过数据转换后进行配对样本 T 检验。平均数差异比较结果,见表 29。

表 29　成对样本检验(df=789)

	成对差分						
				差分的 95% 置信区间			
	均值	标准差	标准误	下限	上限	t	Sig.(双侧)
对 1C$_总$-C$_J$	.275 00	.953 99	.033 94	.208 37	.341 63	8.102	.000
对 2C$_总$-C$_T$	.100 00	.899 30	.032 00	.037 19	.162 81	3.125	.002
对 3P$_总$-P$_J$	.221 52	.789 45	.028 09	.166 38	.276 65	7.887	.000
对 4P$_总$-P$_T$	.290 19	.865 87	.030 81	.229 72	.350 66	9.420	.000
对 5M$_总$-M$_J$	.199 68	.769 19	.027 37	.145 96	.253 40	7.297	.000
对 6M$_总$-M$_T$	.019 94	.672 31	.023 92	-.027 02	.066 89	.833	.405
对 7CPM$_总$-CPM$_J$	.232 07	.575 65	.020 48	.191 86	.272 27	11.331	.000
对 8CPM$_总$-CPM$_T$	.136 71	.541 93	.019 28	.098 86	.174 56	7.090	.000
对 9C$_J$-C$_T$	-.175 00	.939 97	.033 44	-.240 65	-.109 35	-5.233	.000
对 10P$_J$-P$_T$	.0686 7	.938 09	.033 38	.003 15	.134 19	2.057	.040
对 11CPM$_J$-CPM$_T$	-.095 36	.605 14	.021 53	-.137 62	-.053 10	-4.429	.000

由表 28 得知:除所有领导者在 M 因素上的均值与交流教师 M 因素上得分的均值检验的 $t_{(789)}$ 值为 .833,显著性为 .405,检验结果不显著外,其余各成对均值比较均达到显著性检验水平。表示,学校全体领导者在 C、P、M、CPM 因素上的得分与交流校长在 C、P、M、CPM 因素上的得分有显著的不同;全体领导者在 C、P、CPM 因素上的得分与交流教师在 C、P、CPM 因素上的得分显著不同,但在 M 因素上的得分不显著。交流校长在 C、P、M、CPM 因素上的得分与交流教师在 C、P、M、CPM 因素上的得分有显著的不同。

经过数据转换后进行单独样本 T 检验(比较均值)得知,交流校长在 C 因素和 M 因素上的得分均低于交流教师在 C 因素和 M 因素上的得分;交流校长在 P 因素上的得分高于交流教师得分。见表 30。

表 30　样本均值比较统计量(N=790)

评价对象	C 因素			P 因素			M 因素		
	均值	标准差	t	均值	标准差	t	均值	标准差	t
全体	3.281 3	.619 61	148.848	3.342 4	.468 43	200.551	3.305 7	.471 36	197.117
校长	3.006 3	.731 09	115.579	3.120 9	.645 70	135.851	3.106 0	.598 70	145.817
教师	3.181 3	.682 45	131.025	3.052 2	.697 89	122.925	3.285 8	.500 54	184.506

注:Sig(双侧)= .000。

以上研究结果有可能的解释是:在流入校,专职教师对交流校长的个人品德和学校组织维系方面的期望值比较高,在评价结果中显示其 C 因素与 M 因素的得分均低于交流教师;而交流教师平时与教职工的接触比较多,能够让专职教师亲身体验到交流教师的个人素养与人际关系能力,因此在评价结果中的个人感情及教学上的实际感受略高于交流校长。与交流校长相比,交流教师在流入校对学校组织目标达成方面的领导力较弱,原因可能是:在流入校,交流教师被赋予的权力较少;在专职教师心里,交流教师达成学校改进方面的能力不如交流校长。因此,交流教师的领导才能并没有被展现出来。

总体上看,无论是交流校长还是交流教师其在流入学校均没有发挥出应有的建设性领导水平,其领导力被激发的潜力较大。

第二节　推进学校改进的组织变革阻力

组织因各种条件变化而做出的相应反应或变革,是组织根据外部环境和内部因素的变化,对组织现状进行修正、调整及创新,从而实现自身目标与组织目标的过程[①]。从学校整体上看,组织设计、文化变革和领导权变革等一系列组织变革行为在激励学校组织内部成员的同时,也在助力于学校的持续改进。然而,学校情境中的某些力量会倾向于保持现状,致使组织变革遭遇很多阻力。

(一)学校组织设计缺乏针对性

组织设计主要是研究如何设计合理的组织结构[②]。学校组织受组织系统内外部环境因素影响,会对组织结构进行调整。从 L 市县域内学校组织结构的基本框架可以看出,学校组织结构缺乏合理性和针对性设计。

1.科层制结构的制约性:学校组织的集中化、正式化问题

在对 L 市中小学组织结构考察过程中发现,虽然县城学校相对于农牧区学校组织结构较为合理,但是与其他优质学校(L 市内学校)相比,县城学校组织结构也存在很多缺陷。从总体上看,目前 X 地区 L 市所辖各县中小学学校组织以科层制为主,学校灵活性、创新性及学校发展活力不足,致使学校不能适应持续改进的发展要求。具体表现在以下几个方面:首先是权力集中化问题突出(集中化是一个学校组织内部的权力分配问题,涉及学校组织中的权力集中与分散的状况),就目前的各学校组织结构而言,学校的权力集中化程度较高,权力在学校网络中各个结点的分散程度较低,一方面由于金字塔式组织结构下形成的学校内部等级制度,体现了组织层级的垂直边界,另一方面由于缺乏分权式组织结构设计,组织将决策权下放给最接近实际行动管理者的权力较少,致使学校组织将过多的权力集中于少数领导手中,导致学校组织采取行动解决问题的速度减慢,学校组织成员参与决策并提供建议的机会减少,造成交流校长教师与流入校长之间的隔阂

---

① 李成彦.组织文化——基于组织效能的视角[M].北京:北京大学出版社,2013:152.
② 冬青.揭开行为的奥秘——行为科学概论[M].北京:中国经济出版社,1987:96.

加剧,弱化了交流校长教师在流入校的工作积极性;其次是集中化随之而形成的正式化问题突出(正式化是衡量学校组织中工作制度化程度的标尺),一项工作的正式化程度与员工对工作内容与工作时间的自主权成反比[①],L市所辖各县学校组织集中化中所形的过多学校组织规章制度,反而使得学校学术性降低、教育工作减弱、行政性增强,因此,交流校长教师在流入校的教育行为比较程序化,对自己教育教学工作的处理权限较小,削弱了交流校长教师在流入校实施其他教育教学方案的可能性,降低了其自主权。

2. 工作专门化结构的制约性:学校组织松散连接性问题

工作专门化是把组织中的工作活动分解成单独的工作岗位,每个人专门从事工作活动的一部分,从而提高组织效率的一种组织设计方式[②]。学校组织中的教学部门属于专业系统,每一个学科的教师都是该领域内的专家,教师拥有较高的专业自主权,其他学科的教师无法理解他们的工作,但同时在学校组织中校长与教师之间、教师与教师之间彼此的关系是相互连结的。这种在教育工作专业化中相互独立,却在其他非教学活动领域内紧密结合的方式是学校组织"松散耦合"的显著特征[③]。正因如此,各学科之间的联系不紧密,甚至有可能在某些方面由于专业程度不一致而引发一些矛盾和冲突。首先表现为学科间、年级间互动不足。交流校长教师在流入校感受不到学术交流的氛围,教学研究和教师发展动力不足,教师之间没有共同交流和学习的平台,学校学习气氛不够浓郁,县域内各学校的教学团队建设不够积极活跃等一系列问题制约了交流校长教师积极性的发挥。其次表现为与专业相关的非正式组织发育不良。县域内中小学与地区内高校科研机构之间的合作不紧密,没有得到必要的智力资源支持、培训、指导的机会。与家长之间的沟通合作也不紧密,因此,学校中的很多教学方面得不到家长的理解与支持,诸多需要家长及时做出的评议与监督缺失。学校校长、教师、学生三者之间的互动不紧密,因此在教育教学过程中交流校长教师得不到流入学校教师与学生的肯定,无法全面了解来自于学生心理成长中的困惑;与校外研究专家的联动不紧密,不能全面分析某些学校文化对教育发展的推动作用,也无法将优秀民族传统文化合理运用于教育教学过程中,从

---

① 斯蒂芬. P. 罗宾斯,蒂莫西. A. 贾奇. 组织行为学[M]. 14 版. 孙健敏,李原,黄小勇,译. 北京:中国人民大学出版社,2012:422.

② 斯蒂芬. P. 罗宾斯,蒂莫西. A. 贾奇. 组织行为学[M]. 14 版. 孙健敏,李原,黄小勇,译. 北京:中国人民大学出版社,2012:419.

③ 蒋园园. 中小学组织结构创新:一种松散耦合与紧密耦合集成的视角[J]. 教育理论与实践,2009(8):29-31.

而推动教育发展。致使交流校长教师本应具有的优秀品质与教育教学才能无法在流入学校得以施展,而削弱了其积极参与交流的热情。

3.组织结构边界的阻隔性:学校组织的指挥链、控制跨度、职能化问题

随着计算机网络时代的到来,学校组织中的成员已能够灵活地进行跨组织界限的交流。目前与学校组织结构相关的指挥链、控制跨度和各种职能部门等组织设计中存在的关键性问题已经严重阻碍了学校组织内部纵向、横向和与组织外部的联系,制约了学校的优质化改进的步伐。学校组织垂直边界、职能部门间边界、地域间界限的存在形成了学校组织内部成员间沟通及内部成员与外部交流的天花板,阻隔了学校组织成员与外界相关者的情感、价值等的连接,进而制约了学校开放组织系统的建构。

首先,问题体现在指挥链与控制跨度中。指挥链表明了组织中的成员是如何通过一条权力链条相互联系的,其中一方面涉及组织中的下属只能一对一地向上级负责的统一指挥原理,另一方面涉及由上而下逐层管理的原则①。学校组织中指挥链决定了权力、职责及上级与下级之间的沟通与联系。管理跨度决定了组织的层次和管理人员的数量。可见,由学校内部的管理层次和职业等级制度所形成的垂直边界与学校组织结构的指挥链直接相关,这种垂直边界极易在学校管理中导致权力集中,使得学校管理者所处的职位大于自身能力,而减弱学校领导能力和领导风格,缩小学校组织的控制跨度,由此不仅不能体现学校管理的民主性而且也不利于调动组织内部成员的积极主动性。因此,必须要通过减小或消除学校组织结构的指挥链,增加控制跨度,从而激发交流校长教师在流入学校的潜能来推动流入学校改进。

其次,问题体现在职能部门中。学校组织中各职能部门各自为政的现状已经成为少数民族地区薄弱学校组织结构中的常态,逐渐形成了学校组织的水平边界。由于各职能部门各自承担着具体的教育教学工作职责,具有本部门的教学专业特点和行事原则,加之各职能处室工作内容交叉重叠,经常出现职责难以分清而导致的冲突问题,造成各个职能部门之间在教育过程中会不可避免地发生各种矛盾,形成了学校各部门之间的壁垒,制造了学校管理中的很多阻碍因素,破坏了学校组织内部和谐、融洽的教育气氛,导致学校内部的横向沟通与联系减弱,致使各部门不能进行有效补充、融会贯通,而形成完整统一的组织系统,从而阻碍了交流校长对流入校各职能部门的统筹规划,使得交流教

---

① 于斌.组织行为学[M].天津:南开大学出版社,2007:296.

师在流入学校难以有效与各职能部门成员进行协同配合、合作分享教育教学经验。

最后,问题体现在地域边界中。地域边界是学校与学校之间的跨地区的距离与空间界限。不同地理位置上的学校各自之间存在着学校组织管理上的地域,由于 X 地区 L 市所辖各县域中,同一县域内各学校间地理位置的差异较大,因此学校之间地域边界比较明显。在校长教师交流过程中受地域边界影响,一些偏远的农牧区学校接受交流校长教师带来的先进教育管理新思想的过程较慢,掌握和传播的教育教学新方法的时间较长。加之受边远薄弱地区一些落后教育思想的制约,交流校长教师在流入校难以适应新的生活、工作、学习和教育环境。诸如此类流入校不合理的组织结构特点增加了交流校长教师工作负担,严重阻碍了交流的有效性。

(二)学校组织价值观缺乏先进性

薄弱学校组织成员共同思想和信念集成的价值观作为学校文化的核心,不断地推动着校长教师交流目标的实现[1]。通过组织文化各维度的激励性分析可知,L 市所辖各县学校组织文化各维度均与交流校长教师积极性之间正相关,从而科学地证明了 POTW 模型中组织层面尤其是组织文化对校长教师交流研究的适切性。对于学校组织文化激励问题成因的探讨,还需要继续结合测量指标及访谈内容进一步展开。

1. 学校精神文化激励性不强

从学校组织文化激励的角度看,精神文化激励是物质文化和制度行为文化激励的基础。文化激励的各构成要素包括价值观、精神、风气、道德和意识观念激励 5 个方面。在对 L 市所辖各县校长教师交流的组织文化激励调研中发现,19.5% 的交流校长认为流入校长有比较好的核心价值观,仅有 9.9% 的交流教师认为流入校有非常好的核心价值观;36.6% 的交流校长认为流入学校没有比较好的组织精神,22.4% 的交流教师认为流入校有比较好的学校组织精神;24.9% 的交流教师认为流入校有比较好的学校组织风气,仅有 4.9% 的交流校长认为流入有非常好的学校组织风气;31.7% 的交流校长不认同学校的道德价值观,仅有 5.0% 的交流校长非常认同学校的道德伦理观;22.0% 的交流校长认为流入学校有比较好的意识观念,仅有 10% 的交流教师认为流入校有非常好的意识观

---

① 陈国海. 组织行为学[M]. 北京:清华大学出版社,2009:346.

念。交流校长精神文化的均值为 2.693,五个维度上的得分分别为 2.59,2.61,2.88,2.71,2.69;交流教师精神文化的均值为 2.728,五个维度上的得分分别为 2.62,2.64,2.91,2.74,2.72,可见,无论是交流校长还是交流教师,精神文化的激励性均未达到中等水平,各县域中小学学校组织精神文化的激励性较弱。

　　访谈语录:"感觉到县城学校和农牧区学校学生的基础相差较大,在农牧区学校所讲知识学生跟不上,学生行为素质较差,看到大部分老师每天都不紧不慢的教学,并没有要改变这种现状的急切行为,自己也放弃了努力教学与上进的机会。"(样本 B-t-11)"每个学校都有不同的教育管理风格,校长交流可以让学校老师感受到不同的学校组织风气。但是,一所好的学校是由学校组织价值观和学校精神等多种因素组成的,它的周期性非常长,如果要改变,不可能一下子能够成功的,一个学校在某位校长长期管理下会形成一种他自己的个性特点和习惯,交流校长教师来到交流学校不认可是因为这种管理风格并不一定是完全正确的。"(样本 B-j-06)"我们学校的学生经常给对方起外号,有时背地里给不喜欢的老师起外号,相互吐口水,住校学生经常会发生偷东西现象,经常向老师借钱不还,期间教师的引导作用并没有体现出来,大部分老师都对这种现象视而不见。"(样本 D-t-09)"在流入校,我并没有感觉到教师之间的相互尊重与理解,更多的是不信任、不团结,因此,不仅在教学中我的思想无法与他们进行很好的沟通,更重要的是在生活中会感受到来自各方面的排挤和尴尬,很多的时候我都想的是什么时候离开。"(A-t-05)"我被派遣参加交流两年,在交流过程中我更希望流入校多关注教师,公平公正地对待教师,多了解、多沟通交流而不是怠慢,不应该抱着'谨慎欢迎'的态度。"(样本 E-t-20)"我觉得引导学校校长应该在管理上下功夫,制度管理是好,可它是管理中较死的办法,要提倡人性化管理。校长不要一天到晚想着怎么整这帮教师,怎么去抓小辫子,弄得人心惶惶,怎么能调动教师的工作积极性?作为学校领导者应以自己的人格魅力、服务精神树立威信,所谓以德服人嘛。"(样本 D-j-12)

　　分析精神文化激励性不强的原因有以下几个方面:①学校组织核心价值观的激励性较弱,即作为学校组织存在和发展的基本动力,学校组织核心价值观对交流校长教师的激励作用显而易见,而由于流入学校没有满足交流校长教师的愿景需求,且没有将其个人利益与学校组织的整体利益相协调,并将学校内个人价值追求上升为共同价值,流入学校缺乏核心价值观在组织文化意义上对交流校长教师的吸引力,而导致精神文化对交流校长教师激励的动因不足;②学校组织精神激励性较弱,即由于流入学校没有有意识地提倡和培育教职工的优良风貌,没有对学校内部的教育教学观念意识和传统习惯中的积极因素进行总结,使得学校精神激励的效果甚微,具体表现在交流校长教师对流入学校组织发展的宗旨、目标执着追求的使命感、意志力和不达目的誓不罢休的虔诚信念不强;③学校组织风气激励性较弱,即作为学校组织中相对稳定的行为心理状态,组织风气对交流校长教师激励作用不容忽视,而少数民族地区尤其是偏远地区受贫困文化和宗教消极因素的影响,等、靠、要思想较为严重,学校中教育教学行为惰性较为明显,易形成不良的学校组织思潮而造成较差的组织风气,而导致学校人际关系紧张、学校成员凝聚力减弱、离心力加大等后果,从而降低了组织文化对交流校长教师的激励效果;④学校组织伦理道德激励性较弱,即作为调整学校组织内部各成员行为关系的组织伦理道德,在校长教师交流过程中起着负强化的作用,即从调研结果可以看出,L市所辖各县学校组织中的道德伦理激励性不强,原因是大多数交流校长教师并非自愿参与交流活动,对流入学校的组织伦理道德并不认同,只能被动接受和遵守流入学的道德规范,导致其行为自律性较差;⑤学校的组织意识观念激励较弱,即以和谐、融洽的意识观念为激励动因的组织文化激励是交流校长教师在流入学校发挥合作、沟通作用的激励源。而调研显示,L市所辖各县学校组织中的意识观念激励性并不强,造成这个结果的主要原因是受农牧区封闭文化思想的影响,流入学校对外来校长教师总是抱着"谨慎接纳"的态度,很多交流校长教师经常被排挤,造成了很多的负面的、充满敌意的群体关系,破坏了促进合作沟通、信任与理解的学校组织氛围,从而减弱了交流校长教师实现交流学校组织目标的动力。

2. 学校制度行为文化激励性较弱

学校制度行为文化对学校组织文化的类型和风格有着强烈的影响和依托作用。学校制度文化包含规章制度、行为习惯、传统风俗、典礼仪式四个维度,从L市所辖各县学校组织文化激励调研中可见,26.8%的交流校长认为流入校有比较公平合理的内部规章,仅有4.7%的交流教师认为流入校有非常完善的内部规章;31.7%的交流校长认为在流入校会受到人情关系、潜规则和集权文化的影响,12.3%的交流教师认为在流入校不会受到组织行为习惯的影响;29.3%的交流校长认为比较容易受到流入校民族传统风俗和宗教习俗思想影响,仅有2.2%的交流教师认为完全不会受到流入校传统风俗的影响;39.0%的交流校长不知道流入校有没有节日活动、庆典、比赛项目等典礼仪式,22.3%的交流教师认为流入校有比较好的典礼仪式。交流校长学校制度文化的均值为2.945，交流校长制度文化四个维度上的得分分别为2.98，3.00，3.07，2.73；交流教师制度文化的均值为2.974，交流校长制度文化四个维度上的得分分别是2.97，3.03，3.15，2.75，可见，交流校长教师在制度文化上得分情况显示组织制度文化的整体激励性较弱。

访谈语录："我是不知不觉中被派送交流的，因为对交流学校的制度和规则等我什么都不明白，只知道自己要去那个学校，其他的一概不知，所以这一年就是在平淡中度过的，基本上是消极对待轮岗，这样的交流不知道一辈子有几次？孩子的学习困难和自己学习文化的困难我都不怕，最怕就像一群鸟在辽阔的天空中没有自由地飞翔，像割断翅膀似的，重复做一件事情，结果得到什么好效果？如果是死制度、死程序、死方向、怎样培养活的人才，怎样发挥自己潜能等等，这些怎样化解呢？"（样本C-t-21）"我看到有些学生在考试前会去寺庙拜佛，有较大的宗教活动和农忙时，学生会逃课去寺庙或者去家里帮忙，有些家长也会支持学生的做法，作为老师不知道如何引导才好，大部分老师都抱有消极的情绪和惰性，不愿意主动进取，这些似乎已经成为一种习惯。"（样本B-t-02）"很多老师都很自我，交流过程中觉得自己什么都行，上课并不比别人差，认为交流就是一种放松，抱着暂时性休息的态度对待交流工作，结果长期受到流入校传统习惯影响反而养成了很多恶习。"（样本A-j-14）

分析造成这种结果的主要原因有几个方面。①在正式制度激励方面，流入学校均有正式规章和一些带有普遍意义的工作制度和管理制度，交流校长教师必须按照条例办事，学校制度有较强的行为约束与激励作用，如奖励制度、惩罚制度等，但这些正式制度内容不合理，更多的是对交流校长行为的强制和束缚，加之交流校长教师缺乏对制度内容的了解和解读，并没有体现出交流校长教师的主体地位，而降低了其自觉性。②在非正式制度激励方面，学校组织成员的行为习惯、学校传统习俗和典礼仪式等一般表现为不准确的文字条目形式，也不需要强制力去执行，完全依靠偏好来维持，具有很强的灵活性，可以依据交流校长教师的自我判断而实施。因此，对交流校长教师的行为只起到软约束的作用，其激励性不强，而非正式制度激励作为一种对交流校长教师的内在激励，具有很大的激励价值，需要通过交流校长教师的自觉性和自励去完成激励过程。学校制度文化激励的中心应以突出交流校长教师的文化自觉，而激发其内在活力为重点将非正式制度激励作为激发交流校长教师的核心因素,以保持学校文化激励的持久性。

3. 学校物质文化激励性不足

学校组织物质文化体现为组织器物、组织标识和组织环境等。在对 L 市县域组织物质文化激励的调研中发现,48.8%的交流校长认为流入校基础社会健全、教学社会完备、办公用品齐全,51.2%的交流教师认为流入校组织器物比较健全;26.8%的交流校长认为流入校有较好的品牌标识,良好的学校形象和社会声誉,27.6%的交流教师认为流入校有较好的品牌形象和社会影响;26.8%的交流校长认为流入校的工作、人文、生活环境及其舒适度一般,仅有7.3%的交流校长和7.5%的交流教师认为流入校有非常好的组织环境。交流校长物质文化均值为3.00,交流校长在学校物质文化各维度上的得分分别为3.37,2.95,2.68,交流教师物质文化均值为3.05,交流教师在物质文化各维度上的得分分别为3.42,2.99,2.74,可见交流校长教师在学校物质文化方面的激励强度只达到中等水平,其激励效果并不显著。

访谈语录:"我对交流学校的环境不适应,很难融入交流学校的大家庭中,有点恼火,突然从一个熟悉的环境到一个陌生的环境,很不自在,有种孤独感。"(样本 C-t-04)"我有点烦恼,心情经常变化,有时候会把不良情绪带到课堂,主要原因是在这个地方我很困难,晚上睡觉不舒服经常半夜会憋醒,缺氧又干燥,房间太冷又不舒适,时不时会头晕。"(样本 E-t-10)"交流一年后,我已经变成了一个'黑人',重新回到原来的学校,有些老师都差点认不出我来,我在高海拔地区交流,经常会因为白天太冷去外面晒太阳,强烈的紫外线不仅伤了我的皮肤,而且让我现在无脸见人了。"(样本 F-t-16)"我们所交流的学校虽然建有全新的教职工宿舍,但是内部设施很简陋,没有加湿器,没有取暖设备,没有供氧设备,没有舒适的床铺,没有干净的洗浴设施,也没有专门打扫的工作人员,卫生条件很差,让人不舒服,解决不了我们的现实需要。"(样本 D-t-03)"我们乡村小学(农牧区),许多学校规模较小,设备等条件和县城小学差不多,但是在教学管理水平、业务能力等方面有很大差异。"(样本 C-j-03)"到高海拔地区交流,作为一个汉族老师,我的身体根本没有办法承受,天天感冒、头疼、发烧,又不好意思天天请假,只能硬抗着,身体上的各种不舒服,让我的心理承受能力逐渐减弱,很难受。"(样本 E-t-13)

说明交流校长教师比较注重流入学校的教育教学设施建设和学校工作与生活环境建设,比较关注学校的形象与图标等外在标识,同时也表明交流校长教师在流入学校对组织物质文化方面的关注度比较高。造成这种结果的原因有以下几个方面:首先是组织环境对交流校长教师的影响较大,交流校长教师进入新的陌生学校,都存在或多或少的适应性问题,其适应性的强弱反映了学校组织环境对他们的激励作用的大小,激励效果好说明交流校长教师能很好适应流入学校的组织环境,反之则反映出激励效果不佳,因为舒适的生活、工作设施和优良的学校工作氛围更能激励交流校长教师的组织行为;其次是组织硬件设施和标识对交流校长教师的影响比较大,但是交流中组织标识对交流校长教师的作用不明显,原因可能是流入学校并没有明显的学校标识,也没有突出的学校品牌,因此在流入校,交流校长教师对学校标识和品牌概念较为模糊,导致其激励效果不佳。

(三)校长教师领导缺乏建设性

校长教师交流实质是优秀校长教师跨校交流到薄弱学校,带动薄弱学校校长教师发展的过程。其中无论是国家政策还是地方政策都提出了优秀校长教师参与交流的必要条件,无形中将校长教师领导力置于交流的核心地位。目前,校长领导力与教师领导力都已经成为学界的共识,自然激发参与交流的校长教师领导力就成为组织激励中的重要环节,包括校长教师道德激励、目标激励和组织关系激励三个层面。道德激励是激发参与交流的校长教师自身的道德示范,促进交流学校教职工道德成长,从而发挥领导作用的过程。目标激励是激发参与交流的校长教师如何通过目标设定,分解各交流阶段的目标,推动薄弱学校向优质化学校迈进,达成交流目标,从而维系与强化薄弱学校持续改进的过程。组织关系激励是不断激发交流校长教师心理动机,构建和谐的组织关系,使其不断地产生工作满意感的激励过程。

1.校长教师交流中忽视了道德示范的重要作用

德行是交流校长教师的重要修养,也是薄弱学校对其行为的重要期待,更是交流过程中学校组织成员心悦诚服的主要源泉,中国文化背景下的建设性领导将道德视为激励的核心。调研数据反映,L市所辖各县交流校长个人品德的均值为3.025,小于所有领导者个人品德的均值3.281,交流校长在为人正派、以身作则、道德修养、身先士卒四个维度上的得分分别为2.959 5,2.964 6,3.205 1,2.969 6;交流教师个人品德的均值为3.181,同样小于所有领导者个人品德的均值3.281,交流教师在为人正派、以身作则、道德修养、身先士卒四个维度上的得分分别为3.119 0,3.081 0,3.382 3,3.143 0。在领导者行为评价中35.8%的专职教师认为交流校长为人正派,言行一致,不拉关系,不走后门,40.6%的专职教师认为交流教师为人正派;19.0%的专职教师认为交流校长能以身作则发挥模范表率作用,40.9%的专职教师不知道交流教师在流入校是否能以身作则,发挥模范作用;27.2%的专职教师认为交流校长在流入校比较注重自身道德修养,41.5%的专职教师不知道交流教师在流入校的道德修养如何;30.8%的专职教师认为交流校长在学校能身先士卒,冲到教育第一线,29.4%的专职教师不知道交流教师在流入校是否会身先士卒,冲到教育第一线,可见,目前L市的交流政策执行中缺失了交流校长教师道德示范的重要内容,而更多地将目光聚焦于常态化的保障体制、资金支持、福利待遇等方面。其原因主要是忽视了道德的隐形辐射作用,缺乏对交流校长教师建设性领导力的全新认识。交流校长教师的建设性领导作用不仅要通过提供优厚待遇或福利使之发挥管理、教育等才能,更重要的是通过激发交流校长教师的品德与人格魅力等道德特质为流入学校成员营造和谐氛围,促成有效行为动机,减少交流的破坏性影响,同时,激发优秀校长教师勇于牺牲、乐于奉献的德行可以提高其到条件恶劣的农牧区交流的意愿,从而在交流中形成强大的组织正能量。

2.校长教师交流中缺少了对交流目标达成的评价

达成交流目标是校长教师交流的动力,也是薄弱学校组织成员共同的愿景。校长教师交流既要推动薄弱学校形成先进的组织文化,也要促进薄弱学校优化升级,两者的共同作用才能实现优秀校长教师交流的终极目标。交流校长教师如何对待教育教学工作是达成交流目标的主要因素。调研显示,交流校长对待教育教学工作的均值为3.120 9,小于全体领导的均值3.342 4,其中在工作规划、任务分配、专业知识、工作进展四个维度上的得分分别为3.000 0,3.160 8,3.113 9,3.201 3;交流教师对待教育教学工作的均值为3.052 2,同样小于全体领导者的均值3.342 4,交流教师在对待教育教学工作四个维度上的得分分别为2.898 7,3.098 7,3.021 5,3.189 9。在对交流校长教师对待工作的评价中,40.5%的专职教师不清楚交流校长是否能制定周密可行的工作计划,38.9%的专职教师不清楚交流教师能在制定教育教学计划方面的能力;38.5%的专职教师不知道交流校长是否能严格规定教职工的工作职责,合理进行工作任务分工,36.3%的专职教师不清楚交流教师是否能进行教学任务分配；32.5%的专职教师不了解交流校长的组织能力和专业水平，仅10.1%的专职教师认为交流校长有较强的组织能力和专业水平，仅有9.2%的专职教师认为交流教师有较强的组织能力和专业水平；32.5%的专职教师不了解交流校长在流入校对教育教学工作的督促检查情况，仅有12.2%的专职教师认为交流教师在流入校会对教育教学工作进展情况进行督促检查。可见，大部分教师对交流校长教师在流入校如何对待教育教学工作方面的能力不清楚，对交流校长教师推动交流目标达成方面的能力给出了较低的评价。这种现象的原因主要是由于交流目标设定中过多地强调教学成绩，而对交流校长教师如何促进薄弱学校组织文化变革，并使之朝着优质学校发展方向转变的评价内容缺失，致使对交流校长教师的交流目标考核不全面。但是实际交流中又对交流校长教师有更多的期待，这也是造成流入学校主观上认为交流成效不佳的主要原因。具体表现为，其一是缺乏针对交流校长教师领导力、教育教学、管理水平等方面的评价，对交流校长教师促进学校整体协调发展的目标缺失；其二是缺乏把学校文化建设和特色建设内化为学校组织成员的自觉价值追求，并形成薄弱学校的传统加以强化，从而实现组织变革，推动薄弱学校发展的目标，这是交流校长教师交流中比较困难的组织目标，而此目标决定了交流的成败①。优秀校长教师如何推动薄弱学校优化升级的组织核心价值观不明确，难以对交流目标进行具体细化，导致校长教师交流注重形式，使得优秀校长教师的资源被浪费，造成了很多交流的无效性，偏离了校长教师政策在县域内执行的初衷。

3.校长教师交流中缺乏对流入学校组织关系的维系

交流校长教师的职能就是推进薄弱学校组织持续发展，即是校长教师如何对待普通学校或薄弱学校教职工的具体表现。交流校长教师到流入校后无形中会造成薄弱学校组织成员心理紧张，从而产生消极抵触情绪，给教育教学带来诸多障碍。调研结果显示，交流校长对待他人的均值为3.085，小于全体领导者的均值3.306，其中，关怀体贴、关系维系、安慰照顾、尊重信任四个维度上的得分分别为2.993 7,3.203 8,3.184 8,2.958 2；交流教师对待他人的均值为3.286，同样小于全体领导者的均值3.306，交流教师在对待他人四个维度上的得分分别为3.173 4,3.589 9,3.348 1,3.031 6。在对交流校长教师如何对待他人的评价中，35.7%的专职教师认为交流校长在流入校体贴和关怀教职工的行

① 季春梅,程振响.关于建立我国中小学校长交流制度的调查分析[J].教育发展研究,2011(18)：16-17.

为一般,41.8%的专职教师不知道交流教师在流入校体贴、帮助、关怀学校其他教师的情况如何;37%的专职教师认为交流校长比较注重维系与学校教职工之间的关系,43.9%的专职教师认为交流教师比较注重维系与教职工、同事之间的关系;38.2%的专职教师认为当流入校教师遇到困难时,一般交流校长不会给予安慰和尽可能多的照顾,39.2%的专职教师不清楚当流入校教师遇到困难时,交流教师会不会主动给予安慰和尽可能的帮助;37.8%的专职教师不知道交流校长会不会信任尊重学校员工,会不会给教师表达意见的机会,39.6%的专职教师不清楚交流教师会不会信任尊重同事,倾听和接受其他教师意见,可见,交流校长教师进入交流学校后维系学校组织关系的能力并没有表现出来,学校专职教师对交流校长教师维系学校组织关系方面的行为给予较低的评价。原因一是交流校长教师缺乏欣赏型的领导方式,具体表现为缺乏肯定、赞赏、珍视学校教职工和同事的态度;富有激情和欣赏的领导行为方式缺失,主动发现和挖掘流入校同事的优势,并始终以积极态度肯定其能力的行为较少;原因二是深入了解薄弱学校教职工及同事专业发展期望,体贴、关注、支持、鼓励学校组织成员等领导行为意识淡薄,对如何积极引导流入学校组织成员缓解对抗与化解矛盾的认识不足,与薄弱学校内部教师间沟通不畅,与组织外部教育行政主管部门的沟通不利,交流校长教师的人际能力没有得以发挥,以至于维系和强化流入学校可持续发展的动力不足。

第三节　校长教师交流中的学校组织变革

校长教师交流的终极目标是在流入校"克隆"更多的优质师资从而推动薄弱学校实施教育变革,进而促进学校持续改进,可见,学校变革是学校持续改进的主要推动力量。学校变革是在特定任务的激励、引导和驱动下,采用特定的策略、方法(体系),针对学校变革发展中的问题而展开的理论探讨和实践探索①。在校长教师交流过程中,针对学校组织结构、组织文化变革和领导变革等学校组织变革的问题研究,正是学校组织对交流校长教师实施激励,助力于学校持续改进的过程。

---

① 杨晓微.社会转型时期学校变革的方法论初探[D].上海:华东师范大学,2002:4.

(一)学校组织结构重构

组织结构是组织成员行为决定因素①。为适应新的竞争环境和激发组织成员的积极性,许多组织需要重新思考组织结构,以适应组织战略目标的实现。传统组织理论所强调的工作分工与专业化、权力等级与统一指挥、正规化等观念都已悄然发生变化,尤其是在教育系统中,面对学校组织结构对员工行为所产生的深刻影响,一种扁平化、柔性化和无边界的组织结构变革正在发挥着组织的正激励作用,正是这种权变的组织设计理念潜移默化地推动了学校的持续改进。

1. 层级扁平化:学校中层组织机构的系统变革与重组

提高学校组织效能的重要措施是对学校组织结构进行扁平化设计。学校组织结构的扁平化设计是通过组织结构变革对交流校长教师实施激励的过程。其设计思路是通过减少学校组织管理层级,分解学校垂直结构,增加学校管理者与普通教师间的沟通交流,强化教师自身管理能力,适当地分权对现有的学校组织结构实施变革而提高教师的管理责任,进而提高对交流校长教师的激励效果。在这种扁平化结构设计下,可以让中小学校组织中的各个层次以及学校组织成员职责越加明确、管理越加自主、知识与技术能力越加精进,以促进学校组织的灵活性和创造性。

(1)实施组织结构优化重组 为了激励交流校长教师和促进学校自身发展,不仅要对 L 市所辖各县中的农牧区小学组织结构进行变革与重组,同时也要对县城中学小学组织结构进行重新调整,重点是优化中层管理部门。根据调研情况,应在现有的学校组织中设立校务办公室、教学管理部、教育研究部、学生工作部、生活服务部、教育培训部六个中层职能部门②。其中,校务办公室主要承担制定规章制度、起草相关文件、组织召开会议、进行财务和固定资产管理、负责外事、接待等职责;教学管理部主要承担制度教学质量评估标准、检查教学成果、进行教师、教学、教育技术、教育资源、教育设备、图书资料管理、负责聘任、培养教师等职责;教育研究部主要承担学校科研的规划、指导、实施、评价、信息服务等工作;教育研究部承担科研管理与规划、科研培训与评奖、课程实施与改革、

① 罗伯特·G.欧文斯.教育组织行为学[M].窦卫霖,温建平,译.北京:中国人民大学出版社,2007:119.

② 王红岩.课程改革推进中的学校组织变革研究[D].长春:东北师范大学,2012:83.

教材开发与选用、学科建设与实施、教育信息收集与整理等职能;学生工作部主要承担学生心理健康指导与教育、学校行为习惯培育与指导、班主任工作与班级建设、德育教育等职责;生活服务部主要负责教育设备维修与管理、教职工福利、物业、环境和安全管理、食堂宿舍与班车管理等职责;教育培训部主要承担负责教师培训、家长学校和假期管理培训等职责;文化发展中心承担学校文化发展,学校网络建设、校刊、校报、教育信息收集与整理等职能①。通过这6个中层管理部门结构设计,可以强化学校内各个部门协同合作,促进各部门不同层面的合作与统筹安排,从而激发交流校长教师在流入校的工作动机。

(2)实施扁平化管理 扁平化管理主要是通过学校自主管理权限下移的方式对交流校长教师行为产生影响的过程:一方面,组建各学科委员会并选拔交流教师和交流校长担任各委员会主席职务,承担课程教学改革、学科建设与教师队伍建设等的决策职责,在推动学校各学科建设的同时也为交流校长教师赋予一定的自主权。另一方面,实施任务型模式的年级组管理,各个年级根据本年级学生特点开展教育教学活动,起到承上启下和协调本年级与学校各部门之间关系的作用,从而在增强年级组教师的责任感和使命感的同时,为交流教师提供担当年级组长的机会,让其发挥自身优势统筹安排有关教育教学工作。

2.机构柔性化:组建以学习共同体为核心的合作性组织

柔性化强调协作的组织结构形式,包含组织成员之间的合作、信任、信息共享、创新能力等内部结构关系,通过弱化集权化直线组织结构形式,适当调整权限并不断变革,以满足学校全体成员自我价值实现为出发点,组建以共同学习为目标的合作团体,风险共担。在此过程中可以将组织意志转变为交流校长教师个人的自觉行动,增强组织凝聚力。

(1)构建学习型组织 研究表明,组织成员共同学习是学校持续改进的关键因素,在学校组织内外环境巨变的当下,构建学习型组织无疑是推进薄弱学校变革与优质化改进的内在要求。以一种全新的共同学习交流方式,将交流校长教师的内在能量得以充分展现从而创造自己真心向往的教育成果,努力实现教育抱负,是让校长教师交流价值得以体现的重要方式。当交流校长教师与流入学校的中层管理者及教师一起发展一个学习讨论,并向感兴趣的教师群体开放,围绕教育问题吸收新的知识观念时,一个学习共同体

---

① 王红岩.课程改革推进中的学校组织变革研究[D].长春:东北师范大学,2012:85-87.

就已开始孕育。学校的学习共同体主要凸显任务驱动与问题驱动的导向性，聚焦于知识的分享与创造，这种自发组织会自主形成学习与成长的氛围，在激发交流校长教师自身优质因素的同时，可以带动流入学校教师自我发展，这时流入学校组织变革已经悄然发生。

（2）建立适量的虚拟组织与非正式组织　根据目前的学校规模应考虑在一些小型的农牧区学校建立包括虚拟组织，及其他一些帮助学校组织结构调整和学校发展所必须的非正式组织，如"教学评估与课程研究组织""家校组织""师生互动组织""校园文化研究组织"等，形成虚拟化的结构。教学评估、课程研究等组织通过与当地高校的联合，充分利用高校科研机构的智力资源优势，构建专业支持体系，为课程改革提供咨询、培训、指导等服务；家校组织通过与学生家长的沟通、合作，让家长理解学校教育的真谛，在及时参与学校管理的同时对教育工作进行评议与监督，反过来可以起到促进家庭教育良好发展的作用；互动组织通过教师与学生间的互动，全面了解学生学习中的困惑与心理问题，为营造良好的教育环境，提高教师专业素质与服务意识，建立良好的师生关系创造条件；校园文化研究组织通过与校外传统文化研究专家的联动，分析文化对学校发展的重要作用，凝练农牧区传统文化中精华，在传承优秀民族传统文化的同时，也要全面抵制消极的宗教文化对农牧区教育的影响，进而认真贯彻落实党的教育方针，积极践行学校新时代发展的办学理念，让全体师生遵守学校规章制度。通过这些组织的建设，让学校可以充分依靠社会各界的力量，集思广益，强化学校组织的民主性与学科管理思想。这个过程无疑可以使交流校长教师发挥主导的力量，调动其立足农牧区学校建设的积极行为，为学校持续改进而提供帮助。

3. 组织边界网络化：打破垂直管理，统筹职能管理和地域管理

杰克·韦尔奇提出"无边界"的概念并指出，无边界是将各个职能部门之间的障碍全部消除，部门之间能够自由流通，完全透明[①]。这足以显示，无边界组织寻求的是如何减少垂直管理的指挥链，取消各职能部门。面对信息技术在教育领域的迅猛发展，传统组织设计也面临新的挑战，无边界学校组织变革已成为一种必然的趋势。组织边界网络化管理的实质是，通过学校组织之间以及学校内部各功能单元之间的跨边界资源整合过程

---

① 杰克·韦尔奇，约翰·拜恩. 杰克·韦尔奇自传[M]. 曹彦博，孙立明，丁浩，译. 北京：中信出版社，2001：175.

所形成的连接为纽带,由活性结点网络连接而构成组织协作系统①。在学校组织中,要实施学校组织边界的网络化管理,必然要通过打破学校组织垂直边界的天花板效应,消除学校职能部门的障碍,解除学校地域边界的围墙阻隔,构建连接学校组织内部成员与外部相关者的情感、价值同一性等心理纽带,而积极建立开放的学校组织系统。这无疑是提高整个学校组织信息传递能力,实现高效运转,分享经验的过程。其中,交流校长教师在网络化管理过程中起着不断创造价值、推进组织有效变革的关键性作用。

(1)打破垂直管理 消除垂直界限使组织趋向水平化,是降低学校组织等级秩序的有效手段,从某种程度上也是学校上层管理者充分授权,赋予下级拥有一定的自主权,激励学校组织成员努力工作的过程。由传统"自上而下"金字塔式的学校组织管理模式走向"自下而上"的组织管理模式,要求学校高层管理者将权限下放到各年级组、教研组,这样一来,以学科教研为基本单位的开放式管理就能推动学校组织结构变革。期间,交流校长教师可以发挥各自的学科带头作用,通过学校领导层和交流校长的充分授权,鼓励交流教师及学校优秀教师承担年级组、教研组组长职责,充分激发交流校长教师的能动性,从而实现流入学校学科组与年级组教育教学行政一体化管理,增强教研组、年级组等管理意识,为学校改进提供支持。同时,满足交流校长教师在流入学校被尊重、自我价值实现以及对学科建设的需要,激发其主动性和创造性。

(2)统筹职能管理 要突破学校组织内部各个职能部门之间的界限,必须形成一种各部门有机融合、相互融汇、彼此补充、协调统一的学校组织系统。校长教师交流过程的主导方向是从优质学校交流到薄弱学校而帮助薄弱学校调整人力资源结构、创生优质师资。交流政策的目标是通过交流而实施学校变革,而学校组织各个职能部门之间无边界的合作整合,更有利于交流校长教师在流入学校实现快速、无阻碍地相互交流与沟通,将各个学校部门进行统整,加强交流校长教师与流入学校之间的无缝对接。在校长交流过程中,通过横向与纵向方面部署和策划学校各团队工作,促进组织各学科团队间合作分工、落实责任、协作配合,以适应学校工作不可能由一个人或一个部门独立完成的特点。在教师交流过程中,通过交流教师在教学工作中的部门间合作,实现相关学科教学内容的交融,可见,在学校统筹职能管理中对交流校长教师的激励是以流入学校教育教学活动为载体,促进交流校长教师与流入学校各教研团体间人员的相互合作,打破彼此交流合作壁垒,从激发交流校长教师主动投入教育工作的积极行为的角度提升流入学校教育

---

① 于斌. 组织行为学[M]. 天津:南开大学出版社,2007:315.

品味而得以实施。

(3)消除地域边界　地域边界是薄弱学校发展中的主要阻碍因素之一,跨地区的学校地域导致学校组织管理长期处于故步自封的境地,一些优质的教育理念和创新的教育思维很难进入偏远的农牧区学校。校长教师交流活动必然要求打破地理边界,将先进的教育管理思想传播到流入学校,形成优势互补,共享流入学校与流出校开放式的办学检验,从而能够根据流入学校的特色和地区风俗习惯,对流入学校发展战略进行本土化设计。此过程主要是通过激发交流校长教师工作热情,在流入学校中承担知识、技能和教育文化、教育价值传播与融通的使命,同时,也应注重激发薄弱学校的校长教师在优质学校学习、体验和交流的动力。这样的双向交流在无形中不仅消除了学校组织之间的边界,而且在推动薄弱学校改进过程中迈出了坚实的一步。

(二)学校组织文化重建

组织文化满足组织成员物质需要、精神需要、崇高群体价值观所带来的成就感、使命感以及良好的组织气氛所带来的归属感、尊重感和荣誉感的过程,就是将组织成员的创造热情,转化为自觉行动,产生深刻而持久的激励作用的过程,因此,如何产生崇高的组织核心价值观、良好的组织风气、优良的伦理道德、意识观念、和谐的内外环境等能满足学校成员组织需求的文化要素是激励交流校长教师的关键。这就需要学校随着所处的外部环境的变化和内部条件的改变,根据自身发展的需要,自觉改变组织文化中不利于组织发展的因素[①],即对陈旧的组织文化进行变革,包括组织精神文化的变革与更新、组织制度文化的创新与变革、组织物质文化的更新与建设。

1.精神文化变革与更新:提升核心价值观、精神、风气、道德、意识等价值激励性

精神文化变革是组织文化变革的重要内容。当学校组织面临的内外环境发生变化时,组织为了持续发展的需要必须要对现有的组织精神文化进行调整、重组,对原有的精神文化扬弃而实施组织精神文化变革。这个精神文化变革的过程必然伴随着因产生了优良的组织文化精神,而形成对交流校长教师的激励。

(1)组织核心价值观的重建　要达成薄弱学校优质化改进的目标,就要达成学校组

---

① 埃德加·沙因.组织文化与领导力[M].马红宇,王斌,译.北京:中国人民大学出版社,2011:216.

织中个人愿景与学校发展的总体愿景相统一的目标。要调动交流校长教师的积极性,必须要解决学校组织的共同价值与学校组织成员的个体价值的关系问题。通过将学校组织中众多员工不同的多元价值观整合为组织的核心价值观,而达到交流校长教师对流入校的组织文化认同作用,使其接受流入学校组织价值观,进而将学校改进的整体利益统整起来,实现对学校组织价值观的重建,促进交流校长教师更好地融入交流学校。

(2)组织精神价值的重建 作为组织文化中的灵魂,组织精神是组织成功的支柱。通过对学校组织成员的群体精神风貌、观念信念、传统行为习惯进行培育与凝练,形成一种集体情感、意志,贯穿于学校组织运行的整个过程中而重塑学校组织精神,进而对组织成员起到激励作用。通过组织精神重塑,引导交流校长教师对流入学校发展和优质化改进目标,产生执着追求和坚定信念;强化交流校长教师对交流目标的责任感和使命感,促使其为达成目标而不懈努力;另外,通过不断地教化组织精神,使交流校长教师产生一种意志力,鼓舞其不遗余力地排除万难,达成交流目标。

(3)组织风气的重构 通过对学校组织中积极向上、和谐气氛及特殊组织作风的培育,如团结友爱、开拓进取、艰苦创业等组织风气的重新构建,形成学校组织成员全体特有的活动方式,从而形成学校组织成员的群体心理定势,汇聚成学校内部成员良好的言行举止,影响交流校长教师,起到正激励的作用。

(4)组织伦理道德的重塑 组织伦理道德是组织内部人们共同生活及行为的伦理准则和道德规范。通过对学校组织伦理道德价值的重新定位,进行道德培训,汇聚学校组织中一些优良的道德规范,塑造高道德标准;通过奖励道德行为和惩罚不道德行为,创建一种有道德的积极氛围。这种学校所支持的高道德标准在学校中会展示更多的优秀师德风范,从而积极引导交流校长教师自律,并用道德的力量通过他律来规范行为,起到激励交流校长教师的作用。

(5)组织意识观念等群体价值的重建 组织意识观念会显著影响组织成员的积极性,通过加强组织内部成员之间的沟通、合作,建立以友谊、情感为连接纽带的组织内部成员合作桥梁,形成强大的组织凝聚力,重构正面的、善意的、相互信任的组织意识,就会让交流校长教师在教育教学决策中适当考虑对方的利益,增加合作的意愿。这种不依外力而构建的学校组织内部约束力量,不仅有助于提高交流校长教师为实现学校改进持续做出贡献,而且可以克服学校组织内部成员"搭便车"的行为,提升学校持续改进的效率。

2.制度行为文化创新与变革:提升正式制度与非正式制度的激励效果

学校组织制度与行为文化的变革是通过对组织正式制度与非正式制度的更新来规

范学校组织成员行为,调整内部成员间相互关系,推动学校组织文化创新的。要激发交流校长教师在流入学校的工作积极性,推进学校持续改进,必须考虑学校制度所反映出学校文化的独特性,体现学校教育的真谛,关注学校制度对学校组成成员的主体行为方式的影响,因此,必须要对学校制度文化实施变革。

(1)应注重对正式制度文化的变革 要充分辨析学校原有的制度问题,改进对学校组织成员影响不利和不合理的制度内容,从学校改进需要的角度来解读制度内涵,重新构建新的制度,通过尊重学校组织成员和交流校长教师的主体地位,让他们解读现有的制度,创建新的制度内容,从而体现交流校长教师是新制度积极创造者的尊严;通过让学校组织成员和交流校长教师平等交流,讨论和分析已有制度,提出制度中不合理要求,更新制度内容并将其融入先进的教育活动和学校变革进程中进行制度创新;通过制度创新过程激发交流校长教师在流入校主动开拓和自主发展的空间,为他们提供主动开展先进教育活动生命体验,而这样就可以激发交流校长教师的教育自觉,使其更加清晰地认识自己在流入校面临的发展可能性,进而激发出更多的教育智慧,彰显自己的教育生命活力。

(2)应注重对非正式制度文化的变革 沿着不断创造更优质的学校教育,实现学校变革这一思路进行学校制度文化建设,必然不能只关注学校中的正式制度,同时也应考虑如何进行非正式制度文化的创新,依靠行为习惯、传统风俗和学校中固有的一些典礼、仪式、节庆活动等非正式文化所形成的规则,均会对学校组织成员行为产生深远影响,通过对现有不成文或没有用准确文字条目形式表现出来的制度文化进行剖析,扬弃其中不合理的文化影响因素,继续传承优秀传统制度文化,并在学校教育中使其形成教职工全体自觉的行为,重新打造新的非正式制度规则,促进优良组织制度文化的生成,从而在此过程中激励交流校长教师的文化自觉行为。

3. 物质文化更新与建设:提升内外环境、标识、器物的激励效果

物质文化不仅能让学校组织成员有安全感和舒适感,产生对组织向往的心理,而且能够通过物质文化所形成的组织形象对组织成员产生激励的作用。

(1)要更新学校组织的内外部环境 通过优化环境对学校内部的整体校园环境文化进行设计,体现学校领导者选择的办学理念和学校发展目标,展开对各部分校园环境可以发挥教育功能的设想,开发相关的物质资源,包括对校内不同区域的设计布置,并由学校成员及交流校长教师共同参与改变和创造;另外,要完善校园硬件环境设施的建设与

更新,改善教职工住宿、办公、餐饮等方面的硬件设施,更换陈旧、老化的办公用品,为学校员工提供舒适、温馨的教育、工作条件,以缩短交流校长教师在流入校的适应性时间,激发其投入新环境的工作热情。同时,也要关注学校组织与外部社会发展、人文精神和本地区的自然条件等外部环境对学校组织成员的影响。

(2)要更新学校组织的标识、组织器物 通过对学校组织文化设施包括标语、口号、标志性的建筑、雕塑等建设或重构而塑造学校组织的形象,尤其是要对农牧区学校目前没有任何学校组织标识和组织器物的学校进行外在校园总体规划,通过一些物质手段重新塑造学校组织形式,提升学校在本地区内的社会影响,彰显学校组织文化形象特征,从而使本学校组织成员在社会交往过程中受到尊重,强化交流校长教师在流入校的成就感、自豪感和对流入学校的忠诚度,激励其尽心尽力工作,自觉接受学校组织的行为规范。

(三)交流校长教师领导重塑

变革领导是一种非常能够勾勒出组织蓝图,敏锐把握组织未来发展方向,明确组织目标,实现更高的组织绩效的领导方式[1]。引领学校组织变革推动学校改进是变革型领导的最大特点。变革型领导作为最有效的领导方式在校长教师交流活动中起着推进薄弱学校组织变革的关键性作用。因此,如何激发交流校长教师的建设性领导行为,使其成为变革型领导是学校组织激励的重要内容。

1.提升交流校长教师道德垂范作用,加强流入学校道德体系建设

优秀校长教师如何通过体现高尚德行与诚信,并与学校组织成员构建和谐尊重关系而促进薄弱学校发展,这不仅是关乎流入校基本道德建设,同时也是薄弱学校可持续发展,从而实现教育均衡发展的重点。首先,建立完善的道德培养体系,不断地通过各种道德培养措施,强化优秀校长教师的道德诚信意识,并通过优秀校长教师道德与诚信垂范,增进学校成员间产生互惠、互信的纽带联系,从而激发其工作热情,带动薄弱学校教育教学质量提升。其次,建立完善的校长教师道德行为监督机制,提升领导效能,优秀校长教师应通过对重视薄弱学校员工的期望与需求建立关心、支持下属成长的渠道,加强一视

---

① 张京.变革型领导与员工绩效的跨层次研究[D].武汉:中国地质大学,2013:12-13.

同仁、公平正直、善良忠诚等道德价值观的审视，构建优秀校长教师在薄弱学校中与下属间的互惠互信、良性循环的双向互动联系，促使创造出色绩效。最后，增设流入校校长教师道德建设内容，加强流入校校长教师道德培养举措，逐步将优秀校长教师对薄弱学校道德体系建设的内容纳入学校管理的范围内，转变为教师群体的自觉行动，让优秀校长教师成为流入校道德建设的楷模，提高优秀校长教师对诚信道德重要性的认识，将优秀校长教师的良好道德情操以规范化的形式固定下来，进行宣传、教育、引导和培养薄弱学校的领导及教师员工，可以事半功倍，从而推动薄弱学校不断改进。

2. 增强交流校长教师执行力，完善交流目标达成策略

执行力是专门而独特地将目标付诸实际行动的能力，领导者执行力是组织目标达成必经的过程。优秀校长教师进入薄弱学校，必须以卓越的执行力对薄弱学校进行改造，并以其超强的影响力对学校组织成员发出行动的信号，有效运用各种途径，督促交流组织目标达成。

（1）制定薄弱学校长远发展目标　将学校组织文化建设目标与促进薄弱学校整体协调发展目标相结合，对总体目标进行分解，客观地评价薄弱学校的现实状况，并与当前区域内其他优质学校进行类比，建立薄弱学校优化改进的阶段性目标，有效合理利用学校资源进行目标执行先后顺序的规划，保障交流目标的达成。

（2）建立完善的评价机制　针对每学年交流目标进展情况进行客观评价，建立完善的评价指标体系及监督、跟进与奖罚机制，确保交流目标的实现。

（3）积极引导薄弱学校树立组织核心价值观　通过优秀校长教师参与流入校管理、教育教学活动，建立优秀校长教师与学校组织成员间的互信渠道，让学校成员感受到被重视的意义，以欣赏的工作态度激发流入校教师产生教学的动力，消除工作中的消极情绪，建立密切的相互联动机制，促进组织目标的有效实现。教育行政部门与交流校长教师签订目标责任书，对校长教师交流绩效综合评估，并对达标者给予奖励，增强校长教师交流实效。提高优秀校长教师自身对交流目标达成的全面认识。优秀校长教师要不断客观地审视自己的言行举止，培养薄弱学校教职工的先进思维意识，从而不断地发挥优秀校长教师领导执行力的表率作用，推动薄弱学校向优质学校迈进，实现教育均衡发展。

3. 提高交流校长教师人际交往力，调动工作积极性

人际交往能力是优秀校长教师必备的素质之一，可以促进薄弱学校组织内部和谐，并形成隐形的向心力，化解学校教职工成员之间的隔阂，不断满足薄弱学校教职员工追

求高层次的需求,因此,建立良性的沟通机制,发挥优秀校长教师的人际能力是激励薄弱学校教职工发展的关键。

(1)建立薄弱学校教职工被尊重、实现自我发展机会等需求满足机制　优秀校长教师要充分发挥其组织才能,在带领学科建设的同时及时将学校教职工各种合理需求与上级部门进行反馈,以赢得流入校教师群体的信任,在这种人际能力体现的过程中激发其工作的积极性,推动薄弱学校教学与教育能力的提升。

(2)营造尊重教师、激发教职工主动性和增强教师自信心的良好环境氛围　优秀校长教师进入薄弱学校更重要的是要体现自我价值,而得到薄弱学校组织的认可,发挥更好的才干是其价值实现的基础。激发教职工的积极主动性可以缓解工作中的阻碍,可以高效率地完成教育教学工作任务,优秀校长教师对流入校教师的体贴、关怀可以消除校长初来乍到的陌生感,从而维系薄弱学校健康运转。

(3)建立薄弱学校教职工意见表达和反馈机制　优秀校长教师要树立标榜,必须要先以决策与制度建设的可执行性为标准,完善的意见表达将化解抵抗和消极心理情绪,充分发挥优秀校长教师的辐射示范作用,从而在教育均衡发展中迈出坚实的一步。

第四章

团队激励：激发校长教师交流的群体动力

　　"我国基础教育有加强和改进的余地,有优化教育供给的必要性。[①]"为解决师资供给的矛盾,从提高质量的角度改进基础教育,必然以优质师资供给为出发点。校长教师交流活动正是扩大优质师资供给的有效模式,在交流政策实施过程中,如何让交流校长教师成为优质教育资源的"种子",在薄弱学校落叶生根、开花结果,生成更多的优质师资以满足受教育者对高质量教育的需求,关键要看交流校长教师所发挥的能量。团队作为一种提高学校组织运行效率的可行方式,能使交流校长教师快速融入流入校的群体中,而起到应有的辐射作用。因此,通过团队激励,让交流校长教师承担教育教学责任,在流入校起到鲶鱼效应,带动薄弱学校发展是校长教师交流激励的重要任务。为深入了解校长教师交流中的团队激励问题,本研究从团队发展的情感心理角度、教育教学内容角度、工作任务执行角度分别分析团队信任、团队合作、团队沟通对交流校长教师的激励作用。

第一节　校长教师交流中的团队激励实践状况

（一）量表设计与变量特征

　　本研究选取L市6个县域中所有参与交流的校长教师为调研对象,样本量和调研对象的基本情况、回收的有效问卷、采用的数据统计软件均与第二章相同。根据已有的文

---

① 余闯.教育改革也要供给侧发力[N].中国教育报,2016-3-3(1).

献分别编制团队信任量表、团队合作量表和团队沟通量表。仍然采用 Likert 5 点测量方法,通过问卷调研和访谈相结合的方式对交流校长教师在流入校的团队信任激励、团队合作激励、团队沟通激励机制进行全面考察。

本研究根据已有的研究文献从情感心理角度编制团队信任激励量表、从交流校长教师的教育教学内容实际出发编制团队合作激励量表、从教育教学任务执行的角度编制团队沟通激励量表,来测量交流校长教师在流入校的团队激励现实情况。另外,选取交流年限较长并处于不同县域,采用不同交流方式的五位交流校长教师进行访谈。在统计问卷调查结果和分析个案访谈的基础上,探讨县域校长教师交流中的团队激励问题及成因,并提出相应的对策建议。各量表的变量特征见表 31。

1. 情感心理角度:校长教师交流中的团队信任激励量表

从情感心理角度看,交流校长教师在流入校会与学校内部的教职工产生各种情感联系,双方之间会从心理上相互依赖而建立亲密的伙伴关系,由相互的情感认可而在团队中产生团队信任。团队信任会给组织成员一种安全感,提高团队士气和团队凝聚力,使个体能更好地融入团队中,激励团队成员为完成工作任务而不懈努力。为衡量交流校长教师在流入学校的团队信任激励现实情况,本研究参考 McAllister(1995)的团队信任测量量表中的情感信任量表[①],根据对 L 市校长教师交流的预调研情况,重新设计问卷,并采纳交流校长教师的意见,针对问卷不合理之处进行修改、补充、完善,删除因子载荷<0.5 的题项,最终形成包含情感倾诉、关心友爱、诚实信赖、忠实利他、共享得失共 5 个题项的情感信任测试量表。

2. 教育教学内容角度:校长教师交流中的团队合作激励量表

从教育教学内容角度看,交流校长教师在流入校会因教育教学内容与教职工群体紧密联系在一起。在流入校教育目标的共同指引下,交流校长会与学校管理者组成管理团队、领导团队,对一定的教学、科研任务进行明确分工;交流教师会与流入校教师群体组成各种教学、教研团队,并在各自分工负责的基础上相互配合、协作。因此,交流校长教师会围绕专业发展和日常教育教学内容与流入校教职工群体之间形成彼此互动的合作关系。本文在团队合作概念和团队激励概念基础上,针对校长教师交流过程中与教育管理相关的内容,如学校领导团队建设、合作等相关内容,设计预调研问卷;另外就教学相

---

① MCALLISTER,D. J. Affect-and Cognition-Based Trust as Foundations for Interpersonal Cooperation In Organizations [J]. Academy of Management Journal,1995(38):24-59.

关的内容,如教师集体备课、集体听评课、校长师徒带教、科研课题研究等设计预调研问卷。根据回收问卷的答题情况,广泛征集交流校长教师的意见后对问卷进行多次修改,然后删除因子载荷<0.5 的题项,最终确定包含合作意愿、专业发展、成长帮助、共享资源共 4 个题项的团队合作测量量表。

3. 教育任务执行角度:校长教师交流中的团队沟通激励量表

从教育任务执行的角度看,校长教师交流中的团队沟通是交流校长教师与流入校教职工所组建的团队成员双方彼此之间分享信息、增进目标,保持利益一致性、达成共识、培养群体和谐的动态过程。其中,合理的教育教学目标以及为完成教育目标而形成的教育任务是团队成员达成统一共识的基础。很显然,流入校的各种教育教学团队、科研团队、管理团队、领导团队成员之间所进行的沟通协调工作,是完成教育任务的主要渠道。交流校长教师作为教育工作任务的执行者,其合理的沟通需要是引发团队沟通动机的基础。因此,根据交流校长教师在教育中对沟通的需要,并依据沟通内容制定切实可行的任务性沟通计划,建立畅通的沟通渠道或沟通风格是团队沟通激励的主要功能。本书在团队沟通激励基础上,依据清晰可见的沟通目标、顺畅的沟通渠道、沟通内容和沟通风格等有效沟通要素,围绕交流校长教师在流入校的具体教育教学任务,展开针对团队沟通激励各维度的探讨。其中包括团队良好人际关系形成,最大限度地消除团队成员间误会与矛盾,增进相互间的理解与支持,强化团队向心力与凝聚力等因素。然后,确定团队沟通激励测量条款,并在征求交流校长教师意见基础上经过多次修改,删除因子载荷<0.5的题项后,最终形成包括支持理解、和谐默契、交流探讨、体谅协助,共 4 个题项的校长教师交流团队沟通量表。

表 31　团队激励量表及变量特征

量表名称	各变量特征	编码	变量来源
团队信任	情感倾诉	χ_{T1}	McAllister(1995)的团队信任测量量表中的情感信任量表
	关心友爱	χ_{T2}	
	诚实信赖	χ_{T3}	
	忠实利他	χ_{T4}	
	共享得失	χ_{T5}	

续表31

量表名称	各变量特征	编码	变量来源
团队合作	合作意愿	x_{T6}	团队合作、团队合作激励概念;交流校长教师在流入校的具体教育教学内容
	专业发展	x_{T7}	
	成长帮助	x_{T8}	
	共享资源	x_{T9}	
团队沟通	支持理解	x_{T10}	团队沟通、团队沟通激励概念;交流校长教师在流入校的教育任务性沟通内容、团队沟通风格
	和谐默契	x_{T11}	
	交流探讨	x_{T12}	
	体谅协助	x_{T13}	

(二)相关性与回归性分析

1. 团队激励量表信度与效度检验

首先通过信度与效度检验团队激励量表的适切性,经过测量由表32可知,经过调整后的团队激励各量表的Cronbach's α系数置于可接受范围,证明获取的数据可信度较高,测量要求能反映研究的内容。然后,再采用探索性因子分析对样本数据进行效度检验。

表32　团队激励各量表信度汇总结果

量表名称	测量题数	交流校长	交流教师
		Cronbach's α	Cronbach's α
团队信任	5	.881	.888
团队合作	4	.936	.862
团队沟通	4	.872	.919
总体Cronbach's α系数		.886	.860

因子载荷显示,团队激励各测量条款各因子载荷均>0.5,KMO(Kaiser Meyer olkin)检验及巴特利(Bartlett)球形检验表明,样本结构效度良好,交流校长和交流教师问卷收集到的数据适合做因子分析,见表33;探索性因子分析结果见表34。

表33　团队激励的 KMO 与 Bartlett 球形检验

		交流校长	交流教师
KMO 取样适切性量数		.772	.861
Bartlett 球形检验	近似卡方分布	398.420	3 257.740
	自由度(df)	78	78
	显著性(sig)	.000	.000

表34　团队激励的因子分析

	交流校长				交流教师			
		旋转后成分矩阵[b]				旋转后成分矩阵[b]		
	因子载荷	1	2	3	因子载荷	1	2	3
χ_{T1}	.609	.135	.761	.111	χ_{T1}	.569	.720	.207	.090
χ_{T2}	.537	-.199	.501	.497	χ_{T2}	.529	.693	-.001	.221
χ_{T3}	.859	.062	.849	.367	χ_{T3}	.836	.883	.107	.212
χ_{T4}	.895	.153	.913	.192	χ_{T4}	.891	.939	.030	.094
χ_{T5}	.786	.181	.868	.010	χ_{T5}	.705	.838	.057	.005
χ_{T6}	.831	.894	.035	.173	χ_{T6}	.656	.151	.189	.773
χ_{T7}	.839	.900	.111	.127	χ_{T7}	.722	.179	.109	.824
χ_{T8}	.853	.874	.192	.229	χ_{T8}	.649	.081	.081	.797
χ_{T9}	.836	.905	.109	.065	χ_{T9}	.819	.106	.110	.892
χ_{T10}	.672	.391	.216	.688	χ_{T10}	.838	.119	.892	.170
χ_{T11}	.748	.214	.122	.829	χ_{T11}	.821	.027	.898	.115
χ_{T12}	.678	.176	.106	.797	χ_{T12}	.761	.182	.837	.164
χ_{T13}	.825	.052	.182	.888	χ_{T13}	.825	.031	.906	.062
累积解释量:76.67%					累积解释量:74.00%				

提取方法:主成分分析法;

旋转:具有 Kaiser 标准化的正交旋转法;

a. 旋转在5次迭代后收敛。

2. 团队信任、合作、沟通与交流校长教师积极性的相关分析

为了分析团队激励对交流校长教师积极性调动方面的影响程度,本研究采用相关分析法和回归分析法进行上述验证。相关分析结果显示,团队信任、团队合作、团队沟通与

交流校长教师积极性之间呈正相关,见表35。

表35　变量的描述性统计及相关性

交流校长（N=41）						
变量	均值	标准差	1	2	3	4
1 团队信任	2.697 6	.975 83	1.00			
2 团队合作	2.884 1	.873 39	.250	1.00		
3 团队沟通	2.853 7	.908 25	.454**	.382*	1.00	
4 积极性	2.853 7	1.236 14	.638**	.603*	.587**	1.00
交流教师（N=359）						
变量	均值	标准差	1	2	3	4
1 团队信任	2.741 5	0.986 06	1.00			
2 团队合作	2.885 8	0.889 80	.309**	1.00		
3 团队沟通	2.909 5	0.852 71	.208**	.291**	1.00	
4 积极性	2.90	0.713	.636**	.558**	.531**	1.00

**在0.1水平(双侧)上显著相关,*在0.05水平(双侧)上显著相关。

3. 团队信任、合作、沟通与交流校长教师积极性的回归分析

通过以上的相关分析发现,各变量之间都存在显著的相关性,但只能从表面上简单地验证了可能存在的初步关系和影响路径,为了进一步探讨具体的因果关系,还需进一步通过回归分析进行验证。将交流校长教师的积极性作为被解释变量,将团队激励各维度作为解释变量,进行多元回归分析。自变量不存在多重共线性关系是进行多元线性回归分析的前提,即自变量之间的相关系数不能在0.7以上。同时利用容忍度(tolerance)的大小和方差膨胀因素(VIF)的大小来判断多重共线性存在与否①。从测量结果看,团队激励量表中的自变量不存在多重共线性。该回归分析旨在检验各变量对被解释变量的解释力,即学校团队激励对交流校长教师积极性直接影响程度,因此采用强迫进入法来进行回归模型的检验。以分析团队激励各维度对交流校长教师积极性的作用大小,分析结果见表36、表37。

① 容忍度(tolerance)数值在0到1之间浮动,数值越接近0说明自变量之间存在多重共线性的可能性越高,VIF用容忍度的倒数表示,正常情况下当VIF大于10时表明自变量间存在多重共线性。

表36　团队激励模式摘要

交流校长 $N=41$

模式	R	R^2	调整后 R^2	估计的标准误	变更统计量					
					R^2 更改	F 更改	df$_1$	df$_2$	Sig. F	Durbinwatson
1	.811ᵃ	.658	.630	.751 76	.658	23.717	3	37	.000	1.952

交流教师 $N=359$

模式	R	R^2	调整 R^2	估计的标准误	变更统计量					
					R^2 更改	F 更改	df$_1$	df$_2$	Sig. F	Durbinwatson
1	.809ᵃ	.655	.652	.451 49	.655	224.242	3	355	.000	2.160

表37　团队信任、合作、沟通对交流校长教师积极性的回归分析结果

交流校长

	非标准化系数		标准化系数			共线性统计量	
	B	标准误	Beta	t	sig	容忍值	VIF
（常量）	−1.190	.500		−2.380	.023		
团队信任	.543	.137	.429	3.958	.000	.789	1.270
团队合作	.574	.148	.405	3.880	.000	.847	1.181
团队沟通	.324	.155	.238	2.094	.043	.717	1.394

交流教师

	非标准化系数		标准化系数			共线性统计量	
	B	标准误	Beta	t	sig	容忍值	VIF
（常量）	.248	.108		2.295	.022		
团队信任	.363	.026	.467	14.133	.000	.889	1.124
团队合作	.270	.029	.314	9.294	.000	.851	1.175
团队沟通	.307	.029	.343	10.418	.000	.900	1.111

被解释变量:积极性。

4. 研究发现

由表35分析结果可以判断变量之间的相互影响如下。

首先,团队信任对交流校长积极性($r=0.638,p<0.1$)显著相关,团队合作对交流校长积极性($r=0.603,p<0.05$)显著相关,团队沟通对交流校长积极性($r=0.587,p<0.1$)显著相关,校长团队信任对团队沟通($r=0.454,p<0.1$)显著相关,校长团队合作对团队

沟通($r=0.382,p<0.05$)显著相关。

其次,团队信任对交流教师积极性($r=0.636,p<0.1$)显著相关,团队合作对交流教师积极性($r=0.558,p<0.1$)显著相关,团队沟通对交流教师积极性($r=0.531,p<0.1$)显著相关,教师团队信任对团队合作($r=0.309,p<0.1$)显著相关,教师团队信任对团队沟通($r=0.208,p<0.1$)显著相关,教师团队合作对团队沟通($r=0.291,p<0.1$)显著相关。

可得结论如下:学校团队激励的三个维度——团队信任、团队合作、团队沟通与交流校长教师积极性显著正相关,表明团队激励对交流校长教师积极性有直接的正相关影响。证明,POTW理论模型中的团队激励适切于校长教师交流激励研究。

表36显示,团队信任、团队合作、团队沟通对于交流校长教师积极性的影响具有高度的解释力,交流校长样本中整体R^2达0.658,表示团队激励量表可以解释积极性65.8%的变化量,调整的R^2也达63.0%的解释比率,模型检验的结果指出,回归效果达显著水平[$F(3,37)=23.717,p=.000$];同样,在交流教师样本中,整体R^2达0.655,团队激励量表可以解释积极性65.5%的变化量,调整的R^2也可以达65.2%的解释比率,回归效果达显著水平[$F(3,355)=224.242,p=.000$]。

表37回归结果表明,交流校长团队合作能力最佳,其Beta系数为.574,显示团队合作越多,交流校长的积极性越高,其次为团队信任,Beta为.543,表示团队信任越强,交流校长积极性越高,最后是团队沟通,Beta为.324,表示团队沟通越顺畅,交流校长积极性越高;在交流教师样本中,团队信任具有最佳的解释力,Beta系数为.363,显示团队信任越强,交流教师的积极性越高,其次为团队沟通,Beta为.307,表示团队沟通越顺畅,交流教师积极性越高,最后是团队合作,Beta为.270,表示团队合作越强,交流教师积极性越高。其中,t检验结果指出,在交流校长样本中,团队信任($t=3.958,p=.000<.05$)、团队合作($t=3.880,p=.00<.05$)、团队沟通($t=2.094,p=.043<.05$)均具有统计意义;同样,在交流教师样本中,团队信任($t=14.133,p=.000<.05$)、团队合作($t=9.294,p=.000<.05$)、团队沟通($t=10.418,p=.000<.05$)均具有统计意义。

(三)校长教师交流中的团队激励现状描述

上述回归分析从总体上测量出了交流校长教师在流入校的团队激励实践情况,为分析校长教师交流中的团队激励提供了一个参考值。但上述统计数据只反映了百分之六十几的总体信息,仍需要依据所设计的测量指标,结合调研数据与访谈资料展开进一步的描述,从而勾勒出真实的校长教师交流中的团队激励全景。其意义在于要从交流校长教师的真实团队生活世界来合理地设定团队激励策略。

1. 交流校长教师团队信任激励的情感心理现实

交流校长教师是受我国校长教师交流政策驱动的知识型流动群体,在交流过程中其物质需求虽然占有重要的比例,但其情感心理的需要比一般的劳动力群体更为强烈。受团队共同教育目标驱使,团队成员会在心理上彼此依赖,体验对方的感受,产生团队集体意识和归属感。这种团队心理会增强团队信任的力量,影响交流校长教师行为。相关研究表明,从团队成员情感关系背景下产生的情感信任可以提高团队的稳定性,促使团队成员产生心理上的安全感,在团队成员间形成相互依赖关系促进团队互动,创建良好的团队氛围和强大的教育工作动力①。同时也有相关实证研究证明,情感信任可以正向促进团队内的组织公民的行为,体现团队成员对团队的奉献精神的强度,加深团队成员之间的感情连接,调动团队成员积极性②。但在团队信任统计中显示,有36.6%的交流校长和34.4%的交流教师认为不能很好与团队成员间进行情感倾诉;46.3%的交流校长和45.4%的交流教师认为团队成员间不能关心友爱;51.2%的交流校长和48.5%的交流教师认为团队成员间诚实信赖感较低;46.2%的交流校长和44.3%的交流教师认为团队成员不能做到忠实和有利于他人;51.2%的交流校长和49.0%的交流教师认为团队成员之间不愿意与团队其他人自由分享教育心得和教学中获得的各种信息。另外,访谈发现,由于存在个体差异,交流校长教师初入交流学校,会受到教师群体不同程度的排斥和心理抵触。

交流校长教师进入新的教育教学团队,必然面临着新一轮的团队建设挑战。正如一些交流教师所言:"我在交流中最大的感受就是在陌生的地方,生冷的同事都不敢和我们谈及他们学校的事情,认为我们到他们学校没有什么用处似的,有时候自己带着微笑想要和新同事交往,他们总是给我冷冰冰的感觉,让人无法接近。"(样本B-t-04)"我刚开

① 王端旭,武朝艳.变革型领导与团队交互记忆系统:团队信任和团队反思的中介作用[J].浙江大学学报(人文社会科学版),2011(5):170-179.
② 王国猛,赵曙明,郑全全.团队信任与团队水平组织公民行为:团队心理授权的中介作用研究[J].大连理工大学学报(社会科学版),2012,33(2):71-75.

始进入交流学校,很愿意分享自己的教育心得和在教学中获得的各种信息,后来当我遇到困难时,我希望能够找到合适的同事倾诉。但我发现,没有人会关心我,他们很不愿意倾听,甚至有些人会不给我面子,当场指责我事太多,我很失望,觉得在流入校得不到理解,没有值得信赖的伙伴。"(样本 B-t-01)其他的交流教师也有同样的感受:"交流过程中有很多要和同事竞争的教学任务,我总是感觉到我所交流学校的老师在工作中斤斤计较,嫉妒别人,不能和我们交流来的老师和睦相处。"(样本 A-t-16)团队合作艰难,团队沟通困难,让很多交流教师感受不到团队成员间情感,有老师直言:"我从农牧区学校交流到县城学校,希望能够在县城学校学到很多教学知识,可是学校的教师们很害怕我去学他们的教学方法和经验,去听他们的课,他们有竞争感,总是陌生地对待我,不想和我在一起探讨教学方面的内容,我们没有共同的活动。另外,在交流中很少有可以相互扶助的同事,首先感受到的是有损教师尊严,其次就是教师之间有不信任感,有很多压力,从未参加过什么教学团队,也没有和其他老师一起备课和听课的内容。"(样本 E-t-02)也有部分老师认为在流入校沟通很困难:"我在交流学校有很多难以应对的困难,其中沟通问题是最大的障碍,新的环境教师之间不熟悉,亲朋好友不在身边,生活和工作节奏全乱了,周围的人员无法进行沟通和交流,当慢慢适应时又要道别,沟通根本不能深入。"(样本 B-t-19)面对团队沟通和团队合作的压力交流校长没有能够从中感受到自我的价值,如有校长所言:"我在交流学校得不到应有的重视,没有归属感,没有办法组建校长管理团队、领导团队。领导层各自为政,根本无法凝聚在一起。"(样本 F-j-05)在此交流期间,一些交流校长已经没有办法感受到流入校领导团队带给自己的激励力量,有校长坦言:"我是新交流来的校长,总是抱着团结新的教师团体的期望,想把流入校带入一个良好的发展状态。但是,经过这段时间后我已经心灰意冷,明显感觉流入校管理层合作意识淡薄,沟通交流与合作的团队精神缺乏,而且对新来的交流校长排外思想严重,导致我经常只能有想法而无法开展新工作。"(样本 D-j-04)

这都意味着缺乏以情感为纽带的团队信任激励,交流校长教师无疑会受到流入校教师群体排斥而成为被疏离的对象,而这种被排挤还意味着缺乏团队建设与发展的机会,导致团队信任机制出现危机,进而又陷入一种农牧区学校教育力量不断加剧薄弱化的境遇中。

2. 校长教师交流中团队合作激励的教育教学现实

伊藤(Itoh,1991)在团队工作激励的相关研究中指出,工作互补的员工之间更容易相互帮助实现合作①。交流校长教师在流入校的各种教育教学团队,主要围绕教育教学目标和教育内容而展开合作,团队成员之间会进行依据教育教学内容,分工协作,形成一种互补的工作关系,以促进相互合作,其中协同效应越强,团队合作程度越高,团队分工协作决定的协同效应会影响团队对交流校长教师的激励效果,因此,如果有令人满意的团队合作激励机制,就能增强交流校长教师群体在流入校的教育教学合作意愿。然而事实上,涉及教育教学内容的团队合作很难激励交流校长教师。此项调研数据显示,36.5%的交流校长和32.1%的交流教师在流入学校围绕教学内容所开展的教师专业合作意愿不强;34.2%的交流校长和42.1%的交流教师认为,流入校不能很好地实施团队民主管理,开展教师专业合作;29.2%的交流校长和28.8%的交流教师认为,流入校所组织的团队合作对个人成长和教育质量提升帮助不大;39.1%的交流校长和42.4%的交流教师认为,在流入校很不愿意与同事就教学内容展开合作,彼此共享教育资源。依托维果茨基为代表的建构主义理论不难发现,薄弱学校知识的建构是交流校长教师与流入校教职工在相互交往环境中所产生的合作与互动的结果,这种团队合作可以帮助薄弱学校教师专业发展,起到援助的作用。同时,由于交流校长教师与流入校教职工之间在教育背景、认知水平、教育理念、教学经验和思维视域等方面都存在着较大差异,交流校长教师在团队中与其他管理者及教师等的教育合作,会起到补充知识和经验、启发思维、提升智慧的作用。但访谈中发现,当交流校长教师进入农牧区学校后在教育教学中常见的分享教学心得,彼此观摩课堂教学,共同设计教学计划等活动却非常稀少,校长教师通过团队寻求同事间的合作与互动,而从他人那里获取有价值的信息来提升自己的专业内涵的机会并不多。团队合作实践证明,交流校长教师在流入校能够感受到团队合作激励的效用价值并不大,不仅影响了交流校长教师在流入校的管理、教育教学能力提升,而且使交流校长教师自身的积极性难以通过教育教学团队被调动,削弱了其在流入学校的归属感。

3.校长教师交流中团队沟通激励的教育任务执行现实

卡茨认为,沟通是组织的本质;迈尔斯则认为,沟通是教育工作者的主要工作方式,学校目标的实现有赖于校长与教师的有效沟通,沟通是学校运行的基础②,因此,沟通涉及校长教师交流团队中的每个成员和教育教学任务执行的每个环节,因为良好的沟通不仅能够促进教育任务的完成,强化人际交往,获得优质教育成果,还能通过沟通使得团队

---

① ITOH H. Incentives to help in the multi-agent situations [J]. Econometrica,1991,59(5):611-636.
② 于琛,宋凤宁,宋书文.教育组织行为学[M].北京:北京师范大学出版社,2009:221.

成员团结一致解决各种教育难题,减少彼此间的矛盾和冲突,提高团队士气和组织承诺,推动薄弱学校教育质量提升。然而,沟通分量表统计发现,34.2%的交流校长和36.5%的交流教师认为,流入学校(流入校)团队成员不能在教学科研中相互配合,不能理解对方观点和想法;43.9%的交流校长和32.4%的交流教师认为,流入学校所在团队成员之间关系不和谐,不易沟通;31.8%的交流校长和27.7%的交流教师认为,所在的教学团队成员之间不怎么进行深入讨论,交流不顺畅;43.9%的交流校长和37.4%的交流教师认为,所在的团队成员不会在教学中相互体谅,很少有协作,也不会相互帮助减轻工作负担。流入校因存在影响沟通效率和效果的众多因素,交流校长教师在学校团队中缺乏良好的团队沟通,交流校长教师在教育任务执行中受阻,使得交流活动中的教育教学质量无法通过团队力量而得以提升,降低了交流效率。

第二节　校长教师交流中的团队激励症结

在教育师资供给成为教育领域改革主流的当下,校长教师交流政策更被赋予了实现教育公平发展目标的崇高价值内涵。在校长教师交流过程中,无论是基于政策科学考量,还是基于教育组织行为学的激励出发,实现优质师资均衡供给是政府必须秉持的价值取向。校长教师交流政策作为政府践行扩大优质师资供给价值使命的工具,就必须以最大限度激发交流校长教师的教育潜能为政策旨归。上述数据证明了POTW理论模型中的团队激励对校长教师交流激励研究的适切性,并通过回归分析指明了问题成因,要进一步分析研究结果,不容置疑还要在流入学校团队建设中,结合访谈内容与校长教师交流中的团队激励现实,做出细致思考。

(一)情感危机:校长教师交流中的团队信任制约

情感信任通常体现的是一种非理性的信任,建立在以团队成员间情感关系纽带基础上的情感信任,会让团队成员双方产生心里慰藉,提升心里舒适感和安全感。团队信任是团队成员之间相互抱有信心,依照团队成员相互的意愿进行决策和行动的程度(McAllister,1995)。建立在团队成员情感基础之上的信任是团队成员态度和人格品质的集中体现,当被信任者态度冷漠、排外思想严重、拒其他团队成员于千里之外时,团队情感型信任将难以形成。调研发现,在校长教师交流中,流入校团队内部成员对交流来的校长教师态度冷漠,并且在教育教学过程中只受自利心理驱使,利他精神往往被忽视。

在探讨校长教师交流中的团队激励问题时,不仅要考虑交流校长教师在流入校的基本权利被尊重的现实,还需获取大量有关团队信任信息来深思其自身教育发展的需求。交流校长教师在流入校教育教学团队中的组织行为强调的是与团队成员之间的交互活动,以及他们相互间的依赖性。然而,交流校长教师在流入校团队群体活动中常处于被排挤的状态,导致交流校长教师与流入校的疏离感与冷漠化,流入学校缺乏为该群体提供相关团队融合服务的考虑,进一步弱化了他们在交流过程中的积极性,其主要原因是团队信任出现危机。由于流入学校具有固定的教育教学团队组织,包括领导者群体团队和教师教学教研团队,会形成特定的团队文化和团队价值,团队成员有一种固有的认知场所和心智模式,当有外来陌生者加入后会在一定程度上打破这种稳定的团队信任氛围,使得和谐气氛受到冲击,需要通过重启认知过程而不断增强彼此之间的情感信任,重建情感共享模式。因此,为阻止团队成员效能感降低,流入校团队成员会将这种情感、热情延续到工作之中刻意冷漠交流校长教师,极力反对交流校长教师获取团队相应的回报和收获,造成交流校长教师与流入教师群体情感疏离,削弱心里依存感,致使交流校长教师更不愿意去交流自己的想法及进行社会交换与互动。这不仅影响校长教师个体工作水平,同时还会影响流入校团队发展。

(二)协作阻滞:校长教师交流中的团队合作制约

团队合作是促进交流校长教师专业能力发展的有效途径。在校长教师交流活动中,团队合作不仅能让流入校教师群体分享交流校长教师个体的典型经历、实践知识和特殊教育事件,也能使交流校长教师的教育价值在流入校得到认同,促使集体学习,从而打破流入校固定、陈旧的思维方式和行动壁垒,提升教师群体的教育能力和专业发展。然而,综合问卷调查与访谈的结果发现,流入校管理层更倾向于营造竞争氛围而获得学校的发展,过度竞争所导致的消极影响使得流入校部分教师不愿意与同事共享资源和探讨教学经验,长期以来形成的较强防备心理导致流入校专业合作化的团队活动基本流于形式,例如,学习组、讨论组、备课组所开展的专业合作形式陈旧且单一,资源共享、信息交流工作未能有效开展,各中小学科网站的建设处于停顿状态,课题研究开展困难,致使交流校长教师积极性减弱。

流入校团队专业合作缺乏的影响因素是多方面的,结合 L 市所辖各县校长教师交流实际情况进行分析后发现,造成这种影响的有主要以下几个方面。首先,由于缺乏合作技巧,影响团队合作的持续展开。如流入校教师群体的人际交往技巧与合作技巧欠缺,会在听课、评课过程中因害怕伤害同事感情而出现很多不真实的评价结果,加之学校未曾就团队合作开展专项培训活动,使得交流校长教师在流入校团队合作中的个人才能不能真实呈现,而产生很大挫败感,团队专业合作效益并不显著。其次,交流校长教师专业合作需求未能得以满足,影响流入校长团队合作精神形成。在流入校,交流校长教师不仅要展现自身能力,更重要的是获得学习与专业成长的机会。但由于受流入校管理制度因素的影响,如流入校教育教学团队合作的组织管理与保障机制不健全,学校领导对教学团队合作的意识淡薄,未曾全面了解交流校长教师专业合作需求,以至于流入学校团队合作只停留在低效甚而无效的虚假合作状态中,仅以学生成绩及升学率高低来评估交流校长教师的工作业绩,不仅极易造成内耗而加剧和无效竞争,同时,也会降低合作意愿,导致参与交流的校长教师合作的积极性主动性难以被调动。最后,校长教师个体差异性未得到足够重视,影响了团队合作精神的凝聚。团队合作不是校长教师个体的独立行为,交流校长教师与流入校长教职工所组成的各种合作团队,是知识、能力、技术等共享的过程。然而,由于交流校长教师与流入校的校长、管理者、教师等存在年龄、知识结构、阅历、工作经验、思想意识、性格特质、教育方式、合作能力等方面的差异性,会在教育实践中不可避免地出现认识上的分歧,而在团队合作中产生各种矛盾冲突,进而影响教育教学团队合作的效果,降低相互合作的自觉性,减弱主动关心和帮助其他团队成员的互动行为,造成流入校教学经验欠缺、知识能力不足、威信较低、教学效能感弱的教师抵触团队合作。另外,由于流入学校长期形成的僵化、保守的校园文化的消极作用,致使校长教师合作氛围营造较为困难,更让交流校长教师丧失了指导流入学校团队成员、帮助他们尽快成长、实现薄弱学校发展的热情,从而制约了交流校长教师团队合作的积极性。

(三)交流障碍:校长教师交流中的团队沟通制约

沟通作为团队运转的重要功能,对于交流校长教师来说,以教育教学任务为核心所组建的团队，与同事间的沟通越多，在教育教学任务执行中的贡献就越大，他们对流入学校组织就越有用。沟通激励机制是教育教学团队发展的内在动力，校长教师交流中的团队沟通激励对于激发交流校长教师教育教学创新热情具有重要意义。本文所涉及的校长教师交流中的团队沟通，主要包含两个基本问题：沟通什么和如何沟通，即沟通内容和沟通风格。沟通内容涉及团队成员在教育教学过程中关于教育任务内容交流、教育任务执行反馈、职业发展和私人问题探讨等相关信息。校长教师交流中的沟通内容主要指教育任务性沟通；沟通风格（communication style）是指人们用语言和非语言作用于如何获得、解释、筛选和理解文字含义和信号的方式（Norton,1978），是一种在不同情境下稳定的、持续性和习惯性的模式[1]。同样也是团队成员在教育任务执行中为顺畅表达思想观念所选择的词语、说理表达方式、思维模式等的总体特点，其中包括直接沟通和间接沟通两种范式[2]。

目前，我国少数民族地区校长教师交流中的团队组织松散，团队激励多忽视团队成员在教学任务执行中的沟通需求，致使团队激励存在诸多突出问题。加之校长教师交流过程中所组建的团队多数情况下是为执行教育教学任务而简单拼凑成的零时备课组、评课组等。同时，由于在团队内部，交流校长教师与流入校教职工会因兴趣偏好和价值观不同而产生摩擦，而造成团队成员间协作沟通效率低下。

校长教师交流中的团队由来自不同学校的交流校长教师及流入校员工共同组成，团队工作始于良好的沟通，因此，校长教师交流中的团队成员更需要加强沟通，从而加深彼此之间感情与思想交流，促进团队高效运转；相反，若团队成员之间沟通不顺畅，就会阻碍教育教学的正常运行，不仅使团队中的信息、资源共享受到阻碍，也会使得团队成员间感情冲突和矛盾加剧而不利于教育问题的解决。在校长教师交流调研中发现，由于缺乏团队成员间的有效沟通，流入校团队成员无法达成统一认识而造成教育任务执行中的矛盾升级。究其原因，可以从教育任务性沟通和团队沟通风格两个方面来进行分析。

（1）团队成员沟通风格和技巧存在缺陷 交流校长教师与流入校校长教师在教育教学方面长期存在不同的文化背景，他们交互作用于团队的行为主要基于良好的沟通，才能将彼此的教育知识与技能优势灵活充分地展现在团队教育教学过程中，从而更好地解

① 于瑓,宋凤宁,宋书文.教育组织行为学[M].北京:北京师范大学出版社,2009:237.
② 季晓芬.团队沟通对团队知识共享的作用机制研究[D].杭州:浙江大学博士学位论文,2008:106.

决团队中的复杂教育任务,尽可能创造出与团队发展相联系的内隐知识,使团队知识分享的优势得以展现。然而新近调研结果表明,由于极不恰当的沟通方式,以教育任务性为主体的项目团队成员之间易形成沟通阻碍:一方面,校长教师交流中的教育任务团队成员之间有时会采用直接沟通,通过明确的语言表达自己的本意、个人感觉、打算、需求、目的和意图,这样会使得信息快速准确传递而直面了解对方的态度;另一方面,团队成员有时会采用比较迂回、婉转的间接沟通,避免沟通双方的正面冲突。但这种直接沟通往往会因双方在团队中的关系不同易造成团队成员彼此间的冲突和矛盾。直接沟通方式有时也会容易使信息失真,传播范围扩大,如造成团队成员与项目负责人之间的"地位距离",教育项目团队成员之间一般是一种平等的合作关系,流入校团队成员会依据相互间关系的亲疏,将沟通对象分为"校内人"与"外来人",对校内的自己人通过直接的沟通,会被认为是一种负责、有担当的行为表现方式,会促进教育任务执行的一致性和协调性;但对外来人而言,若采用直接沟通则会被认为是一种冒犯和不尊重,会产生恶性循环①。反之,如对校内人采取间接的沟通,对校外人采取直接的沟通方式,结果亦然。可见,不能灵活采用直接和间接沟通风格,就难以将团队成员的责任感、事业心具化成教育项目执行的目标,使得交流校长教师在团队中失去了强化创新能力,造成教育任务执行中的各种矛盾冲突,也容易减弱其积极的交流行为。

(2)团队成员在教育任务理解上存在偏差　流入校团队成员有很强的教育知识和技能方面的需求,迫切想要与交流校长教师沟通,吸取其教育经验,在这个过程中形成共享的心智模型。但因团队成员有部分是来自其他学校不同职能部门的交流校长教师,在初始认识、相互了解等教育任务执行中,都会因沟通的言语、表达方式、经验和信息传输相异而造成偏差,致使团队成员对教育教学任务内容的理解出现偏移而影响教育任务执行。

第三节　发动校长教师交流群体动力的团队激励战略

21世纪,以优质师资供给为核心,追求薄弱学校改进,教育质量提升而实现质的飞跃

① 郑伯埙.差序格局与华人组织行为[J].本土心理研究(台北),1995(3):142-219.

的教育公平发展，其政策基础是让校长教师交流成为常态。激励校长教师在交流过程中的教育积极行为，成为政策有效执行的关键要素。然而，现实交流实情却揭开了交流效果不佳的真实面目，其中，团队信任、合作、沟通无力，更让交流校长教师的许多才能被浪费、被埋没甚至被薄弱学校同化。为此，团队激励理论给出应对答案。那么，该如何在校长教师交流中发挥交流校长教师真正的教育才能，促使薄弱学校教育实现从"薄弱性"迈向"优质性"的转变？本章节遵循"团队激励"的价值导向，基于"充分激发交流校长教师的内在潜力、主动性和创造精神等积极教育行为"的核心路径，围绕"实现优质师资供给为交流政策宗旨"的中心目标，从团队信任激励、团队合作激励和团队沟通激励维度，提出推动校长教师交流取得显著成效的团队激励策略。

（一）情感心理角度：构建相互信任的团队激励方略

依据社会交换理论，团队信任是社会交换关系中的重要基础。由于情感信任根植于生活友谊关系中，而团队成员间基于情感信任而建立的关系是相互情感交换的朋友关系，意味着交流校长教师与流入校团队成员间必须相互交换教育资源、建立友谊关系来达成团队的共同教育目标。只有校长教师团队成员之间愿意相信对方而且有能力实现双方承诺、达成共识和确认共同教育目标的时候，交流校长教师才有信心在流入校团队中持续发挥积极的工作热情，可见，在校长教师交流活动中让团队产生更多的情感信任是激励交流校长教师的重要策略之一。

1. 构建以亲密关系为纽带的团队情感信任激励

根据社会互动理论的观点，建立团队情感激励的前提条件需要回到团队成员日常的生活工作中。为此，团队成员需要在团队集体生活交际中彼此投入感情，如通过与年级教研组成员一起上课、共同研究课题、共同参加班级集体活动，在这种共同生活、学习和工作过程中逐渐相互认同而形成共同的价值观。同时，在此过程中交流校长教师与团队其他成员也能够自由地讨论教育教学相关问题，进而形成良好的情感信任，实现团队共同教育目标。

情感信任的主要研究成果是将亲密关系融入新的学校团队成员中，因此，通过交流校长教师与流入校团队成员间建立一种亲人般的朋友关系，在教育教学互动过程中通过相互接触，让交流校长教师增加更多的情感投入，让其感受到流入校团队的热情，从而营造一种信任的团队氛围。一方面,通过交流校长教师自我激励的方式有效促成流入校团队信任机制形成,例如,作为交流校长教师必须要利用自身已具备的团队经验,在流入校新的环境中寻找恰当的教育教学方法,并与流入校团队成员进行深入交流、互动,主动分享自己的知识、技能,加深双方对彼此间的品格、气质和性格等方面的深层次了解,从而有效缩短交流校长教师与流入校团队成员间的磨合期,促进团队信任的产生;另一方面,通过他人激励的方式促进流入校团队成员形成团队信任机制,例如,作为流入校团队成员应本着多学习、多交流、多沟通的态度与交流校长教师建立友谊关系,主动在教育教学团队中提升自己学识和教育技能以助力于自身的职业发展,因此,流入校团队成员应及时转变落后、封闭、固有的思维模式,积极主动与交流校长教师进行互动交流,转变"拒交流校长教师于千里之外"的顽固思想意识,投入充分的情感,真诚接纳交流校长教师。由此,可以在团队教育目标的共同驱使下,团队成员会形成长时间的互动,拉近相互之间的亲密距离,从而建立团队成员普遍认可的信任关系,形成一种基于情感方面的双方互信的生活、工作、朋友关系,进而让交流校长教师充分感受到流入校团队的友情、激情、热情和心理上的安全感,让其在流入校团队建设中发挥出更多的创造力。

2. 建立以相互依赖为纽带的团队情感信任激励

相关的实证研究表明,情感信任有助于提高团队的稳定性[①]。社会互依性理论认为,群体中人与人之间存在相互依存关系。校长教师交流中的团队都是以各种教育、教学和科研为共同目标组建形成,团队成员间的互信系统有助于整合团队知识、经验,减少团队中的情感冲突,促进形成良好的团队氛围,形成团队成员强大的工作动力,因此,通过在团队内部建立相互依赖的工作关系,能够促进交流校长教师与流入校团队成员间相互信任、依存,从而使其在流入校发挥更大的工作潜能,提升交流效果。

通过建立团队成员间的工作信任依赖激励交流校长教师。依据团队模型理论,有学者发现,团队的任务特性会影响团队信任的水平和团队成员的行为规范[②]。在校长教师交流中,流入校团队成员需要依赖交流校长教师等外来陌生队员的教育专业技能来解决现实的教育难题,这种隐藏的依赖本质,需要流入校团队成员与交流校长教师间建立亲

---

① 王端旭,武朝艳. 变革型领导与团队交互记忆系统:团队信任和团队反思的中介作用[J]. 浙江大学学报(人文社会科学版),2011(5):170-179.

② SALAS E,PRINCE C,BAKER D P,et al. Situation Awareness in TeamPerformance:Implications for Measurement and Training[J]. Human Factors :The Journal of The Human Factors and Ergonomics Society,1995,37(1):123-136.

密关系,来促进教育任务完成,因此,流入校团队成员必须正视这种团队成员间所潜在的相互依赖性,应主动与外来交流校长教师建立亲密的工作伙伴关系,相互探讨、交流,齐心协力完成团队任务,化解工作难题。同时,由于团队教育目标往往要通过团队成员间的相互依赖才能完成,因此,在此过程中还必须明确区分各成员的具体教育目标,才会在相互依赖过程中产生团队信任,促使团队成员更加支持团队,认同团队的共同愿景和价值观,从而推动整个团队的团结、互助,进而让交流校长教师愿意为了整个团队的利益而付出更多努力,持续发挥积极的团队带动作用,帮助薄弱学校持续发展。

(二)教育内容角度:建立共享合作的团队激励模式

团队合作是教育走向文明的伴生物,团队合作实践和人类的教育历史一样悠久。综观教育教学团队的发展历程,"以团队合作为先,以完成教育任务为重"已成为教育团队重要特点之一。在校长教师交流活动中注重"以团队合作为中心",依据流入学校团队的共同文化价值观和精神氛围,依托团队知识共享的本质,从内心深处激发交流校长教师的内在潜力、主动性和创造力是推进流入校团队发展的和促进交流实践活动取得成效的关键途径。

1.建立流入校团队专业合作激励模式

团队合作是校长教师交流中实现教育知识共享的一个动态选择过程,从促进流入校教师专业成长的角度出发,如何让交流校长教师分享先进的教育理念,传输教育知识技能,引入先进的教育精神文化,并且将这种精神文化内化为流入校教职工的群体行为,关键是要在校长教师交流实践活动中,实现团队对交流校长教师的有效激励。

关注交流校长教师的专业合作需要,提升流入校团队合作技巧。教育教学团队合作使超越教育个体范畴的集体共同学习成为可能。交流校长教师往往在交流过程中有着强烈的学习需求,希望能与流入校团队成员建立专业合作以满足其在教育教学中的强烈成就感、精神需要,实现人生多元价值,因此,流入校应以极高热情来关注、激发交流校长教师的这种需要,提供一定的条件来鼓励、支持交流校长教师在流入校与团队成员强化专业合作学习,将交流校长教师的团队专业合作需求与团队教育实践问题紧密结合起来,让交流校长教师所获得的成就感建立在教学科研与教育创新的团队学习基础之上,从而促进团队成员相互学习的有效性。另外,为创造更多的团队专业合作机会,提高合作质量,流入学校还应加强对团队成员合作技巧的培训,尤其是要为流入校教育教学团队成员提供有关教师专业合作的知识培训,在条件允许的情况下可以聘请校外名师或大学专家前来培训,让团队成员了解专业合作意义、团队合作的基本形式,掌握基本的团队专业合作技巧,如通过"教学观摩""沙龙研讨"等培训内容的展开,支持团队成员合作学习,从而将处于学校组织文化深层次的缄默知识转化为学校团队的显性知识。在此过程中,流入校团队成员的固化思维方式和行动壁垒已被打破,交流校长教师专业能力获得提升,专业合作的需求得以满足。

拓宽专业合作渠道,建立专业对话激励模式。在交流团队中要使流出校和流入校团队成员之间充分获得学习机会,就必须建立知识共享的团队学习活动,如开展交流校长教师"传帮带"活动、经验分享联谊活动、课堂观摩活动等,以促进团队成员间相互学习。在团队中彼此交流教育教学经验,通过团队合作共同体模式共享公开的教育知识与技能,推动交流校长教师与流入校团队成员进行专业对话,从而通过在团队内部与同事探讨教育实践心得,打破流入校长期以来形成的沉闷教育气氛。将教育教学实践与流入校团队成员的专业发展联系在一起,在合作中帮助团队成员提升教育质量,进而全面开启流入校教育实践活动的新模式,为持续激发交流校长教师在流入校焕发出教育生命色彩而提供解决之道。

2. 建立以团队专业引领为导向的长效合作激励模式

由于流入校团队成员的教育教学水平一般相差不大,缺乏相应的交流经验,且通过自身学习获得知识的途径有局限性,这就需要从交流校长教师的教育经验中获取更多有用而更先进的教育知识、信息与资源,在团队专业合作中实现知识共享,因此在团队合作中,必须要突出交流校长教师的专业引领作用,在合作中将其教育经验及时与团队成员进行分享。

(1)激发交流校长教师的团队合作意识　通过流入校团队成员与交流校长教师的教育教学专业合作,让交流校长教师主动发挥积极能动作用,帮助团队其他成员进行教育研究、科研探讨。如在团队合作中,交流校长教师指导团队其他成员如何选题、申报课题、收集并处理数据、结题、开展各项教育研究工作等。这样,通过交流校长教师与流入校团队成员间的专业合作,以一种相辅相成、双赢互惠的合作方式革除彼此间因隔离而造成的教育弊病,从而将最新的教育技术和专业技能充分融入双方的合作中,实现优势互补,改善流入学校的教育教学质量并促进教师专业成长。这一合作过程,不仅可以让教育理论在流入校教育团队中融合贯通,帮助流入校团队成员在合作中完成自己的教育教学任务,而且也可以在这个合作的过程中唤起交流校长教师的团队合作潜意识,并让其深刻领会交流的意义,积极自觉发挥自身在团队中的专业合作引领作用和模范带头作用。

(2)改进团队专业合作中的监督、考核、评价和用人机制　①在教育教学团队合作中进行全面监督,让交流校长教师充分了解和掌握团队合作的动态,及时发现团队工作中的偏差,通过流入校行政管理者与团队成员的研讨,对团队成员的合作活动情况进行点评,收集团队成员们对专业合作的意见和建议,深入实际反馈真实信息。这样,就可以让交流校长教师充分了解到团队合作中的不足之处,并对团队专业合作中存在的有关问题进行及时研究,找出应对之策。这个监督过程,不仅可以帮助流入校团队成员解决合作中的难题,也可以激发交流校长教师的专业合作主动性。②在流入校建立完善的团队专业合作考核机制,让交流校长教师充分认识到团队专业合作的永恒性和全面性。交流校长教师在团队中要引导团队成员在相互竞争中合作,使双方的经验得以互补以杜绝恶性竞争。流入校也要为交流校长教师营造一个良好的竞争环境,这样才不至于让交流校长教师在团队合作中敷衍塞责,因此,团队合作考核不能只注重学生的学科成绩,应将先进的教育理念植入考核目标中,全面考量交流校长教师在团队合作中的综合影响力度。同时要鼓励交流校长教师在合作的过程中承担重要的角色,分担职责,履行义务。重点要考核流入校团队教育理念更新、教育教学方法改进的情况,并将团队合作业绩与交流校长教师的行为表现相结合,以强化团队激励效果。③建立合理的团队合作评价机制。团队合作中的评价机制是推动团队专业发展的指挥棒,其作为一种管理手段,具有很强的导向功能和激励功能。改变目前的竞争性评价模式,开展发展性团队合作评价,要通过团队内同事互评的方式,实施参与式评价,这样能够消除团队成员的担心和惧怕的心理,增强团队成员全体的积极性和参与意识,激励团队成员共同奋发向上,在团队教育知识技能共享中实现共同的教育愿景。这样一种发展性的团队评价突出了评价的激励与调控功能,将团队成员个体价值与团队发展进步联系起来,更能促使交流校长和交流教师客观审视自己言行,从而创设团队合作氛围。④建立科学的用人机制。交流校长教师与流入校团队成员间有较大的差异性,为充分展现交流校长教师自身优势,流入校要努力营造适合交流教师发挥才能的环境,建立公开、平等的用人机制,赋予交流校长教师更多的权力,如知情权、参与权、选择权和监督权,使交流校长教师能在团队合作中脱颖而出,从而科学配置优质教师资源。在用人机制上要注重考察交流校长教师的专业合作精神,在教育教学团队组织上要按团队成员的能力水平、个性特点、知识结构进行优化组合,以产生最佳的整体团队合作效能。同时,流入校必须高度重视团队领导者的选拔和培训工作,将在教育教学中有丰富教育经验和教学才能的交流校长教师选拔出来担任团队组织者或带头人,给予其岗位津贴,签订目标责任书并为其赋权增能。另外,流入校要为交流校长教师提供必要的培训机会,帮助他们协调好工作关系和人际关系,使其更好地完成团队合作任务。这样就可以使交流校长教师长期处于一种激励的环境中,更有利于发挥他们在流入校的聪明才智,从而带动薄弱学校团队共同成长。

(3)倡导团队成员在专业合作中学习 现代管理学强调团队中的同事应该是合作的伙伴,在团队专业合作中团队成员之间应该是相互学习、共同进步的伙伴关系。交流校长教师和流入校教职工应该在团队合作中结成亲密伙伴,共同探讨教育教学规划,共同提升教育教学质量,从而帮助薄弱学校持续发展。首先,在团队专业合作中,一方面要不断激励团队成员个人学习,另一方面要尽量把团队成员个人学习上升为团体共同学习。通过团队专业合作中的特定教育教学任务,将团队成员聚集在一起,相互分享专业知识,启发教育智慧,运用整体行动实现共同的团队合作目标,并建立起团队组织共同学习的标准,将团队成员中每个人思想升华并形成团队合作的精神动力。校长教师交流中的团队专业合作要取得良好效果,必须挖掘交流校长教师参与团队专业合作的内在动力,采取多种方式激发交流校长教师参与团队专业合作的热情,必须要让其认识到团队专业合作对流入学校的发展以及整个教育事业的重要价值,促使其自觉融入流入校团队合作的教育工作和生活的全过程中,鼓励其在团队合作中带动其他团队成员共同学习、研究,从而提高团队的整体教育教学和科研能力。在这个过程中,不断地纠正流入校教育教学过程中的不科学教育观念,发展合作精神,同时也可以促进交流校长教师在流入校实施教育革新计划,助力于流入校的变革与优质化改进。

(三)任务执行角度:健全有效沟通的团队激励策略

校长教师交流轮岗为团队成员提供了一个教育任务转换和教育知识创新的过程,沟通不仅能搭建起教育任务转换的桥梁,也能让教育教学任务团队保持生命力和创造力,通过团队成员的共同努力,选择灵活的沟通方式,围绕沟通内容构建良好的任务性沟通,不仅是团队精诚协作的开端,同样也是激励交流校长教师在流入校教育教学团队中发挥个人能量的有效手段。

1.灵活掌握可行的团队沟通风格

从团队教育任务执行上看,交流校长教师在团队中的沟通可以分为直接沟通与间接沟通两种风格。直接沟通是团队成员之间依据团队制度条例,比较正式、严谨、有原则性地运用直接语言表达心理情绪的一种模式。一般情况下,直接沟通可以将团队成员间彼此的意愿表达清楚,易于让对方了解自己的真实看法和态度,沟通目标明确。但是由于表达方式过于直接同时会存在很多缺陷,制约了不熟悉对象间的深入沟通,此时间接沟通就显得非常必要。间接沟通是团队成员之间通过婉转的语言和形式,表达情感、意见和观点的沟通风格。一般用于比较轻松自由的私人聚会环境中,或团队成员表达私人情感的情境中。间接沟通易于调动沟通双方的情绪并可以鼓舞士气,易产生团队成员间的共鸣,其互动性较强。但由于表达方式比较婉转,间接沟通会在教育任务执行反馈中延时,甚至有时会被沟通双方误解而产生沟通冲突。因此,教育教学团队沟通要将直接沟通和间接沟通两者进行互补,才能实现信息、知识在团队中的共享,改善团队成员间的相互关系。

(1)应用直接沟通强化教育任务执行中的团队沟通激励　有关学者认为,中国人在组织中具有两面性的特点,具体体现在对待公事和对待私事中的行为表现会有所不同,即 public and private:public 与公事、道德联系在一起,而 private 与私事和不道德联系在一起①。校长教师交流中围绕教育任务展开的团队任务性沟通,属于公事沟通。作为校长管理团队或教师教学团队,团队成员普遍具有较高的文化水平,且其职业的特殊性要求团队成员要具备较高的道德水平,因此,教育教学团队成员间要运用直接沟通,体现"大我"的境界,依据语言行为理论(speech act theory)使用语言去协调交流团队成员间的行为,以言行事,通过话语形式的字面意义比较清晰、直接地来实现团队成员间交际意图,突出语言做事和语言的交际功能。这样可以将团队成员之间的关系比较文明、友好、和谐表现出来,促进交流校长教师与流入校团队其他成员间在教育任务执行中相互理解。团队成员的直接沟通风格同样可以化解外来交流校长教师与流入校教职工群体因文化背景不同而产生的比较隐蔽的工作矛盾冲突,而提升团队成员的整体道德素质水平。这

---

① 季晓芬.团队沟通对团队知识共享的作用机制研究[D].杭州:浙江大学,2008:240.

样一种直接言语沟通风格,在推动团队集体教育任务实施的同时也在不断地激励交流校长教师在流入校与团队其他成员间形成良好的同事关系,创造健康的教育竞争环境,消除交流校长教师初入交流学校团队时的工作紧张状态,从而通过团队集体的力量激发交流校长教师的工作热情。

(2)运用间接沟通强化交流校长教师在与流入校教职工群体的沟通激励 团队成员之间的良好互动关系是交流校长教师成长和促进教育任务完成的重要条件。可见,交流校长教师在流入校的团队沟通是其在流入校教育能力的集中体现。在交流过程中,团队成员间不仅需要工作关系也需要同伴关系,交流校长教师与流入校团队成员之间不仅仅要围绕工作开展沟通,也需要在其他人际交往中拓展私人性沟通。私人性沟通是围绕着私事而展开的沟通,这种沟通模式反映了"小我"的人际关系,因此,往往会倾向于间接表达。间接沟通更符合中国传统文化价值取向,也能反映交流校长教师的团队文化观。社会学习理论认为,个体行为和环境是相互影响而联系在一起,并相互交错起决定性作用的一个系统[①]。从此理论观之,团队成员间的私人性沟通常是一种为获得相互敬仰、尊重和爱的情感追求。在交流过程中,团队成员可以感知到群体的归属感从而形成群体认同感。校长教师交流中的团队成员在教育任务中相互学习而进行沟通时,首先会做出相互之间的关系判断,以此界定彼此间的情境,然后依据认同理论,选择心理和情感上的交换而进行沟通。另外,从中国儒家的仁爱思想可以窥之,关系在人们的生活中处于非常重要的地位,人情规范是社会关系的重要元素。在团队中,团队成员会因沟通双方与自己关系不同而给予对方不同的情感,因此,在校长教师交流中,团队成员可以通过私人性沟通表达相互间的"爱慕"之情,以建立一种紧密的团队关系,满足团队成员和睦相处而求得互相接纳对方的需求。在这种以人情法则为纽带的相互沟通中,流入校团队成员与交流校长教师间可以互相探讨工作之外感兴趣的话题,互相关心私人问题,讨论教育职业规划、薪酬待遇、职称评聘和培训经验等,从而加深团队成员间情感和亲密关系,进而渐渐将交流校长教师纳入流入校团队"自己人"范围,随之慢慢建立起相互信任关系。这种情感沟通关系的建立会潜移默化地消除流入校团队成员与交流校长教师之间的疏离,在教育任务执行中建立一种致力于以个人职业发展为中心的关系网络,无形中拉近流入团队成员与交流校长教师之间的亲密距离,从而在增强团队的凝聚力的过程中不断地激发

---

① 季晓芬. 团队沟通对团队知识共享的作用机制研究[D]. 杭州:浙江大学,2008:109.

交流校长教师的工作积极性,促进团队教育任务执行效能。

2.构建以沟通内容为导向的团队任务性沟通激励机制

校长教师交流中的团队沟通内容主要体现的是教育任务性沟通,而任务性沟通以团队成员所拥有的共同教育知识为基础。通常在流入校的教育任务执行中,每个团队成员应依据团队教育任务,通过沟通,彼此告知自己所拥有的教育知识与技能,分享某些与教育任务直接相关的知识,避免重复信息传递而减少沟通内耗。因此,在流入校所组建的教育教学团队中,首先要建立任务性沟通激励机制。

(1)建立团队沟通与交互作用的激励机制　可以通过信息传输让团队成员分享彼此的教育教学计划并提出可行的建议,同时在教育任务进行中互相给予评价、鼓励、支持和帮助,促进团队成员交互理解各自教育专长、教育背景、教育经验、知识技能,这样团队不仅可以在相互沟通中协调教育任务,弥合团队成员在教育任务理解上的偏差,同时也可以通过团队成员间的相互激励,促进交流校长教师在教育任务执行中发挥模范带头作用,引领薄弱学校教育团队的发展,可见,这种激励机制主要是通过团队成员彼此之间的交互沟通来完成。其中,激励主体主要是教育教学团队中的同事,激励客体是参与交流的校长教师,从而在交互沟通中形成一种和谐、信任的沟通交流氛围,满足交流校长教师在流入校团队中的沟通需求,促使交流校长教师在流入校尽可能释放自身潜能,推动薄弱学校教育教学团队建设的优质化进程。

(2)搭建沟通平台,建立教育知识与技能共享激励机制　校长教师交流中的教育团队主要是通过教育任务将团队成员相互紧密联系在一起,互通经验、广泛交流,从而实现把个人知识转化为团队成员共享知识成果的过程,因此,通过流入学校局域网络渠道传递信息,拓展交流模式,如通过学校微信群、教育教学论坛、微博等信息交互平台,开展交互式的对话与沟通。期间,可以让团队每个人能在沟通交流中提出建设性的意见,使团队集体智慧能够在网络信息沟通平台中得以展示,这样一来可以让交流校长教师体验到在集体中成长的幸福感,从而激励其在交流过程中发挥更大的能量。同时,通过团队成员间的相互沟通,在教育团队任务执行中倡导共享精神理念,树立健康、积极的相互扶持与相互激励意识,构建交流校长教师与其他团队成员间的学习共同体,促使交流校长教师在团队共同体中分担不同的教育职责,分享经验,共享教育资源与教育技能。从同事激励与自我激励中产生强烈的团队归属感,从而使其逐渐融入流入学校教育团队中,将自身的内隐知识转移到团队教育任务的外显知识体系中而发挥自身的建设性作用。

（3）创造沟通机会，建立教育教学责任激励机制　流入学校要为团队成员创造机会，增加彼此间沟通频率，如组织不同的团体活动，让交流校长教师与团队其他成员加强沟通，从而缩短彼此间熟悉、了解的时间，提供更多愿意信任对方的机会，从而助力于在团队中构建坦诚相待和勤沟通的机制，进而有效解决教育任务执行中的各种难题。与此同时，团队负责人要通过团队内明确的教育任务分工，让团队成员各司其职，在教育任务执行中加强沟通与交流，促进教育任务完成，并在团队建设中注重培养团队成员的责任意识，在教育任务执行中培育勇于承担责任和对他人负责的态度，鼓励团队成员形成高度自觉、富有极强的集体荣誉感的个体意识。在此过程中，交流校长教师会在团队负责人的不断激励下及时发现并纠正不负责任的行为，利用道德的力量净化团队风气，做好职责界定下的交流工作。

第五章

工作激励:促进校长教师交流的内在动力

交流校长教师要在流入校实现教育职业价值,需借助正常的教育教学及科研创新工作来实现。假如交流校长教师长期在管理、教学、科研方面的主动性没有被充分调动,流入校优质师资的生成速度会减弱,供给效率会下降。若要交流校长教师在流入校发挥主观能动作用,从而优化薄弱学校的师资结构、扩大供给,除政策激励、组织激励、团队激励外还需要教育教学工作本身内在的激发力量,才能全面调动交流校长教师的潜在能量。教育教学工作再设计为在加快师资供给背景下推进校长教师交流,提供了一种工作激励的新思路。

第一节　校长教师交流中的教育工作情境

对于交流校长教师来说,工作带给他们的责任感、成就感、胜任感,能产生强有力的内在激励效应。为了使工作本身具有激励力量,必然要对工作内容与工作关系等有关方面进行变革和设计。工作设计是否得当对激发校长教师工作动机,增强其工作满意度有重大影响。工作设计一般分为两类:一类是对新设置的工作或者是建立新的行业需要所进行的工作设计;另一类是对已经存在但缺乏激励效应的工作进行重新设计即工作再设计①。

---

① 高艳.工作分析与职位评价[M].西安:西安交通大学出版社,2012:196.

（一）校长教师交流中的工作特征

本章节的重点探究校长教师交流中的具体教育教学工作激励问题，寻求工作本身对交流校长教师积极行为的影响因素，并分析造成积极性不强的根本问题，在此基础上设计出相应的工作激励方案，促使交流校长教师在流入校展现出更多的教育工作潜能。

1. 工作激励性分析：哈克曼和奥德姆的工作特征模型

工作特征泛指与工作者相关的各因素①。目前，在所有关于工作特征的理论中，哈克曼和奥德姆的工作特征模型（Hackman & Oldham，1980）已经成为工作研究中最有影响力和被广泛应用的理论。本章节将以此工作特征模型为理论依据，分析工作对交流校长教师的激励作用。

为研究工作本身如何产生激励效用和促进工作满意感，管理学家哈克曼和奥德姆在赫兹伯格等人的激励因素理论及工作扩大化和工作丰富化两个概念的基础上，提出了一套关于工作激励特性的理论描述模型（图14）。他们认为，一项工作的激励作用可以通过5个维度来评价：①技能多样性，是指一项工作要求员工应具备多样的技艺和才能而从事多种不同活动的程度；②任务完整性，所谓完整性是指一项工作从开始到结束所具有完整性和统一性的程度；③价值重要性，是指一项工作所内含的工作意义与工作价值的大小；④决策自主性，所谓决策自主是指员工在工作中所拥有的自主权力的大小；⑤反馈灵敏性，是指员工在多大程度上能够得到有关自己工作绩效好坏的信息，反馈来源包括工作本身、主管的意见、同事的反应、客户的评价等②。

一项工作所具备的五项核心工作要素越全面，该项工作的激励作用就越大。事实证明在工作特征与个人和工作的结果之间，员工自身素质对临界心理状态也有明显的调节作用，员工个体差异影响个人对工作特征的直觉，具体包括知识和技能、成长需要强度、同事满意度、主管满意度、工作安全满意度、报酬满意度及其他一些外在因素的满意度，如监督、工作环境满意度等，因此，除了工作本身的性质是影响个人动机的因素外，如果个人对一些外在的因素极为不满，那么工作设计所产生的较高水平的动机和满意度将会

① 周红云.公务员的组织公民行为及其隐性激励研究[D].武汉:武汉大学,2010:60.
② 李宝元.战略性激励:现代企业人力资源管理精要[M].北京:经济科学出版社,2002:97.

抵销[1]。

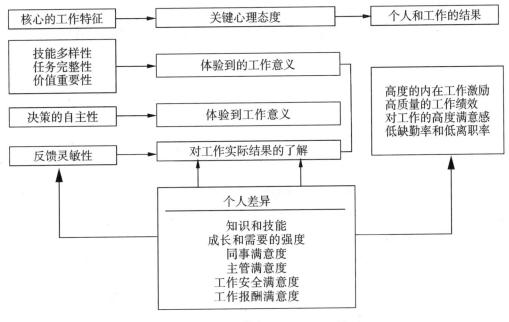

图14 哈克曼和奥德姆的工作特征模型

该工作模型中的五个特性能让员工体验到工作的意义、感受到工作的挑战性、了解到工作所带来的成就感这三种关键的心理状态,因此,一项工作的激励强度,可以从员工对五项工作特性的综合分值来衡量。用公式计算的方式可表述为:

MPS(Motivating potential score)=(技能多样性+任务完整性+价值重要性)/3×决策自主性×反馈灵敏性

这一计算方法将工作中需要的多种技能或完成一项工作所需的多种任务及工作的重要价值,员工所能掌握的工作决策性、自由度,工作成果及工作过程中的工作信息反馈集中在一起,从工作本身的激励性出发,更具有激发员工学习知识、掌握技能、创造价值,提升工作兴趣与工作挑战性,增强工作动力与工作责任,获得工作成效与工作成就感等的激励作用。

2. 工作设计:基于工作特征模型的校长教师交流中的工作激励特征

马斯洛的需求层次理论认为,自我实现是个人充分发挥潜力、表现自身才干的需要。在校长教师交流实践中,教育工作带给交流校长教师的成就感能让其得到最大的满足。

① 葛玉辉.工作分析与工作设计实务[M].北京:清华大学出版社,2011:182-183.

依据工作激励特征模型,教育教学工作是否能引起交流的校长教师的工作热情,普遍有3个心理判断标准:第一是看教育教学工作的意义,即对教育工作技能多样性、教育教学任务完整性、教育工作所蕴含的价值做出的真实评判;第二是看教育教学工作的挑战性,主要是指交流校长教师对教育教学工作是否具有自主权力;第三是看教育教学工作所带来的成就,即交流结束后对教育教学的灵敏反馈。这三个层次的心理判断体现出了对校长教师交流中具体工作的激励作用,因此,为强化教育教学工作的5种激励特征,必然要对教育教学工作进行再设计(表38)。

表38　校长教师交流中的工作激励特征

教育教学工作激励特征	关键心理判断	工作再设计思路	激励效果
教育教学知识技能多样性		重组教育教学工作任务	高积极性
教育教学任务完整性	教育教学工作意义	加大教育教学工作责任	高质绩效
教育教学价值重要性		积极面向受教育者(学生)	高满意度
教育教学决策自主性	教育教学工作挑战性	为交流校长教师赋权增能	低缺勤率
教育教学反馈灵敏性	教育教学工作成就感	对交流结果及时反馈	低离职率

←―――――　交流校长教师自我实现需要的强度　―――――→

(二)校长教师交流中工作特性的五个核心维度

校长教师交流工作特征中的教育教学知识技能多样性、教育教学任务完整性和重要性三个维度能让交流校长教师体验到工作的意义,从工作中获得内在激励,从而感觉到自己所从事工作的价值和重要性;教育工作自主性,可以使交流校长教师灵活掌握自己的工作模式、时间、提升教育教学工作决策能力;教育工作反馈性,能让交流校长教师从工作中及时得到反馈,对自己工作行为有所掌控,促使其在交流过程中产生较高的自我效能感,从而产生更多积极性的行为。这几个维度的具体作用机制体现如下。

1.技能多样性:重组教育教学工作任务

在技能多样性上,要通过对教育教学任务重组,将一些分散和关联的工作进行整合,形成内容更加完善和丰富的教育教学工作。当交流校长教师所从事的教育管理和教学工作需要多种技能时,就需要将他们自身所拥有的多种知识技能充分运用在教育实践中,帮助流入校提升教育质量,从而能使交流校长教师感觉到在流入校所从事的教育工作是有意义、有价值,对交流学校是重要的,因此,甘愿主动承担起与教育相关的工作义务与风险,这样他们就能对学校组织中不同教育部门之间的关系有更加宏观的把控。

2. 任务完整性:加大教育教学工作责任

在教育任务完整性上,要加大交流校长教师的教育主人翁意识,提升工作责任意识,要扩大每个教师所承担教育内容的学科边界,让交流校长教师具体负责完整的教育过程,赋予其更多的工作独立性,以加大工作压力,提升工作动能。如果一项教育教学工作是完整的,从交流开始到结束,校长教师会对流入校教育过程有清晰的判断,明确的认知,并能准确预见教育成果,从而在教育工作完整性中体会到成就感,发挥教育工作本身的激励特性。比如,从小学一年级开始就负责流入校的某门课程教育的标准设计、实施教学任务、修正教学计划、完善教学内容直到小学三年级第二学期末交流结束后,交流校长教师便能从完整的教育工作中体会到工作意义。

3. 价值重要性:积极面向受教育者

在价值重要性上,面向受教育者——学生,即重新建立校长与教师关系、教师与受教育者的关系,将教育者与受教育者直接对接,以提高教育工作的灵活性和教育者对待教育工作的自主性应变能力。当交流校长教师能对工作有深刻认识,并意识到自己在流入校的教育工作会对学校发展产生重要影响时,他们更愿意承担角色外职责。比如,在流入学校的重点学科建设上,参与教育教学工作的校长教师,更易受到工作本身的内在激励而实施积极的教育教学行为。

4. 决策自主权:为交流校长教师赋权增能

在决策自主性上,为交流校长教师赋权增能,即赋予交流校长更多的教育自主权、将学校内管理权限下移让更多的交流校长和交流教师拥有自主掌控工作的权力,这样就会增加教育工作的自由度,以增强交流校长教师的教育自控能力。相关研究表明,工作的自主性是工作特征中与激励最密切的维度[①]。由于工作的内在激励会促使校长教师做出积极的组织行为,所以,如果交流校长教师对教育工作的自主性越强,他们就越能够得心应手地工作,自由支配工作时间,在其职权范围内自主安排教育教学计划,灵活规划自己的教育教学任务从而产生强大的内在激励效用。

---

① 周红云.公务员的组织公民行为及其隐性激励研究[D].武汉:武汉大学,2010:63.

5.反馈灵敏性:对交流结果及时反馈

在反馈灵敏性上,对交流结果进行直接反馈,即保证交流校长教师在教育教学实际工作过程中能得到教育工作成效的及时信息,能使校长教师全面认识到教育工作的成败。类似的研究显示,工作信息反馈越灵敏,信息量越大,交流校长教师越能主动帮助他人,从而进行教育教学工作改进:一方面,积极的教育结果如能及时反馈给交流校长教师,他们就会对工作做出越多的真实评价,产生教育自信,增强自我效能感,表现出越多的积极行为;另一方面,如果能将教育中的不足及时反馈给交流校长教师,他们就越能正确认识到教育中的不足,反思教育行为,相应地对自己做出客观评价。

从激励视角来看,校长教师交流中的教育工作特征,能让交流校长教师提升教育心理感知效应。如果交流校长教师在交流过程中获得良好的心理效应,教育工作的内在激励作用就会得以发挥,促使交流校长教师在流入校表现出更多的角色外行为。从理论上判断,如果一项工作的五个核心维度的工作特征越强,交流校长教师的所体验到的关键心理水平就越高,相应地教育工作的激励作用就会越大。基于此,本章节提出以下几个方面的研究假设。

H1:技能多样性对交流校长教师积极性有显著的正向影响;

H2:任务完整性对交流校长教师积极性有显著的正向影响;

H3:价值重要性对交流校长教师积极性有显著的正向影响;

H4:决策自主性对交流校长教师积极性有显著的正向影响;

H5:反馈灵敏性对交流校长教师积极性有显著的正向影响。

(三)校长教师交流中的工作激励实证检验

作为优质教育资源的交流校长教师,其需求较为高级,不仅对个人成就及社会声望、自身能力提高、事业发展、社会认可度、自身价值追求等的需要较为强烈,而且热衷于在教育教学中寻找乐趣,渴望自由的生活空间,要求扩大教学工作范围,尽可能把教育教学安排得富有意义和具有挑战性,教学之后能引起自豪感,满足教师自尊和自我实现的需要。为进一步了解少数民族地区校长教师交流中的工作激励,特以基于哈克曼和奥德姆的工作特征模型设计的校长教师交流工作特征探讨校长教师交流中的工作激励问题。

1. 工作特征与交流校长教师积极性的相关性分析

(1)问卷设计及变量特征 本研究采用普遍抽样法,选取 L 市已经开展了校长教师交流活动的 6 个县域参与交流的所有校长教师为被试对象,被试者具体情况同第二章相同。本章节采用葛玉辉编制的关于工作特征及员工心理状态调查量表[①],对部分文字表述进行修改使其与中小学校长教师角色相符合。该量表共含 15 个条目,包括工作意义、工作挑战性、工作成就感 3 个关键心理状态维度,其中,工作意义涉及技能多样性、任务完整性、价值重要性三项各 3 个问题,共 9 个问题;工作挑战性涉及决策自主性的 3 个问题;反馈灵敏性涉及工作反馈的 3 个问题。经初步统计各变量的基本特征见表 39。

表 39 测量的变量特征及基本统计量

关键心理	工作特征	编码	交流校长		交流教师	
			均值	标准差	均值	标准差
工作意义	技能多样性	χ_{w1}	2.780 5	.962 09	2.738 2	1.100 26
		χ_{w2}	2.829 3	.891 70	2.749 3	1.252 30
		χ_{w3}	2.878 0	1.326 56	2.626 7	1.388 28
	任务完整性	χ_{w4}	2.731 7	1.096 00	2.952 6	.948 68
		χ_{w5}	2.804 9	1.077 49	2.883 0	1.023 59
		χ_{w6}	2.902 4	1.019 92	2.977 7	.988 51
	价值重要性	χ_{w7}	2.682 9	1.273 56	2.986 1	.955 62
		χ_{w8}	2.585 4	1.395 99	2.877 4	1.036 50
		χ_{w9}	2.609 8	1.069 53	3.000 0	.865 22
工作挑战性	决策自主性	χ_{w10}	3.170 7	1.093 22	2.743 7	.897 58
		χ_{w11}	3.097 6	1.090 98	2.743 7	1.121 68
		χ_{w12}	3.268 3	1.118 58	2.676 9	1.096 62
工作成就感	反馈灵敏性	χ_{w13}	2.780 5	1.012 72	2.724 2	1.250 36
		χ_{w14}	2.902 4	1.067 82	2.624 0	1.378 44
		χ_{w15}	2.780 5	.935 74	2.646 2	1.046 51

由表 38 经过加权平均计算得知,交流校长在工作意义、工作挑战性和工作成就感三

---

① 葛玉辉.工作分析与工作设计实务[M].北京:清华大学出版社,2011:183-184.

个关键心理上均值分别为 2.756,3.179,2.821;交流教师在工作意义、工作挑战性和工作成就感三个关键心理均值分别为 2.866,2.721,2.665。因为工作特征中的校长教师工作心理状态量表采用 5 点计分方法,因此以平均分 3 分为分界线,发现本调查中交流校长在工作意义和工作成就感两个维度上的均值均低于中等水平,工作挑战性关键心理只达到中等水平;交流教师在工作意义、工作挑战性和工作成就感上的关键心理均低于中等水平,表明交流校长教师在交流工作中的关键心理状态处于低水平,工作激励性较弱。

(2)信度效度检验　经过测量,该量表在交流校长样本中的 Cronbach's a 系数为 0.944,交流教师样本中的 Cronbach's a 系数为 0.864,说明该量表具有较高的内部一致性,见表 40。

表 40　工作激励信度检验

解释变量名称		交流校长			交流教师		
		总相关性	删除的 α	总体 α	总相关性	删除的 α	总体 α
技能多样性	χ_{w1}	.730	.815	.860	.447	.852	.871
	χ_{w2}	.728	.827		.634	.841	
	χ_{w3}	.831	.746		.518	.849	
任务完整性	χ_{w4}	.674	.671	.791	.488	.850	.784
	χ_{w5}	.705	.636		.533	.847	
	χ_{w6}	.528	.820		.403	.854	
价值重要性	χ_{w7}	.852	.846	.911	.558	.846	.891
	χ_{w8}	.896	.813		.460	.851	
	χ_{w9}	.752	.934		.575	.846	
决策自主性	χ_{w10}	.950	.969	.978	.374	.855	.738
	χ_{w11}	.933	.981		.455	.852	
	χ_{w12}	.975	.952		.455	.851	
反馈灵敏性	χ_{w13}	.852	.902	.930	.548	.847	.907
	χ_{w14}	.879	.882		.525	.848	
	χ_{w15}	.847	.909		.497	.849	
总体 Cronbach's a 系数:		.905			.864		

通过因子分析表明,变量的因子结构模式与原来所定义的 5 个因子完全一致,在交

流校长样本中研究得出 5 个公因子:技能多样性、任务完整性、价值重要性、决策自主性、反馈灵敏性各题项载荷介于 0.587~0.974,交流教师样本中五个公因子的题项载荷为 0.533~0.888,表明样本结构效度良好,符合测量要求,见表 41、42、43。

表 41 工作激励提取的公因子方差

							交流校长							
χ_{w1}	χ_{w2}	χ_{w3}	χ_{w4}	χ_{w5}	χ_{w6}	χ_{w7}	χ_{w8}	χ_{w9}	χ_{w10}	χ_{w11}	χ_{w12}	χ_{w13}	χ_{w14}	χ_{w15}
.786	.811	.875	.759	.875	.587	.917	.922	.803	.946	.943	.974	.872	.887	.879

							交流教师							
χ_{w1}	χ_{w2}	χ_{w3}	χ_{w4}	χ_{w5}	χ_{w6}	χ_{w7}	χ_{w8}	χ_{w9}	χ_{w10}	χ_{w11}	χ_{w12}	χ_{w13}	χ_{w14}	χ_{w15}
.746	.842	.845	.731	.748	.675	.874	.783	.836	.533	.759	.775	.843	.888	.803

提取方法:主成分分析

表 42 工作激励的 KMO 与 Bartlett 检验

Kaiser-Meyer-olkin 取样适切性量数		交流校长	交流教师
		.748	.770
Bartlett 球形检验	近似卡方分布	534.952	3 260.682
	自由度(df)	105	105
	显著性(sig)	.000	.000

表 43 工作激励的因子分析

交流校长						交流教师					
	旋转后成分矩阵[b]						旋转后成分矩阵[b]				
	1	2	3	4	5		1	2	3	4	5
χ_{T12}	.922	.193	.222	.132	.139	χ_{w14}	.897		.234		.120
χ_{T10}	.899	.215	.234	.130	.141	χ_{w15}	.868	.103	.115		.157
χ_{T11}	.890	.181	.238	.132	.209	χ_{w13}	.838	.105	.282	.178	.134
χ_{T14}	.182	.913			.117	χ_{w7}		.905		.143	.138
χ_{T15}	.125	.911			.165	χ_{w9}	.170	.871		.142	.142

续表43

	交流校长 旋转后成分矩阵[b]						交流教师 旋转后成分矩阵[b]				
	1	2	3	4	5		1	2	3	4	5
χ_{T13}	.206	.868	.190		.183	χ_{w8}		.862		.106	.165
χ_{T8}	.261	.108	.879	.221	.146	χ_{w1}			.848	.134	
χ_{T7}	.156	.300	.875	.103	.164	χ_{w3}	.380		.831		
χ_{T9}	.302		.785	.128	.276	χ_{w2}	.350	.133	.811	.184	.102
χ_{T3}	.207	.102	.117	.895		χ_{w4}		.155		.826	.122
χ_{T2}	.103	-.110		.883		χ_{w6}	.156	.105		.799	
χ_{T1}		.182	.193	.821	.204	χ_{w5}		.109	.267	.799	.106
χ_{T5}		.234		.124	.893	χ_{w12}	.134	.120	.151		.846
χ_{T4}	.192	.187	.277	.131	.770	χ_{w11}		.126	.160	.106	.839
χ_{T6}	.318		.327	.100	.604	χ_{w10}	.284	.251	-.123	.116	.601
累积解释量:85.57%						累积解释量:77.87%					

提取方法:主成分分析法。

旋转:具有 Kaiser 标准化的正交旋转法。

a. 旋转在 5 次迭代后收敛。

（3）相关性分析 表44 可以看出,工作特征各维度与交流校长教师积极性的 Pearson 相关系数通过了显著性检验,各维度以及整体都呈显著的正相关关系。

表44 工作特征各维度与交流校长教师积极性的相关系数

	交流校长					
	1	2	3	4	5	6
技能多样性	1.00					
任务完整性	.330*	1.00				
价值重要性	.362**	.527**	1.00			
决策自主性	.326*	.471**	.539**	1.00		
反馈灵敏性	.185	.417**	.325**	.418**	1.00	
积极性	.481**	.668**	.614**	.846**	.392**	1.00

续表44

	交流教师					
	1	2	3	4	5	6
技能多样性	1.00					
任务完整性	.322**	1.00				
价值重要性	.199**	.316**	1.00			
决策自主性	.317**	.327**	.390**	1.00		
反馈灵敏性	.513**	.233**	.247**	.369**	1.00	
积极性	.564**	.549**	.536**	.411**	.430**	1.00

＊＊在0.1水平(双侧)上显著相关，＊在0.05水平(单侧)上显著相关。

上述相关性结果表明，技能多样性、任务完整性、价值重要性、决策自主性和反馈灵敏性五个工作特征的维度均与交流校长教师积极性在$p<0.1$，$p<0.05$水平上显著正相关，表明工作特征对交流校长教师积极性有直接的正影响，至于工作特征对交流校长教师的激励程度要通过进一步的回归分析来检验。

2.工作特征与交流校长教师积极性的回归分析

以工作特征的五个维度作为解释变量，以交流校长教师积极性为被解释变量进行回归分析，考察工作特征各维度对交流校长教师积极性解释的增量，从而对工作特征各因素与交流校长教师积极性的具体因果关系加以考察。分析结果见表45、表46。

表45　工作激励模式摘要[b]

模式	R	R^2	调整后R^2	估计的标准误	R^2更改	F更改	df_1	df_2	Sig. F	Durbinwatson
				交流校长 $N=41$						
1	.916[a]	.838	.815	.531 31	.838	36.304	5	35	.000	1.902
				交流教师 $N=359$						
1	.769[a]	.592	.586	.492 14	.592	102.388	5	353	.000	2.152

表46 工作特征对交流校长教师的积极性的回归分析结果

交流校长							
	非标准化系数		标准化系数			共线性统计量	
	B	标准误	Beta	t	sig	容忍值	VIF
技能多样性	.206	.097	.158	2.120	.041	.828	1.207
任务完整性	.414	.119	.300	3.473	.001	.620	1.612
价值重要性	.078	.094	.073	.829	.412	.594	1.683
决策自主性	.729	.100	.635	7.314	.000	.612	1.634
反馈灵敏性	−.068	.102	−.052	−.664	.511	.762	1.312

交流教师							
	非标准化系数		标准化系数			共线性统计量	
	B	标准误	Beta	t	sig	容忍值	VIF
技能多样性	.235	.028	.344	8.376	.000	.686	1.457
任务完整性	.277	.035	.299	7.895	.000	.806	1.241
价值重要性	.296	.034	.335	8.826	.000	.801	1.249
决策自主性	.037	.035	.042	1.057	.291	.733	1.365
反馈灵敏性	.058	.028	.086	2.085	.038	.684	1.462

被解释变量:积极性。

3. 研究发现与分析

(1)研究结果 表44表明,技能多样性、任务完整性、价值重要性、决策自主性、反馈灵敏性对于交流校长和交流教师积极性均具有显著影响。表45表明,在交流校长样本中,工作特征可以解释交流校长积极性83.8%的变化量,调整后的R^2也高达81.5%的解释力,模型回归效果达显著水平[$F(5,35)=36.8304,p=.000$];同样,在交流教师样本中,工作激励量表可以解释积极性59.2%的变化量,调整的R^2也可以达58.6%的解释比率,回归效果达显著水平[$F(5,353)=102.388,p=.000$]。

交流校长样本中,事后检验结果显示,技能多样性对交流校长有显著性影响,假设H1成立,表明交流校长在流入校需要多样化教育管理技能,技能多样性能使交流校长感受到教育工作的意义,从而产生内在激励的动机,促使其不断表现出积极主动帮助流入校改进的行为;任务完整性与交流校长积极性之间存在显著的正相关关系,假设H2成立,表明从事完整的教育工作任务能减少初到流入校的各种阻碍,让交流校长感受到工作的意义,帮助其在流入校顺利开展教育计划,做出更多成绩;价值重要性与交流校长积极性之间未通过显著性检验,假设 H3 不成立,原因可能是,交流校长虽然非常看重在流入校的工作内在价值,但在流入校并没有体验到成就感和荣誉感,甚至有时候觉得自己在流入校并没有多大的重要性,致使其责任感和使命感降低;决策自主性与交流校长积极性呈正相关关系,假设 H4 成立,说明在流入校,自主性为交流校长提供了更多发挥优质潜能和施展教育才能的空间,决策自主性越强,交流校长的积极性越高;反馈灵敏性与交流校长积极性之间未通过显著性检验,假设 H5 不成立,原因可能在于,交流校工作反馈较为缓慢,学期末或交流工作结束后才能得到流入校对工作的反馈情况,交流过程中交流校长不能完全了解和掌控流入校管理者和教师对自己的看法,不能体验到工作成就感。

交流教师样本中,检验结果显示,技能多样性对交流教师有显著性影响。假设 H1 成立;任务完整性与交流教师积极性之间存在显著的正相关关系,假设 H2 成立;价值重要性对交流教师积极性有显著性影响。假设 H3 成立;反馈灵敏性与交流校长积极性之间呈正相关关系。假设 H5 成立。说明技能多样性、任务完整性、价值重要性和反馈灵敏性越强,交流教师的积极性越高。但是决策自主性与交流教师积极性之间未能通过显著性检验,假设 H4 不成立。有可能的原因是,与交流校长不同的是,在流入校教师决策自主性较弱,自主决策的权力有限,使得交流教师在流入校感觉不到教育工作的挑战性,工作的内在激励性不明显,而交流教师在教育工作中会与其他同事相互探讨教学内容,在教学过程中能及时了解到自己教学情况,信息反馈比交流校长灵敏,因此,反馈灵敏性对交流教师的影响比交流校长较为显著。

(2)工作激励得分与交流校长教师积极性的回归分析　为了更进一步反映 L 市县域交流校长教师在流入学校的工作激励现实情况,可以根据五项工作特性的综合分值,衡量工作激励的强度,其计算公式为:

MPS=(技能多样性+任务完整性+价值重要性)/3×决策自主性×反馈灵敏性

通过计算交流校长教师的工作激励综合得分,可以全面了解工作激励的程度。可见,校长教师交流中的教育工作特性综合分值越高,教育工作对交流校长教师的激励作用就越大。由此,可以假设:工作激励得分与交流校长教师积极性呈正相关关系。实证结果见表47、表48。

表47　工作激励得分描述性与相关性统计量

	交流校长			交流教师		
	均值	1	2	均值	1	2
MPS	27. 936 8	1.00		23. 727 6	1.00	
积极性	2. 853 7	.796**	1.00	2. 916 4	.598**	1.00

注:＊＊在0.1水平(双侧)上显著相关。

表48　工作激励得分与交流校长教师积极性的回归结果

	交流校长			交流教师		
	Beta	t	sig	Beta	t	sig
（常量）		7.008	.000		41.933	.000
MPS	.796	8.203	.000	.598	14.110	.000

注:①预测变量:MPS;②被解释变量:积极性。

实证结果证实,工作激励得分与交流校长教师积极性通过了显著性检验,工作激励得分与交流校长教师积极性高度相关。因此,工作激励得分是反映工作特征对交流校长教师激励程度的有效指标。但是,交流校长教师工作激励总体得分较低的现实,同时也反映出 L 市所辖各县交流校长教师在交流过程中的工作激励效果甚微的结果,其潜能并没有在流入校得到充分发挥,这与均值测量的结果一致。

第二节　校长教师交流中的工作设计局限

上述实证分析证明了 POTW 激励模型在个体层面对校长教师交流激励研究的适切性,并通过回归分析发现了工作激励性不足的原因。针对研究结果的具体分析,还需依据测量条款及交流校长教师的三种关键心理得分,结合交流校长教师在流入校的教育教学工作实际,继续探讨与剖析。

(一)工作重要性与工作价值关键心理体验不佳

1.内容单调重复,缺乏教学多样化设计

当校长教师在流入校的教育教学工作知识与技能单一时,他们就会减少与同事之间的相互联系,不能充分发挥交流中的辐射、带动作用,不能为流入学校提供实际有用的帮助。在对 L 市校长教师交流中的具体工作调研时发现,多数交流校长教师到流入校后其教育教学工作大多具有规范化、程序化的特征。每天交流校长教师从事的工作简单重复,很多的交流校长教师感觉工作枯燥乏味。在本研究所调查的交流校长教师样本中,交流校长在技能多样性这个工作特征中,三个维度的得分分别是 2.804 9,2.707 3,2.634 1;交流教师对于技能多样性这一问题,在三个维度上的平均得分分别是 2.738 2,2.749 3,2.626 7,均低于平均数 3。其中,48.8%的交流校长不清楚自己的教育岗位上的变化程度,32.6%的交流教师认为在教育岗位上不能每天都做好多不同的工作;41.5%的交流校长和 31.2%的交流教师认为工作的变化性不大,自己所从事的工作不需要多种知识与教学技能;24.4%的交流校长和 33.4%的交流教师认为每天都是反复做同一种工作。多数交流校长反映自己所从事的教育管理工作重复性高,容易在工作中形成麻痹心理。由于学校原有的管理体制限制,管理知识与技能要求较低,无法突出自己的领导才能,多数交流校长教师认为自己交流到农牧区学校是一种资源浪费。以上足以显示,在一些偏远地区、少数民族地区的校长教师交流活动中,绝大部分交流校长和交流教师每天所从事的工作内容单一、缺乏成就感,交流过程中会感到身心疲惫,对本职工作没有工作激情,组织公民行为这类超越正式职责要求的行为表现不佳。

访谈语录:我是从农牧区交流到县城的,学校领导总认为我是迟早要走的人,不让我带好的班级,学生成绩较好的班级一般都是优先考虑本校的教师。同时,加上我每天上的课程就那么多,天天重复同样的内容,逐渐地我就对现在的教学失去了兴趣。另外,因为教学工作枯燥无味,我曾几次主动参加学校组织的"赛课"活动,目的是为了让现在工作变得有意思,但是都被学校否定了,原因是我是轮岗来的老师(外来者)(样本 E-t-15)。作为一个领导职位,校长应该更具有多方面的技能,但是在交流学校这些都是多余的,日常事务繁杂你只需要一个技能就够了,就是每天要跑断腿,疲于应付。我觉得更多

地将精力投入了一些鸡毛蒜皮的小事上，让人厌倦，觉得很烦心，日复一日，时常觉得自己的管理水平有限，方法单一（样本 B-j-10）。

长期以来，我国部分落后地区的中小学校长教师已经习惯于应试教育的一整套机械操作和训练，把本应能给校长教师带来极大兴趣而充满创造性的教育教学工作退化为一种单调、乏味的劳动模式。造成这一现象的主要原因是具体教育工作缺乏多样性设计，同时由于流入校对教育教学工作的重视程度不高，缺乏对交流校长教师个人教育知识与教学技能的了解，并没有充分利用交流校长教师个人才能，将教育教学任务进行整合，从而不能发挥出交流校长教师应有的知识、技能和禀赋。

2. 工作强度超负荷，教育工作任务的完整性不足

在很多的传统观念中，人们总是认为少数民族地区人口数量较少、班级规模较小，校长教师参与交流后在流入校的工作比较简单轻松。但我们在调研中发现，由于交流政策中并没有对校长教师在交流中的工作量做出具体的规定，有的教师工作量较大，有的交流教师工作量则太少。访谈中有部分教师透露，从县城学校到农牧区学校感觉太累，承担的教学和辅导任务较重。但也有些交流教师比较清闲，从农牧区到县城交流的教师，其主要任务是听课和辅导，上课次数较少。调研中，交流校长在工作任务完整性三个维度上的得分分别是 2.756 1，2.707 3，2.707 0；交流教师在教学工作任务完整性三个维度上的得分分别是 2.952 6，2.883 0，2.977 7，均小于平均数 3。其中 31.7% 的交流校长认为到交流学校后基本上是接手别人没有完成的工作，40.1% 的交流教师不清楚到交流学校后自己是否接手前面教师的工作；36.6% 的交流校长和 35.4% 的交流教师认为在流入校，自己不能从头到尾看到完成教育工作的全过程；41.5% 的交流校长和 42.6% 的交流教师认为自己所从事的教育教学工作基本都是其他教育工作者开过头的，不是从头开始的工作。

访谈语录：我刚到交流学校就给我安排了自己没有教授过的课程，在教学上有些困难，而且班级学生成绩较差，在一段时间内我都很郁闷，后来，学校可能认为我什么课程都可以上，所以给我安排的课程也是越来越多，让人身心疲惫不堪。忽然一下接收其他老师教过的学生和他们前面教了一些的课程内容，有时候觉得自己难以应付。如果你上不好这门课，还会让别的老师看不起，甚至笑话，认为你是县城学校来的老师，应该比他

们教得更好才对，自己感觉压力很大（样本 B-t-09）。在交流以前我对交流活动抱有很大的期待，希望到县城学校后能够学到很多东西，但是，来了以后我才知道，我是一个多余的。我上课的次数并不多，大多都是一些副课，不过和学生倒是打得很火热，学生都愿意找我，慢慢地我就变成了一个辅导员的角色，觉得自己来到这个学校并没有什么成就，自己也就很放松了，就当是来休息的（样本 D-t-14）。在交流轮岗的过程中我有很多的怨言，因为我接收了别的老师的教了一半的课程，在我的教学过程中，学生根本不尊重我，不听话，他们认为我不是他们的老师，我只是暂时来上课的，所以这个过程我很难受（样本 B-t-17）。我在交流学校的感受是，一些领导和老师认为我是交流来的老师，各方面都应该很优秀，什么事情都应该由我去做，不但我自己上的课程比别的老师多，而且其他与我不相干的事情他们也尽量让我去做，感觉身心疲惫（样本 F-t-06）。

　　由于流入校对交流校长教师期望值较高，尤其是从县城学校交流到农牧区学校的校长教师，流入校希望能够"充分利用优质资源"，所以，往往给交流来的教师安排了较多的课程，满负荷的教学任务增加了其教育工作的负担。加之由于在交流前流入校与流出校之间缺乏沟通，往往导致交流教师并不是流入学校急需教学专业的教师，因此，给交流教师安排不同教育专业的课程，突如其来的教学负荷使交流教师对教学工作产生倦怠，而无暇顾及教育质量。由于受流入校教育传统思想影响，交流校长大多数时间在流入学校更是疲于应付各种工作中的矛盾与冲突，到流入学校后，缺乏科学的工作计划，一般都要接手别人的管理工作，不能看到教育管理与领导工作从头到尾的完整过程。这些情况证实，多数交流校长教师反映的情况是教育教学工作基本都有前面遗留的问题。并且往往在常规工作之外，需要应对较多突发事件和一些临时性的工作改变计划，随时需要留校加班解决各种不常规的问题，而阻碍了正常教育教学质量提升和农牧区学校改进计划进程，超负荷工作使交流校长教师心有余而力不足，导致许多校长教师在交流中出现了各种工作倦怠情绪，严重影响其敬业精神，降低了校长教师交流中的工作绩效。

　　造成交流校长教师目前工作状态的主要原因是，流入校缺乏对教育教学工作的整体规划和工作的完整性设计，对教育教学工作的可行性分析不足，没有明确的教育工作流程或程序。加之目前学校所采用的教、考、评分离的教学原则，使得交流校长教师到流入学校后，并没有从头到尾完成某项教育教学工作，因而不能看到交流后显著的工作成效，从而使工作中的变异性影响增加，阻碍了教育工作的正常进行。

3. 工作角色模糊,教育工作的价值重要性无法体现

目前在学校组织中,校长教师所处的部门或教学岗位并没有建立一套完整的岗位职责制度,许多中小学教学规范只有一个较为模糊的职责说明,导致很多交流校长教师在教育教学工作中不清楚自己的岗位职责。本研究对 359 名交流教师和 41 位交流校长进行调查发现,交流校长在工作价值重要性三个维度上的得分分别是 2.585 4,2.780 5,2.585 1;交流教师在教学工作价值重要性三个维度上的得分分别是 2.986 1,2.877 4,3.000,其中,除了交流教师在工作贡献中的得分处于中等水平外,交流校长教师在价值重要性其他维度上的得分均小于平均数 3。另外,31.7% 的交流校长和 34.5% 的交流教师觉得自己不是流入学校组织中重要的成员;24.4% 的交流校长和 37.3% 的交流教师不清楚自己所从事的教育工作对整个学校发展的重要性有多大;36.6% 的交流校长和 47.9% 的交流教师感觉自己不知道能为流入学校做出多少有意义的贡献。

访谈语录:我教的是语言课程,在我们这个县最不缺的就是教我们民族语言课的老师。自从我来到这个学校后,一直感觉自己无用武之地,无论是教育工作还是教学方法,对于交流的学校而言,我认为都没有什么作用,经常有一些抱怨和懊恼,情绪较低落(样本 C-t-18)。再怎么说县里的教师到了乡里也应该为小朋友着想。但是,人手不够是最让人头痛的事情,因为我们到交流学校后又是厨师还要兼保姆,学生生病要去买药,水电出现问题要去维修,我这个女的什么都要做,都不知自己是来干什么的(样本 A-t-11)。来了这个学校一年后我才清醒地认识到,我在这里并没有发挥出我的才干,不仅自己没有感觉到自己的重要性体现在哪些方面,同时其他人也认为我所做的工作对现在学校的发展并没有起到多么有用的价值。虽然,我已经付出了很多的努力,但是流入校的其他教职工并不认可我。我会时常感觉到一种无力感(样本 F-j-12)。

由于交流校长教师角色定位不清晰,多数的交流校长教师觉得自己并不是流入学校组织中重要的成员,在流入学校,自己的教学工作对课程建设和整个学校发展的重要性并不大,自己并没有在流入学校做出有意义的贡献。同时,大多教师出现过学校中的不同领导对他们的角色期望相冲突的现象。交流校长在自己领导岗位中的工作职责不明确,管理工作程序与工作流程不清晰,可见,交流校长教师在交流过程中不仅角色模糊问题非常严重,而且还存在角色冲突等现象,说明绝大部分交流校长教师在工作上都有相

互冲突等问题,这样将会增加交流校长教师工作压力,不仅工作本身不能带给他们多少满意感,而且还缺少足够的动力。

　　交流校长教师在工作中角色模糊和角色冲突现象严重的主要原因是教育工作任务缺乏重要性。由于工作本身的实质性影响程度较小,教育教学工作所蕴含的价值意义没有充分得以体现。交流校长在流入学校没有感受到自己是在为学校做有意义的贡献,并没有体会到自己在流入学校的教育管理工作对整个学校组织的重要性;交流教师在流入学校没有体验到自己所做的教学工作是整个学校教育中重要的组成部分。

(二)工作责任与工作义务关键心理感知程度不高

　　当交流校长教师受到严格的制度约束,对自身所从事的工作缺乏自主性,缺乏自主支配时间时,他们内心即便是很想在流入学校做出突出贡献引领学校发展,也没有时间付诸行动。从目前各县域学校组织制度上看,僵化死板的各学校内部规章制度和不得随意调整和创新的学校规则,已经严重影响了交流校长教师的自主行为。调查中,交流校长在决策自主性这个工作特征中的三个维度上的得分分别是 2.609 8,2.780 5,2.707 3;交流教师在工作决策自主性这个工作特征中的三个维度上的得分分别是 2.743 7,2.743 5,2.676 9,均没有达到中等水平。22.0% 的交流校长和 39.0% 的交流教师认为,自己在完成教育教学工作时没有较大的自主权;26.8% 的交流校长和 41.2% 的交流教师认为,在工作时自己能独立行事的程度较小,不能较好的独自决策;19.5% 的交流校长和 30.4% 的交流教师认为自己没有多大的自由可以决定用什么方式来进行教育教学工作。在流入学校,交流校长教师完成自己工作时,没有自主权,在很大程度上不能独立行事,并没有多少自由可以决定自己用什么方式来进行教育教学工作。可见,在校长教师交流活动中,交流校长教师的决策自主权较小,对工作的自主控制能力较弱,教育教学工作过程中的独立性、判断力和自由度均不强,导致交流校长教师对流入学校的工作失去兴趣。

　　访谈语录:在交流期间,我自己总感觉有劲使不上,自己本来就是一个很有想法的人,交流之前有很多的规划,想要通过自己的努力将学校带动起来。但是来了这个学校后才发现,以前的想法都是不切实际的空想,因为不是所有的事情都是你能够决定的,比如要制定一些奖励措施,学校的财力有限,要制定一些规章制度会受到各种干预、阻挠,经过几次折腾后,自己也就没有什么心思去干了(样本 A-j-07)。初到交流学校我还是很有激情的,自认为自己从县城来到这个偏远的学校,无论是学校领导还是其他老师都会很看重我的,因此一开始便将自己的很多建议提出来希望有所作为,但是很多意见都会被驳回,慢慢地,很多老师也对我产生了嫉妒和排挤的情绪。后来我才意识到,我在交流学校,除了教学方法和规定的教学内容以外,基本没有自己可以决定的事情,例如课程安排、教学规划、评课听课等等都是按部就班地进行,我没有什么自主决策的权力(F-t-08)。

校长教师在流入学校的工作自主性较弱的原因除制度本身的缺陷外,最主要的原因是工作本身缺乏挑战性,交流校长教师在教育教学工作中的自主性不强。教育教学工作的设计没有让交流校长教师充分体验到自身对工作业绩、工作成果肩负的责任。交流校长教师对工作成果的关注度不高,工作责任感不强。

(三)工作表现结果反馈关键心理体验不足

为了保证校长教师交流政策制定的科学性,需要依据政策实施的情况,及时对政策进行不断地调整、完善。切实保障参与交流的校长教师权益,以发挥政策的激励效果。目前校长教师交流结果反馈往往需要经历相当长的周期,一般是交流结束后流入学校将校长教师的各项考核评价结果报给流出校和教育主管部门备案,然后教育主管部门将决策意见反馈给流入校与流出校。这个过程与校长教师参与交流的时间相对应,一般是1~3年。在交流活动中不能得到教育教学工作结果信息的及时反馈,使得交流校长教师无法及时了解自己工作绩效的实情。调查显示,交流校长在反馈灵敏性这个工作特征中的三个维度上的得分分别是 2.609 8,2.585 4,2.853 7;交流教师在反馈灵敏性这个工作特征中的三个维度上的得分分别是 2.958 2,2.885 8,2.818 7,均低于中等水平。另外,有39.0%的交流校长和32.0%的交流教师认为,如果其他教职工不对他说,自己不清楚自己在流入校的工作情况如何;26.8%的交流校长和32.6%交流教师不了解自己在流入校的工作到底干得怎样;39.0%的交流校长不清楚自己在流入校取得了什么成果,自己有多少工作业绩被流入校认可,37.3%的交流教师认为工作本身不能让自己得知在流入校所取得的成果和工作做得好坏情况。说明交流校长教师在流入学校不能及时得到自己所从事的教育教学工作的反馈信息。另有研究证明，反馈与员工的利他行为呈高度的正相关关系[1]。而调查中交流校长教师的工作结果反馈性差，导致其在交流过程中不能及时帮助流入学校的同事发展，并无法感知到教育教学工作成就感。

　　访谈语录：我所教的班级学生年龄相差较大，我在教学的过程中尽量试着调整自己的教学方法，经过不断的适应和改进，自认为学生的改变还是很大的，比如学生比以前更会找问题了，会学习了，也有了一些学习的技巧，不是以前的死记硬背了。但是，自己却没有看到学校对我有什么好的评价，没有什么关于班主任或其他老师及学校领导对我教学方面付出努力的反馈信息，自己觉得付出没有得到应有的肯定，没有引起足够的重视（样本 D-t-21）。我从交流开始到结束，只有形式上的一些基本评价，还有一些要向教育局交的自我评价和交流感想，自始至终我都没有感受到自己的管理经验、办学理念、教育思想等自己特有的东西对流入学校发展起到了什么作用等方面的信息，即使自己做出了很多努力，没有及时听到这些方面的消息，总是感觉没有什么成就（样本 A-j-12）。

　　教育教学工作结果反馈不及时，工作缺乏反馈灵敏性设计是导致校长教师交流工作成就感低的主要原因。交流校长教师在教育教学工作中的信息反馈灵敏度低，致使交流中不能及时对工作计划和任务做出及时调整以提高工作绩效。另外由于不能得到对工作成就的反馈，使得交流校长教师对自己在工作中的表现无法作出判断，影响了其积极的心理状态，表现出更多对工作的不满情绪。

第三节　激励校长教师交流的工作再设计

　　在校长教师交流过程中对流入学校的教育教学工作进行重新设计，即工作再设计是工作激励的重要手段。工作再设计的方法较多，而通过合理的人员安排、劳动报酬及其他管理策略方面的系统配置，以使组织需求与员工个人需要获得最佳组合，从而最大限度地激发员工积极性、有效地达到组织目标，是基于激励的工作设计方法[2]。具有激励性

---

[1]　周红云.公务员的组织公民行为及其隐性激励研究[M].北京:经济科学出版社,2012:102.
[2]　葛玉辉.工作分析与工作设计实务[M].北京:清华大学出版社,2011:185.

的工作设计策略主要包括工作轮换、工作扩大化和工作丰富化。

校长教师交流政策本身就是工作轮换式的激励性工作设计策略。主要是通过交流增加参与交流的校长教师的教育教学和管理技能种类,促进校长教师在交流过程中找到自己真正的教育兴趣,使其能力得到更大的提升和锻炼所进行的激励型工作设计方法。这种工作轮换本身蕴含着为交流校长教师提供更多新鲜的工作体验机会,让其认识和了解其他学校岗位工作状态,激发其在流入校展现出更多帮助同事的利他主义精神,避免教育工作倦怠心理,弱化交流校长教师的工作枯燥乏味感,保持对教育教学工作的兴趣、激情和新鲜感,提高工作满意度,加大优秀校长和骨干教师的流动性,进而增强教育工作的内在激发力量。

从横向水平上增加工作任务数目的工作扩大化使工作本身更具多元化和激励效应。工作扩大化其实质是将原来由不同个体承担的工作环节,现在由一个人来承担。工作扩大化让工作本身变得更有意义和价值。然而,工作扩大化从本质上并没有触及工作激励的核心部分,因此对校长教师交流中的工作激励应从以工作丰富化为基础的工作特征模型入手,对其进行内源性激励。

工作丰富化是对工作的纵向深化,其主要措施是,首先要通过教育任务增加校长教师工作压力,促使其产生教育动力,进而激活其教育激情;其次是赋予校长教师更多教育权力,激发他们的工作创新性;再次是为校长教师创设适宜的工作条件,以保障其工作任务丰富化的需求;最后是对工作情况实施反馈,以便及时调整工作和给予教育教学工作适时评估。增强教育教学工作技能的多样性、任务的完整性、价值的重要性、决策的自主性以及反馈的灵敏性,从而使交流校长教师感觉工作的意义,体验到工作结果的责任,并从工作结果的反馈中获得成就感,进而对工作更加满意,从而激发校长教师的工作积极性(图15)。目前,具有很强操作性的工作丰富化设计是工作特征。

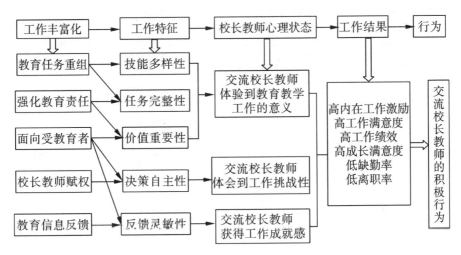

图15 教育工作丰富化对交流校长教师行为的影响过程

(一)多样性、完整性、重要性设计:强化工作意义

要让交流校长教师体验到教育教学工作的意义,必须要对教育教学工作进行技能多样化设计、教育教学任务完整性设计和价值重要性设计。

1.教育教学任务重组:丰富教育教学内容,提升知识与技能的多样化

对交流校长教师首要的工作激励就是如何让其体验到工作的实际意义。校长教育工作方面:交流校长对流入校的教育管理、教学组织和领导、科研项目、人际关系、创造性教学等方面的能力有更多的期待,因此,流入校应全面贯彻党和国家的教育方针,落实学校政治责任、学校行政责任,对交流校长所从事的教育工作进行重组,并将财务、人事、教研、教辅、社会工作以及学校发展等具体的工作任务,进行优化整合,以提高教育工作的效能,增加交流校长所从事工作技能的多样性和丰富性,进而激励他们从事教育工作的积极性。教师教学工作方面:教师教学工作是一个充满创造性的动态发展过程,这不仅对教师的能动性、学科前沿知识、科学技术、能力结构、学术创新与课程资源开发提出了更高的要求,同时也为教师探索专业欲望的满足以及体验到工作意义提供了广阔空间与可能,因此,要求流入学校要依据教学工作本身的性质、特点对教师的教学任务重新设计,将教学任务与多项活动组织在一起,以提升教师授课、协作、沟通、思维、研究、创造等方面的知识与技能,并为其提供多种锻炼机会和发展平台,不断更新教材,丰富教学内

容,从而激励交流教师在流入校全身心投入到教学工作中,创造性地完成教学工作任务。

2.加大教育教学责任:减轻工作强度负荷,进行教育教学任务完整性设计

交流校长教师超负荷工作让其感到身心疲惫,从而淡化了教育教学工作责任。为提升交流校长教师责任意识,必须要为交流校长教师减压,进行教育教学工作的完整性设计。面对流入学校不切实际的期望值,交流校长要正视自己所承担的教育工作任务,不能事无巨细,应适度调节自身压力,正确认识领导与管理职责,着眼于学校的具体事务进行管理,着眼于学校整体规划和发展进行领导;给予教职工自主管理的权力,赋予他们相应的权力并承担相应的职责,调动他们的积极性并有效授权,发挥团队智慧。同时教育主管部门要建立科学的评价体系,通过评估和正确诊断流入学校存在的问题,帮助解决问题从而为校长减负;为交流校长提供教育培训和帮助,为其创造专业成长的良好工作环境,让其在流入校始终保持完整的教育、管理和领导工作。流入学校要及时与流出校对接,针对实际教学工作内容实施完整性工作设计,流入校要给交流教师安排适当的教学工作任务,以减轻交流教师多余而累赘的工作负担。教师教学工作的完整性包括教学过程完整,教授对象完整,教、学、研完整三个方面,因此,为提高教师教学责任意识,应当对这3个方面进行教学设计。首先对教学过程进行完整性设计。使每位交流教师所教授的每一门课应包括资料搜集、教材准备、课程研究、知识分解、重难点解析、命题商讨、评分评价等一系列教学过程,以保障交流教师在整个教育过程中取得明显成效。其次要进行教学完整性规划,保证教学任务的连续性与完整性。不仅要保证所教授的学生从入学到毕业的完整性,同时也要保证所教授课程从交流开始到结束都是同一门课程,方便交流教师对教学工作经验进行完整的总结,使教师看到教授的学生所发生的变化。最后要进行教、学、研融合一体化设计,创造各种条件将教师的课程教学、自身学习、科学研究和社会实践等内容融合,从而加强所教课程的理论性和实际应用性,助力于教师专业化发展。

3.面向受教育者——学生:准确定位工作角色,提升教育教学价值

由于学校工作的多元性,在流入学校,由于交流校长承担了多重角色,拥有多重身份,使得比普通老师负荷大。交流校长在流入学校不仅要站在领导者的高度去总揽全局,解决整个学校的发展问题,而且也要扮演好普通老师的角色,直接面对学生,处理学生的学习和日常琐碎问题。因此,交流校长要努力扮演好各种角色,建立和谐、健康的师生互动关系,消除时常出现角色模糊和角色冲突现象,尽量做到让学生满意,提升自己的

教育价值。作为学生这个充满发展性、创造性的群体，要求教师必须采用个性化的教学方式对其因材施教，以保证教育教学工作的科学性和有效性。教师教学工作的重要价值体现在影响学生学习、生活、个性、素质和尊师重道等多方面，教师的言行举止、师德均会对学生成长产生重大影响。流入学校和教育管理部门要为交流教师提供全方位的支持，准确定位教育教学工作任务和教师在流入校所扮演的教学工作角色，通过教育工作重要性激发其内在活力。作为交流教师应树立以学生为本的教育教学思想理念，改变教学作风，发扬民主教学风格，与学生建立良好的师生关系，在教学过程中体现敬业爱生的价值观，尊重、理解学生，建立师生多维交互活动，为师生共同参与创造性的教学提供条件。

（二）工作自主性设计：提升工作挑战性

为提升交流校长教师的工作挑战性，加强工作本身对校长教师的激励作用，必须要为交流校长教师赋予一定的权力，给予其更多的决策自主权。

（1）校长赋权方面　长期的中央集权制所造成的一些负面影响束缚了校长在学校中的很多自主权，给交流校长带来很多教育工作的阻碍，作为教育主管部门应当及时赋予交流校长一定的决策自主权，以保障其在流入学校顺利开展教育工作，减轻其身心和工作压力①。交流校长在流入学校的决策自主权应包括教师队伍建设中的自主权，教学管理中所行使的自主权，学校常规管理中行使的自主权以及学校突发事件中的决策自主权等。交流校长在课程设置、教学安排、考试评价、学校特色文化建设等方面所拥有的自主权不仅是建立完善现代学校制度，落实办学自主权的必要条件，也是在遵循教育教学规律，助力于流入学校发展的本质要求。

（2）教师赋权方面　由于实际教育管理中越来越多的条条框框限制了教师工作的自主性，因此为交流教师适当增加自主权力是提升教师工作挑战性，增加教师工作责任感，使教师感受到被信任和被重视的必要手段。流入学校应当根据教学所需，赋予教师在授课模式、深造机会、教材探索等教育教学方面的自主权以及科研、教育、实验等方面的自主权，以保障交流教师能够自主投入教育教学和科研中。学校领导和管理者要积极引导交流教师依据学生特点、兴趣爱好以及学校实际情况设计教学内容，建立评价标准，对课

---

① 武雁萍.中小学校长职业倦怠现状及其对策研究［J］.河北大学学报（哲学社会科学版），2010（4）：135-138.

程资源进行开发、改造、整合、利用,让交流教师由课程的被动执行者变为主动设计者、教学管理者、咨询者、指导者,促使其在教育教学工作中拥有更大的灵活性。

(三)工作反馈性设计:增强工作成就感

在受激者获得激励信息方面,工作激励的信息反馈一般包括两个方面:一方面是直接的工作信息反馈,如工作效率、工作内容、工作数量等;另一方面是间接的信息反馈,主要来自于工作伙伴、学生、学校领导的意见,涉及工作中的众多要素。为使交流校长教师及时了解工作信息反馈,帮助他们全面认识工作效果,适时调整教育教学内容,获得更多工作的成就感,促进教育教学工作持续展开,必须要对校长教师在流入学校所从事的工作进行科学和客观的评价。

(1)校长评价方面 将交流校长的专业发展与学校发展相结合,建立交流校长教育工作评价制度。以流入校的"校长工作"为评价对象,建立科学的校长工作评价指标体系,主要从交流校长基本素质、工作业绩和履职情况三方面考核交流校长在流入学校的工作情况。以校长的工作职责为评价的标准,将评价建立在服务理念上,重点考核交流校长在流入校的思想品德、业务水平、工作能力、工作成果、个人成绩、学校治理、队伍建设、行政管理、教育科研情况等众多与工作相关的因素。评价方案尽量突出对交流校长解决流入校的实际问题的表现,通过这些评估,将评价信息及时反馈给交流校长,帮助校长解决学校发展难题,从而提升校长对流入学校的融入感和工作获得感。

(2)教师评价方面 流入学校应建立科学的教师评价体系,包括教师自评、学生评价、教师互评、领导专家评价等。教师即时性自我评价方面,可在每堂课后的教学日志或教案中得以体现,也可通过期末所教学生的成绩和学生行为改变而进行自我教学反思;在学生评价方面,可以利用多种开放式的方式,将学生对教师的切身感受及时反馈给交流教师,让交流教师真实感受到学生对自己的印象;教师间的互评方面,应建立量化评价指标,针对教育效果、学生反响、教学方式、师德师风、教育创新等与教育内容相关的全要素,采用教师间匿名方式互评。学校领导和专家评价方面,可采用随机方式由学校组织,在每学期进行若干次阶段性评价或总体评价,并将评价结果和整体性建议及时反馈给交流教师本人,以保证交流教师在第一时间得到教育教学工作绩效的相关信息,从而在工作结果的反馈中获得更多的成就感,以激励交流教师在流入学校做出突出贡献。

　　值得注意的是，校长教师交流中的工作设计发挥作用是有前提条件限制的。基于工作特征模型的校长教师交流工作设计，首先要保障"保健因素"条件的满足，即为交流校长教师提供良好的外部教育教学环境；其次，交流校长教师应具有足够的教育教学知识与技能，必须具备强烈的成长欲望，才会体验到以上的关键心理状态，产生激励效用，从而提升其工作满意感。值得庆幸的是，交流校长教师一般都是学校选出的具备一定标准的优秀者，符合以上工作特征模型的基本要求。

　　进入新时代，建设教育强国成为实现中华民族伟大复兴的基础工程。因此，中国教育必将坚持"以人民为中心"的思想，立足于促进教育公平发展的目标，把脉问诊、精准发力，切实解决教育发展中不平衡不充分问题，特别是边远少数民族地区优质教育供给不足的突出问题。"校长教师交流"政策作为全面补齐短板的"指挥棒"，如何在政策实施中充分释放交流校长教师的强大动能，重点帮助边远贫困地区、少数民族地区完成薄弱学校改进任务，提升困难群体受教育水平，充分发挥深化教育师资供给的"助推器"作用，不仅是推动城乡义务教育一体化发展，不断提高人民群众对教育的满意度，均衡配置优质教育资源的有效策略，而且是新时代全面贯彻中国特色社会主义思想，建设教育强国的行动纲领。

参考文献

一、中文参考文献

（一）著作类

[1]瞿葆奎.教育学文集:国际教育展望[M].北京:人民教育出版社,1993.

[2]劳勒三世.组织中的激励[M].陈剑芬,译.北京:中国人民大学出版社,2011.

[3]郝保伟.促进教育均衡发展的中小学教师流动研究[M].北京:知识产权出版社,2015.

[4]黄志成,程晋宽.教育管理论[M].上海:上海教育出版社,2001.

[5]李中斌,杨成国,卢冰.组织行为学[M].北京:中国社会科学出版社,2007.

[6]李祖超.教育激励论[M].北京:中国社会科学出版社,2008.

[7]迈克尔.富兰.变革的力量:透视教育改革[M].中央教育科学研究所,加拿大多伦多国际学院,译.北京:教育科学出版社,2004.

[8]毛亚庆,黄伟.促进义务教育均衡发展的校长教师流动机制研究[M].北京:师范大学出版社,2016.

[9]孙启林.世界主要发达国家义务教育均衡发展比较研究[M].长春:东北师范大学出版社,2009.

[10]吴德刚.中国民族教育研究[M].北京:教育科学出版社,2010.

[11]谢延龙.教师流动论[M].南京:南京师范大学出版社,2016.

[12]颜世富.管理心理学[M].北京:北京大学出版社,2016.

[13]张新平.教育管理的持续探索[M].合肥:安徽教育出版社,2007.

[14]周险峰,谭长富.教师流动问题研究[M].武汉:华中科技大学出版社,2013.

（二）期刊论文类

[1]安富海,常建锁.我国义务教育学校教师交流研究:进展与反思[J].教育理论与实践,2015(23):18-20.

[2]安雪慧,杨银付.中国义务教育学校教师交流政策分析[J].中国教育科学,2016(4):115-139+114+235-236.

[3]蔡永红,王莉,左滨.中小学教师交流制度对交流意愿的影响——交流需要满足的中介作用[J].教育发展研究,2016(4):19-24+63.

[4]操太圣,吴蔚.从外在支援到内在发展:教师轮岗交流政策的实施重点探析[J].全球教育展望,2014(2):95-105.

[5]陈成,王德清.“一长执两校”管理模式的理性分析[J].北京教育学院学报,2013(3):5-8.

[6]方征,谢辰.“县管校聘”教师流动政策的实施困境与改进[J].教育发展研究,2016(8):72-76.

[7]冯洪荣.“头脑”比“脚印”更重要:探索干部教师流动的“生态路”[J].中小学管理,2014(9):21-22.

[8]高臣,叶波.教师专业发展取向下的城乡教师流动[J].上海教育科研,2015(2):59-62.

[9]江楠.教师交流轮岗要关注内生动力的形成[J].中国教育学刊,2016(1):105-106.

[10]李潮海,徐文娜.校长教师交流的困境分析与实践建构[J].中国教育学刊,2015(1):16-19.

[11]李茂森.城乡教师交流制度实施难题破解探析——基于浙江省A县的个案研究[J].中国教育学刊,2015(6):97-100.

[12]李宜江.城乡教师交流政策实施中问题与对策——基于对安徽省A县的调研分析[J].中国教育学刊,2011(8):5-8.

[13]庞丽娟,夏婧.建立城乡义务教育学校校长交流机制的政策思考[J].教育发展研究,2009(12):46-49.

[14]邱芳婷.县域城乡教育一体化教师流动的现实问题与对策[J].教育探索,2016(2):15-18.

[15]沈伟,孙天慈.教师流动的政策工具设计与反思[J].全球教育展望,2015(9):115-122.

[16]史亚娟.中小学教师流动存在的问题及其改进对策——基于教师管理制度的视角[J].教育研究,2014(9):90-95.

[17]司晓宏,杨令平.西部县域校长教师交流轮岗政策执行中的问题与对策[J].教育研究,2015(8):74-80.

[18]田汉族.刚性教师交流制的实践困境与法律思考[J].教师教育研究,2011(1):44-48+38.

[19]王强.我国"学区制"与"教师流动制"联姻的价值冲突研究[J].教育发展研究,2015(8):69-74.

[20]王正惠.教师交流政策目标悬置分析——基于国家试验区的调查研究[J].教育发展研究,2015(18):27-34.

[21]吴建涛.义务教育教师流动政策进展与完善路径研究——基于教育局长的问卷调查与政策文本分析[J].中国教育学刊,2015(4):59-64.

[22]夏茂林.非正式制度视角下义务教育教师流动问题分析[J].教师教育研究,2016(1):43-48.

[23]谢超香,严文宜.美国中小学教师流动:影响因素与策略选择[J].教育研究与实验,2015(5):62-65.

[24]谢延龙.我国教师流动制度的困境与出路[J].教育发展研究,2015(22):21-25.

[25]杨茂庆.美国研究型大学教师流动的制度保障[J].教师教育学报,2014(1):106-114.

[26]杨跃.论教师交流制度的正义性[J].全球教育展望,2016(9):118-128.

[27]叶菊艳,卢乃桂."能量理论"视域下校长教师轮岗交流政策实施的思考[J].教育研究,2016(1):55-62.

[28]袁桂林.如何防止城乡教师交流轮岗制度空转[J].探索与争鸣,2015(9):87-90.

[29]张灵.教师流动政策的执行路径冲突及其非均衡效应[J].教育发展研究,2016(Z2):19-23.

[30]张源源,刘善槐.县域内教师交流的机制梗阻与政策重建[J].中国教育学刊,2016(10):97-102.

[31]赵兴龙,李奕.教师走网:移动互联时代教师流动的新取向[J].教育研究,2016(4):89-96.

[32]郑玉莲.轮岗后的校长继任与学校持续发展——十位"空降兵"校长的经验及启示[J].全球教育展望,2014(2):106-114.

二、英文参考文献

[1] ADAIR, J. The Inspirational Leader: How to Motivate Encourage and Achieve Success [M]. London: Kogan Page, 2003.

[2] BERENDS M, BODILLY S J, KIRBY S N. Facing the New Challenges of Whole-shool Reform: New American Schools After a Decade [M]. Washingtion: RAND Corporation, 2002.

[3] BRYK, ANTHONY S, LEE V, HOLLAND P B. Catholic Schools and the Common Good [M]. Cambridge, MA: Harvard University Press, 1993.

[4] DePartment of Education. Training and youth affairs. TheImPact of EdueationalResearch [M]. Canberra: DETYA, 2000.

[5] GEORGE J M, JONES G R. Understanding and Managing Organizational Behavior. 3rd Edition[M]. New Jersey: Prentice-Hall, International Inc., 2002.

[6] NORTH, DOUGLASS C. Institutions, Institutional Change and Economic Performance[M]. Cambridge, UK: Cambridge University Press, 1990:3.

[7] VROOM V H. Work and Motivation[M]. New York: John Wiley and Sons Press, 1964: 213-220.

[8] ADAMS, G. Using a Cox Regression Model to Examine Voluntary Teacher Turnover[J]. The Journal of Experimental Education, 1996, 64(3):267-285.

[9] MASLOW A H. A Theory of Human Motivation[J]. Psychological Review, 1943, (50): 370-396.

[10] DIANE C. SOCIOL A J. The Academic Marketplace Reoisited: A Study of Faculty Mobility Using the Cartter Ratings[J]. American Journal Sociology, 1970, 75(6): 953-964.

[11] DANIELS E. Logistical Factors in Teachers' Motivation[J]. The Clearing House: A Journal of Educational Strategies, Issues and Ideas, 2016, 18(5):61-66.

[12] GERDA J. Visser-Wijnveen; AnnStes; Peter Van Petegem. Clustering teachers' motivations for teaching[J]. Teaching in Higher Education, 2014, 19(6):644-656.

[13] SMART, J. A Causal model of Faculty Turnover-Intentions[J]. Research in Higher Education, 1990, 31(5):405-424.

[14]SUSAN L. MEYERS S B. A Two-Dimensional Model of Teacher Retention and Mobility [J]. Journal of Teacher Education,2009,60(2):168 — 183.

[15]SCHOLTEN J P. The role of leadership in building collaborative initiatives for school improvement[D]. Unpublished doctoral dissertation,Central Michigan University,2004.